21世紀の
学びを創る

● 学習開発学の展開

森 敏昭 監修
Toshiaki Mori

藤江康彦・白川佳子・清水益治 編集
Yasuhiko Fujie, Yoshiko Shirakawa &
Masuharu Shimizu

北大路書房

はじめに

　21世紀が始まって早くも15年が経とうとしている。この間，私たちはこれまでの価値や規範が崩壊し新たなものに取って代わるという局面をいくつも目の当たりにした。そのつど，人間としての賢さ，智慧とはいかなるものかが公に私に議論され，問い直されてきた。人間の学習のあり方に大きく影響を与える教育制度も多くの見直しがなされ，「来るべき21世紀」ではなく「今－ここの21世紀」に見合った教育のあり方が数多く提起されつつある。私たちが真の意味で知的にふるまい，幸福で安定した生活を営むことができるために研究者は何をすべきか。私たちに突きつけられている大きな問いである。

　本書『21世紀の学びを創る―学習開発学の展開』は，「学習開発（Learning and Curriculum Development）」という考え方を軸に，人間の「学び」に根拠を求める新たな教育実践の研究やデザインのあり方を提唱することを目的としている。すなわち，人間の知的営為を「学習」という観点からとらえ，学習のメカニズムと，それを駆動させるための認知的社会的条件を明らかにする。そしてその知見を根拠としたカリキュラムも含めた学習環境のあり方を探究する。また，これまで教授や指導のための内容とその配列とみなされてきたカリキュラムを学習者の側から再構築することも標榜する。「学習開発学」という言葉は本書の執筆者たちの共通の出自を表すと同時に学習科学のアイデアを基盤として，より深く教育実践に踏み込んでいこうとする意思を表している。

　背景としては，近年のわが国の教育実践をめぐる次のような動向がある。

① 知識基盤社会の到来に対応するために「21世紀型能力」の育成について盛んに論議されているが，これは学習科学が目指す「21世紀型学力」と軌を一にしている。21世紀も15年がたち，この間の大災害の頻発や社会変動に伴う生き方や価値観の問い直しとさらなる多様化をうけ，初等教育段階から高等教育段階まで，21世紀型能力を育むより具体的な施策を

はじめに

見通して，制度改革も含めたさらなる検討が求められている。
② 超高齢社会の到来や学習形態の多様化に対応した，学校教育にとどまらない新たな学習の場や契機の創出，学習支援システムの構築が喫緊の課題となっている。
③ 「学習科学」の興隆により教育実践の研究の創出，学校経営や教育政策に際して，「教授」や「指導」だけではなく「学習」や「学習環境」への着目がますます強まり，実践的提言が求められるようになっている。
④ 生涯発達や生涯学習，人材育成の観点が持ち込まれることで，学習研究のフィールドが拡がり，学校教育のみならず医療機関や企業など人間が働く「現場」における専門家としての学習や熟達も研究対象となっている。
⑤ 教育実践研究として，実践現場や実践者を対象化し分析する研究に加えて，研究者と実践者の協働の下で実践を創造するアクションリサーチやデザインベース研究などが認められるようになっている。

以上の動向を受け，学習研究の実践的なあり方，学習環境デザインのあり方を，今日的なトピックによって提起し 21 世紀の教育実践のあり方を探究する。
第Ⅰ部「学習開発学が目指すもの：学びの新たな地平」では，学習開発学が依拠している「学習科学」というアイデアについて，よって立つ学習観や研究法の特徴を紹介したうえで，学習科学における学力論，学習者論，授業論，評価論が展開される。本書の理論的基盤であり，第Ⅱ部以降の各章，各節を読む際にはそのつど参照し，それぞれの論の背景として念頭においていただきたい。
第Ⅱ部以降では，学習者の発達段階ごとに具体的な研究や実践に基づいた論考が展開される。第Ⅱ部のうち第 5 章は幼児期の学習に焦点が当たる。幼児期における学習環境としての保育環境・保育者や家庭環境・保護者について論じることで（1 節）幼児期の学習の社会的制度的基盤が示された後，幼児期におけるアート（2 節），科学（3 節），そして保幼小連携（4 節）についての実践やカリキュラム開発の事例と分析が示される。いずれの節もデザインベース研究や研修など，子どもを取り巻く大人の学びについて深く踏み込んで論じられている点が特徴的であり，この点にも学習科学の貢献が見込まれる。
第 6 章は児童期から青年期（初等中等教育段階）の学習に焦点が当たる。国

はじめに

語科や社会科といった小学校の教科学習への調査研究の，学習科学的視点からの分析事例が示された後（1節，2節），食育と高等学校理科におけるカリキュラムやプログラム開発の事例が提起され（3節，4節），最後に評価のあり方が事例とともに示される（5節）。学校教育に学習科学のアイデアがどのように導入されうるのか，研究と実践それぞれに対してのモデルとなるであろう。

　第Ⅲ部では成人期以降の学習が扱われる。第7章は高等教育における学習に焦点が当たる。まず，大学教育の諸領域の中でも21世紀社会において求められるリテラシーとして批判的読解力についての政策動向（1節），外国語文章の読解と聴解（2節）についての研究事例の紹介がなされる。ついで，高等教育のもう一つの重要な使命である専門職養成課程における学習とそれを支えるプログラムや学習環境のあり方が，保育者養成（3節），教員養成（4節）を事例に論じられる。高等教育における質の高い学習経験の保障に向けた学習科学からの一つの回答となろう。

　第8章はキャリア発達や生涯発達の観点からの学習に焦点が当たる。企業における熟達者の成長をうながすプログラム開発の実証的研究（1節），自律的専門職業人養成に向けた医療系専門学校の学習環境開発（2節），小中一貫教育という教育改革下における教師の学習経験の解釈的分析（3節），健康な人生を創出するためのヘルスプロモーションの学習科学的分析（4節）からなる。学習科学が学校教育を超えていかに拡張可能であるかその拡がりと深まりを示している。

　本書は，森敏昭先生が広島大学大学院教育学研究科を定年により退職されるのを機に発刊されるものである。森先生は，認知心理学と教育実践との架橋に尽力されてきた。学習科学がアメリカで標榜されると，いち早く翻訳に着手されその知見をわが国に導入なさった。本書は，広島大学大学院教育学研究科学習開発専攻において森先生に学びその薫陶を受けた者たちが自身の研究を学習科学の観点から見直し，その可能性を探ったものとなっている。その意味では，本書は学習科学のわが国での現在の到達点の一つであると同時に，「学習開発学」の立場からの実践研究の出発点でもある。教育実践研究者や教師，教育行政担当者，教員志望学生や大学院生の皆さんに広くお読みいただき，本書がわ

はじめに

が国における学習科学的研究の拡がりと深まりに貢献することになれば幸甚である。

　最後に，本書を企画段階から刊行まで編者たちと並走しつつ，ともすると遅れがちとなる作業を温かく見守り，励まし，そして森敏昭先生の退職をともにお祝いくださった北大路書房編集部の北川芳美さんに心より感謝申し上げる。

2015 年 4 月 1 日

編者を代表して

藤江康彦

目 次

はじめに　i

● 第Ⅰ部　学習開発学が目指すもの：学びの新たな地平　1

第1章　学習科学の理論と方法 …………………………………… 2

1節　学習科学と学習心理学　2
1. 学習科学の学習観　2
2. 理論志向と実践志向　3
3. 学習科学の学際性　4
4. 研究対象の拡大　4

2節　学習科学の方法　5
1. 理論研究と実践研究をつなぐ研究法　5
2. デザインベース研究　6
3. 理論研究と実践研究をつなぐ道筋　7

第2章　学習科学が描く21世紀型学力 ……………………… 11

1節　21世紀型学力とは　11
2節　21世紀型学力の育成　12
1. 第3の学力観に基づく学習　12
2. メタ認知能力の育成　13
3. 本物の学習意欲の育成　14

第3章　学習科学が描く21世紀型学習者 …………………… 15

1節　自律的に学ぶ学習者　15
1. 学習の意義を見いだせない子どもたち　15
2. 個性化と社会化　16
3. 意義ある学びとは　17

2節　情報を発信する学習者　18

目 次

　　　　1. 情報化社会とは　　18
　　　　2. ツリーとリゾーム　　19
　　　　3. 情報化社会の学習はいかにあるべきか　　20
　　3節　適応的熟達を目指す学習者　　21
　　　　1. 熟達者の認知様式　　21
　　　　2. 定型的熟達と適応的熟達　　22
　　　　3. 小さな科学者を育てるための理科授業　　23
　　4節　共に学び合う学習者　　24
　　　　1.「共に学び合う力」とコミュニケーション力　　24
　　　　2. 学校の社会連携の必要性　　25
　　　　3. 家庭での潜在的な学習　　25
　　　　4. 地域社会での非公式的な学習　　26

第4章　学習科学に基づく21世紀型の授業と評価　　28

　　1節　21世紀型授業が目指すもの　　28
　　　　1. 学習者中心の授業　　29
　　　　2. 言語表現力を育む授業　　30
　　　　3. オーセンティックな授業　　31
　　　　4. 協同的問題解決の授業　　32
　　2節　21世紀型評価が目指すもの　　34
　　　　1. 20世紀の教育評価の理論的変遷　　34
　　　　2. 21世紀型評価のデザイン　　35

　　●*column 1*　知識空間理論（KST）とeラーニング　　38

● 第Ⅱ部　子どもの学び　　41

第5章　幼児期の教育における学び　　42

　　1節　学びの環境　　42
　　　　1. 保育環境・保育者　　42
　　　　2. 家庭環境・保護者　　50
　　2節　アート，協同描画　　58
　　　　1. 造形教育研究　　58
　　　　2. デザインベース研究　　59
　　　　3. 造形教育研究とデザインベース研究を結びつける理由　　59
　　　　4. デザインベース造形教育研究の開発　　61

5．これからの造形教育研究　66
  3節　科学する心　67
　　　1．科学する心とは　67
　　　2．「科学する心」はどのように育てればよいのか　69
　　　3．研修のあり方　72
　　　4．まとめ　75
  4節　保育所・幼稚園と小学校との連携から接続へ　75
　　　1．保幼小連携とアプローチカリキュラム　76
　　　2．スタートカリキュラム　85
　　　3．これからの保幼小連携　93

第6章　初等中等教育における学び　94

  1節　小学校国語科「話すこと・聞くこと」実践における教育心理学の応用　94
　　　1．教育心理学における「話すこと・聞くこと」の実践的研究　94
　　　2．「話すこと・聞くこと」の学習指導・評価に関わる教育心理学研究　96
　　　3．「話すこと・聞くこと」の学習指導・評価に関わる研究課題　101
  2節　小学校社会科における学習環境としての教室談話　102
　　　1．学習科学からみた社会科教育　102
　　　2．社会科の教室談話から　104
　　　3．学習環境という視座　107
  3節　これからの食育を考える　110
　　　1．なぜ今，食育か　110
　　　2．食育における研究と実践の橋渡しについて　111
　　　3．食育に求められているもの　118
  4節　メタ認知を基盤とした高等学校理科の授業実践の重要性──子どもたちの自律的・協調的な学びを目指して　118
　　　1．メタ認知を基盤とした高等学校理科における授業実践の意義　118
　　　2．観察・実験活動における高校生のメタ認知の実態　119
　　　3．高校生のメタ認知活性化を意図した授業実践　121
　　　4．子どもたちの自律的・協調的な学びを目指して　126
  5節　これからの評価とICTを活用した指導のあり方　127
　　　1．教育における評価の重要性　127
　　　2．熟達した教師が行うダイナミックアセスメント　128
　　　3．次世代の教育で活躍するICT　130

● column 2　わが国の保幼小の接続の動向　136

目 次

● 第Ⅲ部　大人の学び　139

第7章　高等教育における学び …………………………………………… 140

1節　21世紀市民リテラシーとしての批判的読解力　140
1. 21世紀市民リテラシーとは何か　140
2. 21世紀市民リテラシーとしての批判的思考　144
3. 批判的読解力が拓くリテラシー　146

2節　外国語教育における文章理解の認知心理学的背景　148
1. 外国語教育における文章理解の認知心理学的背景　148
2. 聴解力の促進時における学習者心理　157
3. 読解過程の原理を利用した聴解学習の方法　165

3節　社会の期待に応える高等教育―保育者を育てる　173
1. はじめに　173
2. 保育者養成の現状分析　174
3. 実践紹介　177
4. おわりに　182

4節　教員養成段階における学生の学び　182
1. 大学における教員養成と開放制の原則　183
2. 教育実習における実習生の学び　184
3. 教育実習生の学びを取り巻く学習環境　186
4. おわりに　190

第8章　仕事と社会における学び ………………………………………… 191

1節　熟達者のさらなる成長促進―プロジェクトリーダーの擬似経験学習　191
1. 熟達者の学びが求められる背景　191
2. 経験からの学び　192
3. ケースメソッド研修　193
4. 内的変化の分析　195
5. おわりに　199

2節　専門職の学習のあり方　199
1. 医療系養成校の課題　199
2. 試験に使用する適切な評価票　201
3. 効果的な学習環境　206
4. 今後の専門職の学習のあり方　210

3節　教師の学習の契機としての小中一貫教育　210
1. 小中一貫教育とは　210
2. 小中一貫教育校における教師の語り　212

3. 小中一貫教育はなぜ教師の学びの契機となるのか　217
4節　ヘルスプロモーション　218
　　　1. ヘルスプロモーションの射程　218
　　　2. ヘルスプロモーションを支える2つのモデルを基盤とした学習　219

● *column 3*　すべての人が，自ら学び，また学び続ける社会を目指して
　　　　　　　228

引用文献　231
人名索引　247
事項索引　250

第 I 部

学習開発学が目指すもの：学びの新たな地平

第Ⅰ部　学習開発学が目指すもの：学びの新たな地平

第1章
学習科学の理論と方法

　学習開発学の理論的基盤である学習科学は1990年代以降，認知心理学，発達心理学，社会心理学，脳科学，文化人類学，教育工学などの多様な学問分野を総合することによって急速に発展しつつある，学際的な科学である。では，学習科学はどのような学問なのだろうか。それを一言で要約すれば，「学習と教育に関わる多様な学問分野を総合し，科学的根拠に基づいて教育実践の改善を目指す新しいパラダイム」といえるだろう。もちろん，学習科学が台頭する以前にも学習に関する科学的研究はなされていた。例えば，学習の仕組みの解明を目指す「学習心理学」は，心理学が心の科学としての歩みを始めた当初から開始されており，すでに100年以上の研究史が存在する。では，伝統的な学習心理学と学習科学の違いは何なのだろうか。

1節　学習科学と学習心理学

1．学習科学の学習観

　学習心理学と学習科学の第1の相違点は，依拠する学習観が異なることである。学習心理学の学習観は「知識習得モデル」といえるだろう。そして，この知識習得モデルの学習観からは「知識伝達モデル」の授業観が導き出される。この伝統的な授業観は教授主義（instructionism）とよばれており（Papert, 1993），ソーヤー（Sawyer, 2006）は教授主義の授業の前提を次の5つに要約している。①知識は世界に関する事実と問題を解決するための手続きからなる。

②教師の仕事は，これらの事実と手続きを生徒たちの頭の中に注入することである。③生徒は比較的単純な事実と手続きから始め，しだいに複雑なものを学んでいく。④単純さと複雑さの基準や定義，および教材の配列は，教師や教科書の著者によって決定される。⑤学校教育の成功とは，生徒たちが多くの事実と手続きを習得することであり，それはテストによって測定される。

これに対し，学習科学の学習観は「知識創造モデル」といえる。そもそも知識とは継承し共有されていくものであり，継承したものに何らかの創造が付加されなければ，継承されることなく朽ち果てる運命にある。したがって，豊かな未来を創造するためには文化創造の営みが不可欠であり，それを可能にするのが「知識創造」の営みである。つまり，学習科学が目指しているのは，文化を「継承」しつつ「共有」し，さらに「創造」へとつなげる「知識創造モデル」の学習を生涯にわたって継続する学習者の育成であり，そうした知識創造の学びがなされるような学習環境をデザインし，そのための教育方法を科学的根拠に照らして研究・開発することなのである。

2．理論志向と実践志向

学習心理学と学習科学の第2の相違点は研究の志向性である。すなわち，学習心理学は理論志向が強いのに対し，学習科学は実践志向が強い。もちろん，従来の学習心理学は教育実践にまったく無関心だったわけではない。ただ，学習心理学が目指してきたのは，基本的には，あらゆる領域に適用できる一般性・抽象性の高いグランドセオリー（grand theory）を構築することである。そのため，厳密な条件統制がなされる実験室で研究を行い，そこで構築された理論を教育実践に応用するというのが学習心理学の基本的なスタンスである。これに対し学習科学が目指している理論は，教育実践の現実の中で問題を発掘し，その問題を科学的に分析・吟味・理論化し，それを再び教育実践の現実に還元するという絶えざる知の往還作業の現場から立ち上がってくるグラウンデッドセオリー（grounded theory）である。すなわち，学習科学は理論と実践の架け橋になることを目指しているのである。

3. 学習科学の学際性

　学習心理学と学習科学の第3の相違点は，学習心理学の研究様式が心理学の立場からの単独のアプローチであるのに対し，学習科学は学習と教育に関わる多様な学問分野を総合する学際的アプローチであるということである。学習科学が理論と実践の架け橋になるためには，長い時間をかけて蓄積した多様な知識を整理し，共有の知識ベースを構築することが重要である。つまり，学習科学の多様な知見をこの知識ベースに蓄積・整理・統合し，研究者にも実践者にも容易にアクセスできるようにすることが重要である。そのため，学習心理学のように心理学の立場からの単独のアプローチではなく，多様な学問分野を総合する学際的アプローチが不可欠なのである。

4. 研究対象の拡大

　学習心理学と学習科学の第4の相違点は，学習科学の出現によって研究対象が拡大したことである。すなわち，学習心理学の主要な研究対象は実験室や教室での学習に限定されていたが，学習科学の出現によって研究対象が実験室や学校という枠を越え，学校を取り巻く家庭や地域社会での学習へと飛躍的に拡大した。加えて，学習科学の一翼を担う情報通信技術（ICT）の進歩によって，例えば，技術強化型学習（technology enhanced learning：TEL）や知的個別指導システム（intelligent tutorial system）など，eラーニングの学習環境が開発された（コラム「知識空間理論（KST）とeラーニング」(p.38)を参照）。また，そうした学習支援ツールの開発によって学習の足場づくりが可能になり，学校での学習が学校外での学習へ転移する可能性も高まった。さらに，ICTの進歩によって，教室の児童生徒と科学者や研究者との双方向コミュニケーションが可能になり，例えば「コンピュータ支援による協調学習：CSCL」のような新しい学習環境がもたらされた。このようにして今まさに，学校と家庭を含む地域社会との密接な連携のもとに，新たな学習コミュニティが形成されようとしているのである。

第1章 学習科学の理論と方法

2節 学習科学の方法

1. 理論研究と実践研究をつなぐ研究法

　ストークス（Stokes, D., 1997）は，『パスツールの象限（*Pasteur's quadrant*）』という著書の中で，理論と実践の橋渡しすることの重要性を指摘している。すなわちストークスは，科学の進歩の多くが実践的問題の解決と密接に関連していることを見いだし，パスツールの研究こそがまさにそのことのよき例証だとみなして，彼の著書の書名にパスツールの名を冠したのである。つまり，パスツールの研究は医学の進歩に多大な貢献をしたが，それは彼の研究が病気の患者をいかに救うかという実践的問題の解決に関係していたからにほかならない。そして，パスツールの研究のように，体系的になされた実践研究は，同時に理論研究の進歩にも貢献できるのである。

　ストークスはまた，研究を基礎から応用へ向かう1次元の座標軸でとらえるのではなく，水平軸，垂直軸で区切られた2次元空間としてとらえるべきだと主張している。この2次元空間の水平軸は「理論研究」と「応用研究」の軸であり，垂直軸は科学研究としての一般法則や基本原理を追求する軸を示している。つまり，優れた基礎研究は，理論研究にとっても応用研究にとっても高い価値をもち得ると主張しているのである（表1-1 参照）。

　このストークスの主張は，学習科学の場合も，教育の改善を目指すパスツール型の実践研究が求められていることを示唆している。そして，そうしたパスツール型の実践研究は，教育実践の質を高めるのに役立つと同時に，教育の基本原理に関する理論研究の進歩にも貢献することを示唆しているのである。

表1-1　科学研究の象限モデル（Barab, 2006）

		実用性の追求	
		なし	あり
基本原理の追求	あり	純粋な基礎研究（ボーアの象限）	実用的な基礎研究（パスツールの象限）
	なし		純粋な応用研究（エジソンの象限）

しかし，伝統的な理論研究で用いられている厳密な実験研究の方法を，そのまま実践研究に適用するのは無理がある。なぜなら，教育実践は多数の変数が相互作用する複雑な現象であり，厳密な変数の統制・操作は不可能だからである。したがって，理論研究と教育実践の橋渡しをするためには，従来の実験室研究やフィールド研究の限界を克服するための新たな研究法の開発が重要になる。そのため学習科学では，教育実践の改善にも役立ち，同時に理論研究の発展にもつながる研究法として，デザインベース研究（design-based research）が注目されている。

2．デザインベース研究

教育実践は基本的に「一期一会の営み」（単一事例研究）である。そのため実験室研究のように，統制条件を設けて実験を繰り返すことができない。そこでデザインベース研究では，実践現場（自然主義的文脈）で直面している「問題」を分析・検討したうえで，その問題を改善するための実践の「デザイン」を学習科学の「理論」に基づいて構築し，初回の実践を行う。そして，その実践結果を詳細に分析・検討し，初回の実践の「問題」を改善するために，「理論」に基づいて次回の実践を「デザイン」し直す。このようにして，「問題」「理論」「デザイン」のサイクルを繰り返しながら，教育実践の現場で生じている問題を分析・検討し，一般化可能性の高いデザイン原理を導出するのである（図1-1）。要するにデザインベース研究は教育実践と教育研究の機能を兼ね備えた研究法であり，伝統的な心理学実験と比較すると，次のような点が異なっている。

（1）研究の場所：心理学実験では厳密な条件統制が可能な実験室で研究が行われるのに対し，デザインベース研究では多数の変数が複雑に絡み合う教育実践の現場で研究が行われる。

（2）従属変数：心理学実験では少数の従属変数に関する量的データを分析対象とするのが通例であるが，デザインベース研究では，量的データだけでなく，質的データも含む多数の従属変数を分析対象とする。

（3）独立変数：心理学実験では少数の変数を選択し，それを実験の期間中，厳密に統制・操作する。これに対しデザインベース研究では，研究の対象となる変数のすべてを，あらかじめ特定できるとは限らない。

第1章　学習科学の理論と方法

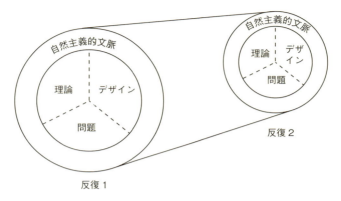

図1-1　デザインベース研究の模式図（Barab, 2006）

(4) 手続き：心理学実験では固定した手続きで実験が実施されるのに対し，デザインベース研究では，実践の成否によって最初の手続きを修正するというように，柔軟にデザインの修正がなされる。
(5) 社会的相互作用：心理学実験では学習者間の相互作用は統制される。これに対し，デザインベース研究では，学習者同士のアイデアの共有や協同の活動を伴う複雑な相互作用を統制しない。
(6) 結果の記述：心理学実験では仮説が検証されたかどうかの記述が中心であるが，デザインベース研究では開発中のデザインの詳細な記述がなされる。
(7) 参加者の役割：心理学実験では実験者は実験参加者に影響を与えることはなく，実験参加者も実験デザインに影響を与えることはない。これに対しデザインベース研究では，実験者と実験参加者の関係はアクティブであり，どちらも実験デザインに影響を与える。

3. 理論研究と実践研究をつなぐ道筋

　理論研究が教育実践に影響を与える際の道筋は図1-2のように表すことができるだろう。図1-2に示されているように，理論研究が直接的に教育実践に影響を及ぼすのは，次のような2つの場合だと考えられる。第1は，研究者と教師とが研究計画の段階から協働作業をする場合である。第2は，理論研究に関

第Ⅰ部　学習開発学が目指すもの：学びの新たな地平

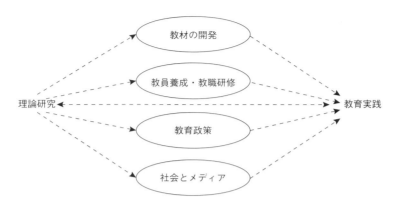

　　　図 1-2　理論研究と実践研究をつなぐ道筋　（National Research Council, 2000）

心をもっている教師が理論研究で得られた知見を自らの教育実践を取り入れる場合である。図 1-2 では，そのことが理論研究と教育実践とを直接つなぐ波線として表されている。

　理論研究で得られた知見が教育実践に影響を及ぼすその他の道筋としては，「教材の開発」「教員養成・教職研修」「教育政策」「社会とメディア」を経由する間接的な道筋が考えられる。図 1-2 に示されている理論研究と教育実践を媒介している 4 つの領域が，これら 4 つの間接的道筋を示している。

　しかしながら従来の理論研究は，次の 2 つの理由で，教育実践にそれほど影響を及ぼすことはなかった。そのことは，図 1-2 の理論研究と教育実践をつなぐ直接・間接の道筋がすべて波線であることによって示されている。

　第 1 に，教師の多くは理論研究の成果にあまり関心がない。なぜなら，教師の関心と研究者の関心は異なっているのが通例だからである。すなわち多くの研究者の関心は教育の基本原理を明らかにすることにある。これに対し教師は，教室の現場で発生する様々な問題に限られた時間の中で対応しなければならない。そのため，教育実践上の具体的な問題をいかに解決するのかという点に関心がある。しかも，多忙な教師には，理論研究の成果に目を通す時間などほとんどないのが実情である。おそらく，こうした様々な要因が，理論研究に対する教師の無関心を助長しているのではないだろうか。したがって，重要なことは研究者と教師とをつなぐ架け橋を築くことである。そうしなければ，理論研

第 1 章　学習科学の理論と方法

究の世界と教育実践の世界を隔てている広くて深い溝を取り除くことは決してできないであろう。

　第 2 に，研究計画の段階から教師と研究者とが協働作業をする事例は非常に少ないのが現状である。そのため，図 1-2 において理論研究と教育実践とを結ぶ矢印が一方向的であることが示しているように，一般に教師が研究課題を構想したり，学習や教授についての知識ベースを生成したりする機会はほとんどない。したがって今後は，理論研究の世界と教育実践の世界の間で，双方向の情報の交流が生じるようにする必要があり，そのためには教師と研究者が協働で共有の知識ベースを構築し，その知識ベースと教育実践に影響を及ぼす様々な要素とのつながりを強固にすることが重要になるだろう。そして，理論研究の成果が教育実践の改善に活かされるためには，次の 3 つの包括的な研究課題への取り組みが重要になるだろう。

(1) 理論研究の成果を，カリキュラムや教材・教授法の細部に至るまで精査し，教育実践に関わるあらゆる人々に効果的な方法で伝達する。

(2) 研究者の理論知と教師の実践知を結びつけ，研究が教育実践の改善にも教育理論の発展にもつながるように，研究者と教師が協働で研究に取り組むことができるような研究体制を整備する。

(3) 教育実践の絶えざる改革・改善のために，学力，カリキュラム，教師の指導力，学級経営，学校経営などの観点から総合的に教育成果を評価するための新しい教育評価の理論と方法を開発する。

　以上のような包括的課題への取り組みが効果的になされるためには，理論研究と教育実践の関係が双方向的であることが重要である。すなわち，理論研究の成果が教育実践に役立ち，教師の実践知が理論研究の発展を刺激する，というように，両者は相補的な関係であることが重要なのである。また，そのような双方向的・相補的な関係を構築するためには，長い時間をかけて蓄積した学習や教授法についての知見を整理し，共有の知識ベースを構築することが不可欠であり，そのためには，学習心理学，教育心理学，認知心理学，発達心理学，教科教育学，教育社会学，教育経営学，教育行政学，教育工学などの多様な学問分野を総合する学際的アプローチが重要になる。つまり，多様な学問分野の知見をこの共有の知識ベースに蓄積・整理し，統合し，「教材の開発」「教員養

第Ⅰ部　学習開発学が目指すもの：学びの新たな地平

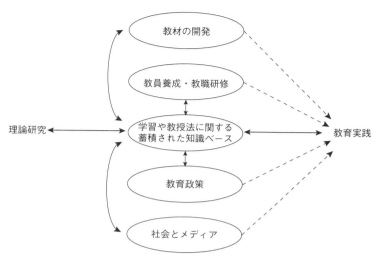

図 1-3　理論研究と実践研究の結びつきを強化するためのモデル
(National Research Council, 2000)

成・教職研修」「教育政策」「社会とメディア」などの領域に関わる人々が，容易にアクセスできるようにすることが重要なのである（図1-3）。

第 I 部　学習開発学が目指すもの：学びの新たな地平

第 2 章
学習科学が描く 21 世紀型学力

　21 世紀の扉が開かれて 14 年が経過した今，日本の教育界は教育改革の渦中にある。21 世紀には，地球環境問題，エネルギー・食料問題など人類の存在基盤を脅かす諸問題がよりいっそう深刻化するとともに，国際化・情報化の波もさらに加速するであろう。そのような中で，日本の教育界は今，学力の質が問われている。すなわち，旧来の知識習得モデルの学習観を脱却し，知識創造モデルの学習観に基づく「21 世紀型学力」の育成が求められている。したがって，教育改革を先導する役割を担うのは，知識創造モデルの学習観に立脚している学習科学以外にはあり得ないであろう。では，学習科学が描く 21 世紀型学力とはどのような学力なのだろうか。

1 節　21 世紀型学力とは

　21 世紀型学力は，ディペンダブル（dependable），ポータブル（portable），サステイナブル（sustainable）の 3 条件を備えた学力といえるだろう。
　第 1 の条件である「ディペンダブル」な学力とは，信頼できる学問的根拠に基づく学力を意味しており，従来の学校教育では，もっぱら，このディペンダブルな学力の育成がなされてきたといえる。
　しかし，従来の学校教育で育成されてきた学力は，「ポータブル」な学力という第 2 の条件を満たしていたとは考えられない。なぜなら子どもたちは，学校で身につけた知識は学校の試験問題を解くときに使うもので，学校の外では

役に立たないと考えているからである。これでは決して「持ち運び可能」な「ポータブル」な学力とはいえないであろう。

さらに，従来の学校教育で育成されてきた学力は，「サステイナブル」の条件も満たしていない。なぜなら従来の学校教育では，学習が学習の本来の目的である自己形成のプロセスから切り離されていたからである。つまり，人間にとって学習の本来の目的は，自己実現を目指して自己を成長させることにほかならない。ところが従来の学校教育では，そうした学習の目的や価値が問われることはあまりなかった。そのため学校時代に学習の目的や価値を見いだすことができない子どもたちは，学校を卒業すれば学習するのを止めてしまう。これでは決して，生涯にわたって学習し続ける「サステイナブル（持続可能）」な学力を育成することはできないであろう。

2節　21世紀型学力の育成

1. 第3の学力観に基づく学習

「ディペンダブル」「ポータブル」「サステイナブル」の条件を備えた21世紀型学力を育成するにはどうすればよいのだろうか。そのための第1の条件

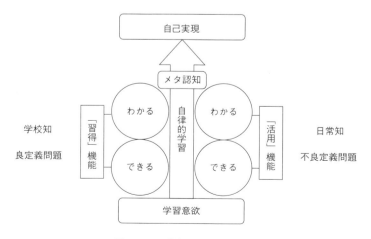

図2-1　21世紀型学力の概念図

は，「習得機能」と「活用機能」のバランスを保つことである（図2-1）。ところが従来の学校教育は，2つの対立する学力観，すなわち「習得」を重視する学力観と「活用」を重視する学力観の間を揺れ動いてきた。そのため，「習得機能」と「活用機能」が切り離されてしまい，そのことが学校での学習を無味乾燥な勉強へと変質させ，その結果として学力の「質の低下」をもたらすことになったと考えられる。したがって，21世紀の学校教育に求められていることは，何よりもまず2つの学力観の排他的な対立関係を解消し，両者を統合した第3の学力観に立脚して教育改革を行うことである。それが成し遂げられたとき，「習得機能」と「活用機能」のバランスが保たれ，学校が「意義ある学び」のなされる場所として蘇るであろう。

2. メタ認知能力の育成

　21世紀型学力を育成するための第2の条件は，自らの学びの舵取りをする，メタ認知能力を育成することである。このメタ認知能力は「車のハンドル」に喩えることができるだろう。つまり，車の左の車輪が「習得機能」，右の車輪が「活用機能」であり，車の両輪の舵取りをするのがメタ認知の役割なのである。この車の両輪の舵取りは，学校で習得する学校知と日常生活で必要となる日常知を関係づけることを意味しており，このメタ認知の働きによって知識の活用が可能になる。ところが学校で習得する学校知の多くは良定義問題（正解と解決方法が明確に定義されている問題）を解くための知識である。これに対し，日常生活で遭遇する問題の多くは不良定義問題（正解と解決方法を明確に定義できない問題）である。それゆえメタ認知能力を育成することが活用力の育成につながるのである。

　また，このメタ認知能力の働きによって，「いかに生きるべきか」という個性化のテーマと「そのためにいま何を学習するべきか」という社会化のテーマがつながり，そのとき学びは自己実現を目指して自己を向上させ成長させようとする自己形成（自分づくり）の営みになる。この自己形成（自分づくり）の営みは，換言すれば，かけがえのない1回限りの「自分史の物語」を紡ぎ出すことにほかならない。そして，そのようにして紡ぎ出された多様で個性的な自分史が時空間を共有し交流することによって，創発的に文化創造の「社会史の

物語」が編み上げられる。これがすなわち「知識創造モデル」としての学習の本質なのである。

3. 本物の学習意欲の育成

　上述の「知識創造モデル」としての学習は，あらゆる人々が一生涯をかけて行う命の営みである。したがって，21世紀型学力を育成するための第3の条件は，生涯にわたって学習し続けようとする本物の学習意欲を育成することである。この本物の学習意欲は「車のエンジン」に喩えることができるだろう。そして，「知識創造モデル」の学びが生涯にわたって持続するためには，この学習意欲のエンジンをかけることが不可欠であり，そのためには，子どもたちが学校での学習に意義や価値を見いだし，成績や試験の結果にこだわる内容分離的・他律的な学習動機ではなく，「仕事や生活に生かすため」「知力を鍛えるため」「学習自体が楽しいから」といった内容関与的・自律的な学習動機（市川，1998）に基づいて学習に取り組むような授業をデザインすることが重要になる。つまり本物の学習意欲とは，例えば「教師が冗談を言ったときにだけ身を乗り出す」といった表面的な学習への関心を指しているのではないのである。また，「教師に指示されたことは真面目にやるけれど，指示されないことはいっさいやらない」といった，従順だけれど受動的な学習態度を指しているのでもない。重要なことは，①学ぶことに対して「興味・関心」をもつとともに，新しい知識や技能を身につけることに喜びや達成感を感じ，②教師の指示がなくても，心の内部からわき上がってくる内発的動機づけによって自律的に学習活動に取り組み，さらに，③そうした自律的な「学習態度」が日々の生活の中で「学習習慣」として定着していることなのである。

第Ⅰ部　学習開発学が目指すもの：学びの新たな地平

第3章
学習科学が描く21世紀型学習者

　前章で述べたように，学習科学が目指しているのは，「ディペンダブル」「ポータブル」「サステイナブル」の3条件を備えた学力の育成，すなわち生涯学習の長い航海を自分の力で舵取りしていくのに不可欠な「21世紀型学力」の育成である。そこで次に，そうした「21世紀型学力」を身につけた「21世紀型学習者」の具体像を素描してみることにする。

1節　自律的に学ぶ学習者

1．学習の意義を見いだせない子どもたち

　「なぜ勉強しないといけないのか？」これはおそらく，多くの子どもたちが抱いている素朴な疑問であろう。つまり，多くの子どもたちは，学校の勉強に「意義を見いだせない」のである。このことが，「自律的に学ぶ学習者」の育成を阻む最大の原因である。なぜなら「意義を見いだせない勉強」は，「学ぶこと」と「生きること」が切り離されているからである。そのため子どもたちは，学ぶことの「嬉しさ」「面白さ」「楽しさ」を味わうことができない。そして子どもたちは，試験でよい点を取って親や教師にほめてもらうために，強いて勉めて「勉強」するのである。では，どうすれば「学校の勉強」が「意義ある学び」になり，「他律的勉強」が「自律的学習」になるのだろうか。この問いに答えるためには，子どもたちは「なぜ学校の勉強に意義を見いだせないのか」を明らかにする必要があるだろう。

2. 個性化と社会化

その答えが図3-1に示されている。この図の左端には「意義ある学び」にとって不可欠な，個性化と社会化という2つのベクトルが示されている。このうちの個性化とは，自分自身の個性を自覚し，社会の中での自分の居場所を定位し，他者との関わりの中で自己実現を図っていく自己形成の過程を指している。つまり，人間は他者という鏡に自分の姿を映すことによって自分の個性を自覚するのである。この個性化の過程は，心の深層にある「私の世界」を核として，「私たちの世界」→「彼（彼女）の世界」→「彼らの世界」へとしだいに自己を拡大していく過程ととらえることができる。したがって，個性化の過程では，常に喜び・悲しみ・希望・不安などの情念が沸き立ち，心は時として激しく揺れ動く。なぜなら自己と向き合い他者と出会う過程は，心の琴線に触れる体験だからである。要するに，個性化の過程を方向づけるのは他者との心の交流の体験なのである。したがって，他者の心を共感的に理解する「感性」の働きがなければ，心の交流は生じ得ない。つまり感性を育み他者との心の交流を支援することが「心の教育」の目的といえるだろう。

一方，社会化とは，社会の規範を自己の内部に取り入れる過程を指している。人間は社会的存在であり，決して自分一人で生きていくことはできない。なぜなら社会の成員がそれぞれの欲望のおもむくままに行動したのでは，社会が成り立たないからである。そのため法律が制定され，道徳が発生する。そうした社会の規範を自己の内部に「良心」として取り入れることが社会化の過程にほかならない。つまり社会化とは，理性の働きによって物事の善悪を判断できるようになる過程を指しているのである。

社会化が意味しているのは，それだけではない。社会が成り立つためには，

↓ ↑	Aゾーン	理性	彼ら
社 個	Bゾーン	知性	彼（彼女）
会 性	Cゾーン	感性	私たち
化 化	Dゾーン	情念	私

図3-1　心の世界の見取り図 （森，1999）

社会の成員の一人ひとりが多様な知識・技能を習得しなければならない。特に技術革新の進んだ現代社会の子どもたちは，将来，市民として社会生活を営み，社会の発展・進歩に貢献するために，学校時代に多様な学問的知識の基礎を学習しておく必要がある。しかし，そうした学問的知識は，時代が進むのに伴って，しだいに高度で抽象的なものとなる。このため，それを学習するためには高度な知性の発達（知性化）が不可欠である。その知性の発達を指導・支援するのが「知の教育」なのである。

3. 意義ある学びとは

以上の説明で，多くの子どもたちは「なぜ学校の勉強に意義を見いだせないのか」は明らかであろう。要するに学校の勉強は，社会化と個性化のバランスが壊れているのである。というよりも，「いかに生きるべきか」という個性化のテーマと，「そのためにいま何を学習するべきか」という社会化のテーマがつながっていない。そのため，せっかく学習したことが，ちょうど図3-2の（B）のような状態に陥ってしまうのである。

図3-2の（A）に示されているように，「意義ある学び」の目標は，自己実現の高みを目指し伸びていくことにほかならない。そして，この「意義ある学び」がなされるためには，社会化と個性化のベクトルをバランスよく統合することが不可欠である。したがって，学校の勉強を「意義ある学び」にするためには，社会化の発達を指導・支援する「知の教育」と，個性化の発達を支援する「心の教育」を統合し，学習を情念・感性・知性・理性がいきいきと躍動する生命の営みにする必要があるのである。

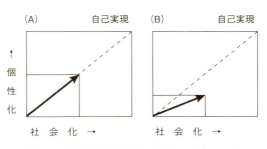

図 3-2　個性化と社会化のバランス（森, 1999）

第Ⅰ部　学習開発学が目指すもの：学びの新たな地平

　学校での勉強がそのような「意義ある学び」になったときには，もはやそれは教師の指導に従って無味乾燥な知識を詰め込むだけの「他律的勉強」ではなくなるだろう。新しい知識や技能を学ぶことは，自分自身が自己実現に向かって成長していることを確認できる「嬉しく」「面白く」「楽しい」体験である。そうした学ぶことの楽しさや喜びの体験が，「他律的勉強」を自ら主体的に学ぶ「自律的学習」へと変えるのである。

2節　情報を発信する学習者

1．情報化社会とは

　情報化社会という言葉が語られるようになったのは，それほど昔のことではない。しかし，その比較的短い期間に，情報化社会は急速に発展した。おそらく，この流れは今後さらに加速し，それほど遠くない将来，世界中の学校がインターネットで結ばれる時代がやってくるであろう。そうした情報化社会の急速な発展を支えているのは，言うまでもなく情報通信技術（ICT）の急速な進歩である。したがって，来るべき高度情報化社会の中で生き抜かなければならない子どもたちにとって，ICTを上手に使いこなすことは必須の技能になるであろう。しかし，それよりもさらに大切なことがある。それは情報化社会の本質を見抜くことである。

　「情報」とは，「人に知らせたいことを伝達できる形にまとめたもの」と定義できるだろう。もし「情報」をこのように定義するのであれば，人類は太古の昔から情報伝達を行っていたことになる。しかし，情報伝達のためのメディアは太古の昔に比べると飛躍的な進歩を遂げ，前世紀には情報を電波に乗せて運ぶという画期的な技術が開発された。すなわち，ラジオやテレビの発明によって，情報を一瞬のうちに世界の隅々にまで運ぶことが可能になった。このラジオやテレビの普及は，新聞，本，雑誌の普及と相まって，マスコミュニケーション（マスコミ）社会を生み出した。しかし，「マスコミ社会」＝「情報化社会」ではない。なぜなら，情報化社会を生み出したICTの普及が，情報伝達の様式を根本的に変えてしまったからである。では，マスコミ社会と情報化社会と

では，情報伝達の様式がどのように違っているのだろうか。実はこの点にこそ，情報化社会の本質を見抜くための重要な鍵が隠されている。

2. ツリーとリゾーム

情報化社会の情報伝達の特徴は「双方向性」である。つまり，情報化社会では，世界中のどこからでも情報の発信と受信の両方を行うことができる。これに対しマスコミ社会では，情報は一方向へしか流れない。情報の発信ができるのは新聞社や放送局に関係する少数の人々であり，その他大勢の人々は，ただ電波や活字によって送られてくる情報を受信するだけなのである。情報伝達の様式が一方向から双方向へ変わったことによって，今まさに知の様式や社会構造までもが時代の大転換期を迎えようとしている。ポストモダンの思想家ドゥルーズ（Deleuze, G.）は，そのことを次のような喩えで説明している。

樹木を眺めると，まず幹があり，幹から枝が分かれ，さらにその先に葉が茂り，花を咲かせ実を結ぶ。ドゥルーズによると，デカルト（Descartes, R.）以来の近代思想においては，哲学，自然科学，社会科学などあらゆる知の体系がこのようなツリー構造（樹木状組織）をモデルにしているという。一例をあげれば，生物進化の系統樹は，まさに樹木状の階層構造を成している。これに対し，リゾーム（根茎）には，こうした階層構造はない。そこには上位もなければ下位もない。中心もなければ周辺もない。ちょうどカンナの地下茎のように，途中に結束点を作りながら多方向へ延びていく網状組織を成している。人間の知性も，このような網状組織としてとらえるべきである。なぜなら，脳の神経回路はリゾームであり，知的活動は網状の神経回路上でのインパルスの躍動にほかならないからである。

ドゥルーズは人間の思考様式や社会組織の背後にあって，これらを規定しているツリーを批判し，リゾームの復権を主張しているのであるが，今まさにツリー構造の社会からリゾーム構造の社会への転換がなされようとしている。ツリー構造の社会とは，言い換えればヒエラルキー構造の社会である。ヒエラルキー構造の社会では，富と権力を手に入れた少数の人々だけが情報の発信を行い，その他大勢の庶民は権力者が発した情報を受信するだけである。これに対しインターネットが生み出した情報化社会はリゾーム構造の社会であり，情報

を発信・受信する機会が社会の構成員の全員に平等に与えられている。したがって，これからの情報化社会では，世界の隅々にまでネットワークを拡げ，多様なネットワークを通して多様な情報を受信し，それに基づいて付加価値の高い情報を創出し，さらにそれを世界に向けて発信することが重要になるであろう。

3. 情報化社会の学習はいかにあるべきか

　社会の構造がツリーからリゾームへと変われば，当然のことながら学習の様式も変わるべきである。ところが，今なお多くの学校では，教師が子どもたちに一定の知識を教え込むという形式の授業がなされている。しかし，そうした教師主導の授業によっては，情報化社会で求められている「主体的に生きる力としての学力」，すなわち自己教育力の育成は望めない。なぜなら，そのような知識伝達モデルの授業でなされる学習活動は，教師から与えられる知識を一方的に吸収するだけの受動的なものになるからである。

　この受動的学力とは，換言すれば「情報受信型」の学力である。例えば外国語教育の場合を考えてみよう。日本の外国語教育では，伝統的に「読む力」「書く力」「聞く力」「話す力」のうち，特に「読む力」に重点を置いた授業がなされてきた。しかし，このような授業では，理解中心の「情報受信型」の外国語力しか育たない。これに対し，これからの外国語教育に求められているのは，諸外国の文化を理解するだけでなく，自分の考えや意見を外国人に伝えることもできる国際コミュニケーション力としての外国語力である。つまり，「理解」中心の「情報受信型」の外国語力だけでなく，「表現」も重視する「情報発信型」の外国語力の育成が求められているのである。そして，このことは決して外国語教育に限ったことではなく，他の教科の授業においても「情報発信型」の学力の育成が重視されるべきである。なぜなら，これからの高度情報化社会では，情報を発信することの重要性が，ますます高まってくると考えられるからである。

　情報の発信は，情報処理過程の最後のステップであると同時に，次のステップの始まりでもある。つまり，発信された情報は他者に受信され，情報発信に向けた情報処理の次のステップが始まるのである。このようにして情報の受信・

発信のサイクルが次々に網の目のようにつながって，情報化社会のネットワークを形成する。このネットワークは，いわば情報化社会という生命体のライフラインである。このライフラインに沿って情報が流れることによって，初めて情報化社会の生命活動が維持される。その生命活動が文化を創出し，文明を開花させるのである。このように考えると，情報の発信が情報化社会にとっていかに重要であるかがわかるであろう。もし仮に情報を発信する人が一人もいなくなれば，それは情報化社会という生命体の死を意味しているのである。教室も小さいながらも1つの情報化社会であり，学びのネットワーク社会である。したがって，一人ひとりの子どもたちの伸びやかな表現活動によって，この小さな情報化社会の生命活動が維持されるのである。

 ## 3節　適応的熟達を目指す学習者

　学習科学では，学習とは「初心者が熟達者になるプロセス」ととらえる。したがって，教育の目標は「初心者を熟達者に育てること」といえるだろう。では，「熟達者になる」とはどういうことなのだろうか。また，「熟達者を育成するための授業」はどのような授業なのだろうか。ここでは理科授業を例にあげて，この点について検討してみよう。

1. 熟達者の認知様式

　科学者とは「科学の熟達者」にほかならない。したがって，理科授業の目標は「科学の初心者を科学の熟達者（小さな科学者）に育てること」といえるだろう。そこでまず，学習科学の最新の知見に基づいて科学の熟達者の認知様式を明らかにしておこう。

　ある特定の分野の熟達者は，自分の専門分野の問題解決を効率よく行うことができる。しかし，それは決して記憶力や知能が優れているからではない。熟達者は専門分野に関する多量の知識を習得しているが，知識の量ではなく知識の質が初心者とは異なっている。そのことが熟達者の認知様式を特徴づけているのである。

そうした熟達者の認知様式の特徴は次の4点に整理することができる。
(1) 熟達者は，初心者が長い時間をかけることによってようやく理解し遂行できることを，瞬時に理解し遂行できる。つまり，直面している問題の本質を推論や思考の働きによってとらえるのではなく，直感的にとらえることができるのである。
(2) 熟達者は，課題内容に関する多量の知識を習得しているが，それらの知識は課題に関する深い理解を反映するような様式で体制化されている。例えば物理学の熟達者はニュートンの第2法則のような物理学の重要な概念や，それをどのように適用すべきかといった考えに基づいて知識を体制化している。
(3) 熟達者の知識は，個々ばらばらの事実や概念に還元できるようなものではなく，ある特定の文脈の中で活用されるものである。すなわち，熟達者の知識は，ある特定の「文脈に条件づけられて」いるのである。
(4) 熟達者は，自分の専門分野に関する豊富な知識をもっているが，特定の問題解決に役立つ知識はその中のごく一部である。しかし，熟達者はどの知識が問題解決に関連しているのかを知っているので，すべての知識を探索するようなことはしない。要するに熟達者は，特定の課題に関連する知識を効率的に検索できる点で優れているのである。

2. 定型的熟達と適応的熟達

学習科学の最近の研究では，熟達者の中には単に熟練しているだけの「定型的熟達者」と，柔軟で創造的な「適応的熟達者」がいると考えられている（図3-3参照）。例えば寿司職人の場合，レシピ通りに寿司を作ることに優れた寿司職人が定型的熟達者である。これに対し，独創的な寿司を作ることのできる寿司職人が適応的熟達者である。このように，両者はまったく異なるタイプの熟達者なのである。すなわち，一方は定型化した物事を手際よく対処することができる熟達者であるのに対し，他方は新しい場面に既有知識を柔軟に転移させることができる適応力の高い熟達者である。そして，このような違いは，寿司職人の世界に限らず，他の様々な分野でも同様に見られることが知られている（Hatano & Inagaki, 1986）。

第3章　学習科学が描く21世紀型学習者

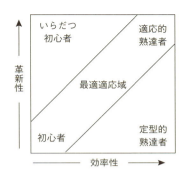

図3-3　適応的熟達化の2つの側面（Bransford et al., 2006）

　この適応的熟達者という概念は，理科授業のあり方についての重要な示唆を含んでいる。なぜなら，適応的熟達者は新しい問題状況に対して柔軟なアプローチを試み，一生を通じて学習し続ける人々だからである。彼らは学んだ知識や技能を無反省に使い続けるのではなく，メタ認知を十分に働かせ，絶えず自分の熟達レベルを点検・評価し，常に現時点の到達レベルを越えようとする向上心をもっている。また，物事を単に効率的に行うのではなく，よりよく創造的に行おうとする。したがって，小さな科学者を育てるための理科授業とは，科学の「適応的熟達者」の育成につながる授業にほかならないのである。

3. 小さな科学者を育てるための理科授業

　従来の理科の授業は，はたして科学の適応的熟達者（小さな科学者）を育てるための授業だったのだろうか。そうではなく，もっぱら定型的熟達者（小さな勉強家）を育てるための授業だったのではないだろうか。もしそうであれば，その原因は，図3-3の「効率性」を「習得」に，「革新性」を「活用」，「最適適応域」を「探究」に置き換えて考えてみれば明らかであろう。すなわち，従来の理科授業では，知識習得モデルの学習観に基づいて，「習得」を偏重した知識伝達モデルの授業がなされてきたのではないだろうか。知識伝達モデルの授業では，自然科学の事実や法則に関する知識を「習得」させることに主眼が置かれ，その知識が日常生活での問題解決にどのように「活用」できるのかを教えないのが通例である。そのため多くの子どもたちは，教科書の練習問題（良

定義問題）を効率よく解くことはできても「文脈に条件づけられた知識」を獲得することができず，授業で学んだ知識を日常生活での不良定義問題の解決に活用できないのである。したがって，小さな科学者を育てるための理科授業は，「習得」と「活用」のバランスを取りつつ「探究」へとつなげる，「知識創造モデル」の授業であるべきなのである。

4節 共に学び合う学習者

1.「共に学び合う力」とコミュニケーション力

　21世紀の高度情報化社会で求められる学力は，「共に学び合う力」といえるだろう。なぜなら，私たちが現実社会で遭遇する問題のほとんどは，机に向かって一人で解けるような問題ではなく，多くの場合，複数の人間が力を合わせて取り組むことによって，はじめて解決できるような問題だからである。したがって，グループでの議論を通して考えを練り上げていくことが重要なのである。

　そうした協同的問題解決の過程で，私たちは知らず知らずのうちに多くのことを学ぶ。つまり「共に学び合う力」とは，他者との心の交流を通して学び合う力なのである。しかし，問題解決の過程で意見の食い違いや誤解が生じたり，そのために人間関係がこじれてグループが分裂してしまうようなこともあるだろう。したがって，そうならないためには，他者の意見を理解し尊重すると同時に，自分の意見をわかりやすく表現する能力が必要になる。つまり，「共に学び合う力」を育成するためには，コミュニケーション力の育成が重要なのである。

　そうしたコミュニケーション力の第1の構成要素は，他者の気持ち（心情）を推し量る「深い理解力」である。情報化社会の「情報」は「情け（なさけ）」に「報いる」と書く。つまり，情報はそれを発信する人も受信する人も，共に血も涙もある人間なのである。したがって，21世紀の高度情報化社会では，人の「情け」のわかる「深い理解力」が不可欠なのである。

　コミュニケーション力の第2の構成要素は自己表現力である。この自己表

現力は，従来，子どもたちが教師に向けて行うものととらえられがちであった。しかしながら，単に教師に向かって表現するだけでは「共に学び合う力」は育たない。なぜなら，子どもたちが互いに啓発し合い共感し合うことによって，子どもたちの個性は，さらに豊かに磨かれるからである。したがって教師は，子どもたちが互いの個性を尊重しつつ高め合う，協同学習のネットワーク作りに努めることが重要になる。そのことが，共に啓発し合い成長する「共に学び合う学習者」の育成につながるのである。

2. 学校の社会連携の必要性

　学校は現代社会という一種の生命体を構成する重要な社会組織の1つである。そのため学校は，現代社会のシステムから切り離されてしまうと，その機能を十全に働かせることができない。同時に現代社会も，学校が十全に機能しなければ，その生命活動を維持するのが困難になってしまう。その関係を植物の体に喩えるならば，「学校での公式的学習」は「葉」，「家庭での潜在的な学習」は「根」，「地域社会での非公式的な学習」は「幹（茎）」，「職業生活での生涯学習」は「花（実）」に対応するといえるだろう。つまり，学校での学習を根底で支えているのが家庭学習である。そして，学校での学習を社会に開き，生涯学習へとつなげるのが地域社会での学習である。ところが従来は，学校での学習が家庭や地域社会での学習から切り離されてしまいがちであった。これは植物に喩えれば「生け花」状態といえるのではないだろうか。そのため子どもたちは学校での学習に意義を見いだせず，「歴史の年号を覚えることに何の意味があるのか」「物質の化学式を覚えても，それが何の役に立つのか」などの疑問を抱くことになるのである。したがって，今後の学校教育に求められていることは，学校での勉強を「意義ある学び」にするために，学校が家庭や地域社会と連携し，開かれた豊かな学習環境をデザインすることである。

3. 家庭での潜在的な学習

　最近の認知発達の研究によって，人間には，言語，数概念，物理的概念，生物的概念，因果関係などの領域に関しては，発達の初期から容易に学習できる生得的な能力が備わっていることが明らかにされている。そのため乳幼児も自

分を取り巻く物理的世界についての正しい知識を潜在的に学習することができる。例えば，4〜7か月児の乳児も，無生物は外的な力が加わることによって初めて動き，それ自身では動けないことを理解している。その証拠に，乳児に人の手が静止している人形を持ち上げて運び去る映像（接触条件），もしくは物理的な接触なしに人形が移動する映像（非接触条件）を見せると，乳児は非接触条件は不自然な現象だと考える。つまり，無生物を動かした原因は手であると考え，非接触条件はあり得ない事象，つまり因果律に矛盾する事象だと判断することができるのである。

このように，乳幼児期の子どもも，日々の活動を通して，身の回りの物理的世界に関する様々な知識を潜在的に学習することができる。しかし，そのように日常生活の中で潜在的に学習した知識は「素朴理論」とよばれ，日常生活の具体的経験に深く根ざしている。そのため，たとえ素朴理論が間違った理論であったとしても，それを修正して正しい科学理論を習得するのはかなり困難である。したがって，家庭での潜在的な学習と学校での公式的な学習を整合的につなげるためには，学習指導の際に正しい科学理論を公式的・形式的に押しつけるのではなく，子どもたち自身が自ら素朴理論を修正し，正しい科学理論を構築するように指導することが大切になる。

4．地域社会での非公式的な学習

レイヴとウェンガー（Lave & Wenger, 1991）は，人間が文化的共同体の実践に参加し，一人前の社会人として成長していく過程を正統的周辺参加とよんだ。つまり彼女らは，本来の学習とは，人が何らかの文化的共同体の実践活動に参加し，新参者から古参者へと成長していく過程ととらえ，そうした文化的共同体での学習には，次のような特徴があることを明らかにした。

第1に，文化的共同体での学習は，公式的・形式的に「教える」という行為がなされることはあまりなく，文化的共同体の実践に参加することを通じて非公式になされる。

第2に，文化的共同体での学習過程は，単なる知識・技能の習得過程ではなく，共同体の成員として「一人前になる」ための自己形成過程である。

第3に，学習者と教育者の間に明確な区別はなく，新参者もやがては古参者

になる。つまり、新参者が古参者になる過程は、同時に共同体の再生産（世代交代）の過程でもある。

　第4に、学習を動機づけているのは、報酬のような外発的動因でも、好奇心のような内発的動因でもない。むしろ、学習者が実践共同体に全人格的に参加しているという実感と、今ここに何かしら共有の場が開かれているという予見に引き出され展開していく、実践活動の社会的関係性そのものなのである。

　子どもたちが地域の野外活動施設や体験学習施設、あるいは児童館・学童保育・図書館の児童サービス施設などで行う学習も、多くは正統的周辺参加の形式で行われる。したがって、地域社会での非公式的な学習と学校での公式的な学習をつなげることが、開かれた豊かな学習環境をデザインすることにつながるであろう。

　例えばコリンズら（Collins et al., 1989）は、そのような試みの1つとして、文化的共同体での学習過程を参考にした、認知的徒弟モデルとよばれる学習指導法を提唱している。すなわち、認知的徒弟モデルでは、①教師が模範を示し、学習者はそれを観察学習する「モデリング」の段階、②教師が手取り足取り教える「コーチング」の段階、③教師が支援しながら学習者に独力でやらせる「足場かけ（スキャフォールディング）」の段階、④教師の支援をしだいに少なくして学習者を最終的に自立させる「足場はずし」の段階の4段階で学習活動が行われる。

第Ⅰ部　学習開発学が目指すもの：学びの新たな地平

第4章
学習科学に基づく21世紀型の授業と評価

　「教育目標」「教育方法」「教育評価」は三位一体であるべきである。つまり，「21世紀型学力」を育成するためには「21世紀型授業」がなされるべきであり，「21世紀型評価」に基づいて，絶えざる授業の改善が図られるべきである。では，「21世紀型授業」とはどのような授業なのだろうか。また，「21世紀型評価」とはどのような評価なのだろうか。その答えは，最近20年ほどの間に急速に発展しつつある学習科学の理論と実践に明瞭に示されている。

1節　21世紀型授業が目指すもの

　第1章で述べたように，学習科学が描く21世紀型学力とは，文化を「継承」しつつ「共有」し，さらに「創造」へとつなげる「知識創造モデル」の学習を生涯にわたって継続する力にほかならない。では，知識創造モデルの学びがなされる授業とは，いったいどのような授業なのだろうか。三宅・益川（2014）によれば，それをデザインする際に重要となるポイントは次の3つだという。第1は，「問いが生まれる」授業をデザインすることである。確かに従来の知識伝達モデルの授業では，問いは教師から与えられるもので，学習者の側から問いが生まれることはなかった。したがって，学習者の側から問いが生まれるには何らかの仕掛けが必要であり，三宅・益川（2014）によれば，それは学習者一人ひとりの考え方の「違い」を可視化することだという。第2のポイントは，「問いが共有される」授業をデザインすることである。問いが共有される

第 4 章　学習科学に基づく 21 世紀型の授業と評価

ことによって，はじめて学習者一人ひとりの学びがつながり，協同的（協調的）問題解決が成立する。つまり，「私の学び」が「私たちの学び」になるのである。第 3 のポイントは「問いが深まる」授業をデザインすることであり，そのための有効方法は，問いへの答えを作る過程で考えたことの履歴を可視化することだという。そのことによって「私の学び」や「私たちの学び」のリフレクション（省察）が可能になり，問いが深まり，さらなる問いが生まれる。このようにして生涯学習へとつながるオープンエンドでゴールフリーな学び，すなわちサステイナブル（持続可能）な学びが成立するのである。以上を要約すれば，問いが「生まれ」「共有され」「深まる」ことによって，学びが「始まり」「つながり」「持続する」授業をデザインすること，それが三宅・益川（2014）が指し示す教育改革の方向にほかならない。

　では，諸々の制約条件のある現在の教育現場において，問いが「生まれ」「共有され」「深まる」ような，知識創造モデルの 21 世紀型授業を実践することは可能なのだろうか。そこで以下に，学習科学が目指す 21 世紀型授業をデザインする際に考慮するべきポイントを示すことにする。

1. 学習者中心の授業

　学習科学では「学習者中心」の授業を重視する。学習科学が出現する以前の授業研究は，「学習者中心」ではなく「教師中心」であった。つまり，従来の授業研究の主要な問いは「教師は何をいかに教えるべきか」であり，「学習者は何をいかに学ぶのか」が問われることはほとんどなかった。そのため従来の授業は，教師の都合に合わせてデザインされ，学習者の都合はあまり考慮されないのが常であった。そのことを旅行に喩えれば，従来の授業は「パックツアー型」であったといえるだろう。パックツアーは旅行会社が作成したプランに従って進行する。そのため，ある観光地が気に入ったツアー客が，その地でもう少し散策したいと切望しても，定刻になればツアーバスは次の観光地に向けて出発してしまう。これと同様に授業の場合も，もし「この単元をもっと追求したい」と探究心に燃える児童生徒がいたとしても，その単元が終われば次の単元に移ってしまう。これでは自分の学びを自分で舵取りできる自律した学習者が育つはずがない。子どもたちは学校を卒業すれば，ツアーガイドのいない

生涯学習の旅へと出立するのである。したがって 21 世紀型の授業では，子ども自身が「何をいかに学ぶか」を決める「マイプラン型」の学習課題をもっと積極的に組み入れるべきであろう。

　学習科学では，学習課題を学習者が自己決定することに加えて，自己評価も重視する。なぜなら学習科学は，生涯にわたって学び続ける自律的に学ぶ学習者の育成を目指しているからである。自律的に学ぶ学習者とは，自分自身の学びを自分自身で舵取りできる学習者にほかならない。そうした自律した学習者にとっては，「何をいかに学ぶか」を自分自身で決め，自分の学びが順調に進んでいるかどうかも自分自身で点検する「自己評価」の力が不可欠である。ところが従来の教育評価では，評価するのも評価基準を決めるのも常に教師であった。そのため子どもたちは，生涯学習の旅に出立する準備が十分に整わないまま，学校を巣立っていくことになるのである。

2．言語表現力を育む授業

　学習科学では，情報を発信する力，すなわち言語表現力の育成を重視する。なぜなら 21 世紀の知識基盤社会では，情報の発信が重要になるからである。教室も小さな知識基盤社会であり，学習コミュニティでもある。そして，この学習コミュニティは，一人ひとりの子どもたちの自由で伸びやかな情報発信，すなわち言語表現が響き合うことによって，豊かな学習環境が創り出されるのである。

　加えて，言葉には自分の考えを方向づけたり整理したりする働きがある。つまり，言語には思考をコントロールする働きがある。そのため，自分自身の思考過程を言葉で表現させることは，自分の思考過程を客観的に見直すことを可能にし，そのことが自分の考え方の癖や間違いの発見へと導くのである。また，言語表現力を育成することは，一人ひとりの子どもの個性を引き出し育んでいく上でも重要である。なぜなら，子どもたちは他者に向かって自己表現をすることを通して自己形成を行うからである。そのため自己表現力を育てることは子どもたちの自己形成を支援することにつながるのである。

　したがって，21 世紀型授業は，言語表現力，いわゆる「言葉の力」の育成を重視した授業であるべきであり，そうした 21 世紀型授業を創るために，教

師は日頃から子どもたちが自分の考えを自由に表現できるような雰囲気を作っておくことが大切になる。そのためには，子どもたちが，「間違ったことを答えても認めてもらえるのだな」と感じることのできるような，受容的な雰囲気を教室の中に作り出すことが大切である。もちろん，クラスの中には言語表現をためらう子どもがいるであろう。自分の考えや思いをうまく表現できないことのもどかしさを感じる子どもも少なくないであろう。恥ずかしさや気後れのため，自己表現をためらう子どももいるかもしれない。そういう場合には，決して否定的な評価を下さないように留意するべきである。なぜなら，否定的な評価を下された子どもは，失敗を恐れてますます言語表現をしなくなってしまうからである。したがって，うまく言語表現できない子どもの場合には，失敗を恐れずに積極的に表現するよう励ますことが大切である。それと同時に，教師自身が日々の授業の中で豊かな言語表現の模範を示すことも重要である。言語表現も技能の一種であり，言葉で説明したりマニュアルを示すことが困難である。それゆえ教師が豊かで印象的な言語表現の模範を示す必要があるのである。

　そして何よりも大切なことは，子どもたちに言語表現をすることの喜びを体験させることである。自分の考えや思いをうまく言葉で表現できたと感じることは喜びである。自分の言葉が他者の共感を得ることもまた喜びである。そうした喜びがさらなる言語表現への意欲を生み，言語表現の技能をさらに高めようという意欲につながるのである。しかし，自分ではうまく表現できたと思っても，それが他者にはうまく伝わらないこともある。そのようなひとりよがりな言語表現に陥らないように，子ども同士の相互評価を活用することも重要になるだろう。

3. オーセンティックな授業

　学習科学ではオーセンティック（真正）な学習を重視する。すなわち，オーセンティックな学習で子どもたちが取り組む「問題」は，教科書準拠の参考書や問題集に載っているような「問題」ではない。その種の問題は，単元ごとに分類・整理された細切れの知識を問うものが多い。このため，その種の問題を解決しても，決して「知の総合化」は生じない。「知の総合化」が生じるため

には，例えば「総合的な学習の時間」などにおいて，環境問題やエネルギー・食糧問題のような教科学習とも関係する「総合問題」に取り組むことが重要である。そうした総合問題に取り組むプロセスで，子どもたちは自ずから各教科の基礎知識を習得することの大切さに気づき，同時に教科・単元の枠を越えて多様な知識を関連づけることの大切さを学ぶ。このことが学習科学ではオーセンティックな学習を重視する第1のポイントなのである。

オーセンティックな学習の第2のポイントは，現実感（リアリティ）のある総合問題を工夫することである。いくら教科・単元の枠を越えた総合問題であっても，その問題が日常生活から遊離したものであれば，子どもたちは問題解決にリアリティを感じることができない。リアリティを感じることができなければ，子どもたちは，自分の持てる力を総動員し，本気で問題解決に取り組む気持ちにはならないであろう。「これは教室の中だけの話で，世の中の問題や自分の問題とは関係のないことなのだ」と考えて，おざなりな態度で問題解決に取り組むに違いない。おそらくこれが，伝統的な「知識伝達モデル」の授業の実態だったのではないだろうか。

もちろん，オーセンティックな学習の場合，必ずしも問題解決が達成されるとは限らない。むしろ問題が未解決のままに終わることのほうが多いであろう。なぜなら，リアリティのある総合問題の多くは，正解が1つとは限らず正解が何なのかわからない「不良定義問題」だからである。しかし，リアリティのある総合問題の場合，問題が解決されるかどうかは，それほど重要ではない。この点が参考書や問題集の「良定義問題」の解決とは本質的に異なっている。良定義問題の場合は，問題が解けることが重要である。なぜなら，その種の問題解決のねらいは，問題を解くことを通して知識・技能を習得することにあるからである。これに対しリアリティのある総合問題の場合には，知識・技能の習得はあくまで結果であり，問題解決に取り組む体験を通して，多様な「知の総合化」をうながすことが重要なのである。

4．協同的問題解決の授業

学習科学では協同的問題解決を重視する。なぜなら，オーセンティックな学習課題では，子どもたちが相互に意見を出し合い，話し合いを通して考えを練

り上げていくことが重要だからである。そうした協同的（協調的）問題解決に取り組むことで個と個が結ばれ，学習コミュニティが形成される。この学習コミュニティの中で，子どもたちは互いに啓発し合い，共感し合い，そのことによって子どもたちの個性はさらに豊かに磨かれるのである。したがって，学習科学では学習者間で「双方向の知識伝達」がなされる協同学習を重視する。

　日本の教育界では現在，子どもたちが相互に意見を出し合い話し合う形式のグループ学習が広く普及している。しかしながら，協同学習とはみなせないグループ学習も少なくないようである。例えば，学習の進んだ子どもが遅れた子どもにわからないところを教える形式のグループ学習を時折見かけることがあるが，この種のグループ学習は協同学習とはみなせない。なぜならこの場合，学習の進んだ子どもから遅れた子どもへの一方向の知識伝達しかなされないからである。少々うがった言い方をすれば，学習の進んだ子どもは，知識伝達モデルの授業を行っている教師の仕事の下請けをやらされているにすぎないのである。したがって，グループ学習が協同学習であるための必要条件は，学習者間で双方向の知識伝達がなされること，言い換えれば「教え合い」の活動ではなく「学び合い」の活動がなされることである。ただし，「学び合い」の活動がなされても，それだけでは「知識創造モデル」の学習とみなすことはできない。なぜなら，「学び合い」の活動が必ずしも知識創造につながるとは限らないからである。例えば理科の授業で，子どもたちが実験を行い，グループごとに自分たちの実験結果について話し合っている場面を見かけることがある。子どもたちは活発に自分の意見を出し合い，双方向の知識伝達を行っている。したがって，表面的には理想的な「学び合い」が展開しているように見える。しかし，注意深く観察すると，話し合いの内容が１つの方向に収束していくのに気づくだろう。すなわちそれは，あらかじめ教師の指導案で定められた方向である。要するに子どもたちは,「知識創造」ではなく「知識伝達」のための「予定調和の話し合い」へと巧みに誘導されているのである。学習科学が重視する「知識創造モデル」の授業は，こうした「知識伝達モデル」の授業とは一線を画するものであるべきである。そのためには，子ども自身が子ども同士の双方向知識伝達を通し，知識創造に向かって「探究」を続けること，すなわち「知識創造モデル」の学習の主人公になることが重要なのである。

第Ⅰ部　学習開発学が目指すもの：学びの新たな地平

2節　21世紀型評価が目指すもの

1．20世紀の教育評価の理論的変遷

21世紀の教育評価のあるべき姿を考えるためには，20世紀の教育評価理論の歴史的変遷の過程を概観する必要があるだろう。

(1)　教育測定の時代

20世紀の最初の30年間（1900年～1930年）は「教育測定の時代」とよばれ，学力の科学的で信頼性の高い測定法が開発された。具体的には，それまで伝統的に行われていた口述試験に替わって，評価者の主観的判断による誤差が混入しにくい客観テスト（標準学力テスト）が開発され普及した。すなわち，再生法，多肢選択法，正誤法など，学力検査（いわゆるペーパーテスト）で用いられている方法の多くは，この時代に開発されたものである。また，集団の平均値を基準とし，それよりどの程度よいか（悪いか）という観点から評価する，いわゆる相対評価の方法も，この時代に確立した。

(2)　教育評価の時代

20世紀の次の30年（1930年～1960年）は「教育評価の時代」とよばれ，この時代には，教育目標という絶対的な価値基準に照らして評価する方法が開発された。教育測定の時代に開発された相対評価の方法によって，確かに客観的で信頼性の高い学力測定が可能になった。しかし，教育とは本来，価値（教育目標）を目指す営みである。だとすれば，集団の平均値という相対的な基準（集団が異なれば基準も変化する）に基づいて評価するのではなく，教育目標という絶対的な価値基準に基づいて評価するべきだという考え方が成り立つ。このような考え方に基づいて，いわゆる絶対評価（到達度評価）の方法が，この時代に確立したのである。

(3)　教育評価の見直しの時代

「教育測定の時代」と「教育評価の時代」を経ることによって，教育目標に

照らして教育の成果を査定する客観的で信頼性の高い教育評価の方法が確立した。しかし，1960年代以降，教育評価の意味を根本から問い直す新たな動きが生じた。すなわち，「それまでの教育評価は，評価が指導に活かされず，結局のところ学力テストによって子どもたちを選別するという働きしかなし得ず，結果として教育の機会均等の理念や人権尊重の精神に反しているのではないか」という反省のもとに，診断的評価や形成的評価の重視，適性処遇交互作用や完全習得学習の理論の導入など，教育評価のあり方を根本から改革するための様々な新しい試みがなされ始めた。要するに，子どもたち一人ひとりの個性や人権を尊重し，評価を指導に活かすことの重要性が認識されたのである。

2. 21世紀型評価のデザイン

以上の検討で明らかなように，20世紀の教育評価は，「学習とは知識を習得すること」「教育とは知識を伝達すること」という学習観・教育観に基づいて，教師が子どもたちに伝達した「知識の量」を測る「量的評価法」が中心であった。これに対し，学習科学では「ディペンダブル」「ポータブル」「サステイナブル」の3条件を備えた「21世紀型学力」の育成を重視する。そして，「知識創造モデル」の学習観に基づいて，オーセンティック（真正）な学習課題，例えば地球環境問題やエネルギー・食料問題，ゴミ問題など，現実社会のリアリティのある問題を用いた協同学習の授業を重視する。しかし，そうしたオーセンティックな協同学習に不可欠な「知識の活用力」や「言語表現力（言葉の力）」を，「学力＝習得した知識の量」という「知識習得モデル」に基づく「量的評価法」で評価するのは困難である。そのため学習科学では，オーセンティックな学習課題を用いた協同学習の授業に取り組むのに不可欠なオーセンティックな学力を評価するために，「オーセンティック評価」という新しい「質的評価法」が提唱・実践されている。すなわちオーセンティック評価とは，学力は現実世界で実際に直面するような真正な問題解決場面で（オーセンティックな文脈の下で）質的に評価するべきだという学習科学の理論を具現化した「質的評価法」の総称なのである。ここではオーセンティック評価の具体例として，パフォーマンス評価とポートフォリオを取り上げてみよう。

(1) パフォーマンス評価

　パフォーマンス評価とは，学習者に何らかの活動（パフォーマンス）を必要とする課題を与え，そのパフォーマンスの様子を質的に評価する方法のことを指す。パフォーマンス評価で学習者に与えられる課題としては，例えば人の前で何らかのプレゼンテーションをする課題や，何らかの作品を制作する課題など，様々な課題が用いられている。こうしたパフォーマンス評価の特色は，オーセンティックな文脈のもとで生きて働く学力を多面的・総合的に評価することができることにある。例えば何らかの作品を作り上げるプロセスには，「よりよい表現を目指して根気強く努力しているか」など関心・意欲・態度が表れるはずである。また，「主題を明確にするために構想を練っているか」など，創造的な発想力や構想力も表れるはずである。さらに，作品のよさや美しさを感じ取ったり味わったりする鑑賞力も表れるはずである。このように，「作品」には学力の多様な側面が反映されるので，「作品」がパフォーマンス評価では重視されているのである。

(2) ポートフォリオ

　ポートフォリオとは，学習者の学習過程で収集した資料やメモ，作品などを学習ファイル（これをポートフォリオという）に保存して，それを学習指導に生かしていく評価法のことを指している。このポートフォリオを活用することによって，一人ひとりの子どもたちの学習の軌跡を描き，それを次の指導に生かすことができる。また，ポートフォリオを，いわゆるインフォームドアセスメントのために活用することもできるだろう。つまり，「この評価の目的は何なのか」「なぜこのような評価基準にしたのか」といったことを教師と学習者が共有することによって，学習者も学習の目的や意義がわかるようになり，そのことが学習への積極的な関心・意欲・態度の育成につながるのである。

　また，オーセンティック評価のための評価基準としてルーブリック（rubric）が開発・利用されている。ルーブリックは到達度評価（絶対評価）の一種であるが，従来の到達度評価よりも高次の能力を評価することが可能だと考えられている。ただし，ルーブリックは評価基準が言語的・質的に表現されるので，教師によって評価結果が異なる可能性がある。したがって，教師同士が協議の

もとで，具体的な答案・作品の事例とルーブリックを付き合わせながら，評価基準を改善していくのが望ましい。このグループ・モデレーションとよばれる作業は，教師が課題や学習者の理解を深めるための有効な方法と考えられている。しかし，ルーブリックの評価基準に縛られて，ルーブリックに書かれていることだけを到達目標とする紋切り型の評価に陥らないように留意する必要があるだろう。

(3)「過去志向の評価」から「未来志向の評価」へ

　最後に，21世紀の教育評価をデザインする際に考慮するべき重要なポイントを1点だけ取り上げておこう。それは「過去志向の評価」から「未来志向の評価」への転換を図ることである。従来の教育評価は，教師がすでに終わった教育の成果を振り返って評価するという意味において，「過去志向」の評価であったといえる。しかし，教育の目的は本来，未来の目標に向かって伸びていく子どもたちの自己形成の営みを支援することにほかならない。しかも，自己形成の道程は子どもによって個々様々である。また，子どもたちが目指す未来の目標は，山登りの頂上のように，教師が先頭に立って導くことで到達するものではなく，子どもたちが自分の学びの現状を自分自身で点検・評価し，次に進むべき方向を自分でデザインし，舵取りをし，創り出していくものである。つまり，一生涯にわたって続く自己形成の道程は，ちょうど学習科学の研究法であるデザインベース研究と同様に，統制条件を設けて繰り返すことのできない単一事例研究なのである。したがって，21世紀の教育評価は，自己形成という視点から一人ひとりの子どもたちを深く理解することが不可欠であり，そのためには教師が子どもたちと未来を共有し，共に希望を語り合うことが大切になるだろう。つまり，教育評価は子どもたちの「過去」に対する最終判定ではなく，子どもたち一人ひとりの個性的な「未来」に希望と展望を与え，未知の世界へ踏み出す勇気を与え，それぞれの自己形成の営みとしての学びを豊かにするためのものであるべきなのである。

— column 1 —
知識空間理論（KST）とeラーニング

● 知識空間理論（KST）とは
　知識空間理論（Knowledge Space Theory：KST）は，知識の心理学的・数学的枠組みを示した理論である。ドイグネンとファルマグニら（Doignon, & Falmagne, 1999; Falmagne et al., 2013）が開発したこの理論は，次の2点で学習法と教授法に改善をもたらした。
① KSTは学習者が学習内容を学習するだけでなく，既有知識に合わせて学習内容を選べるように設計することで，学習への動機づけを高めるように配慮されている。
②フィードバックは，得点で成績を示すだけでなく，学習者の知識の質を詳細に記述するように工夫されている。
　現在までにKSTの有効性が実証されているのは技術強化型学習（Technology Enhanced Learning：TEL）とeラーニングの領域であり，その最も顕著な例としては，知的個別指導システム（Intelligent Tutorial System）の1つである数学と科学の自主学習システムのALEKSがあげられる（Albert & Lukas, 1999）。

● KSTの他分野への拡張
　KSTは問題解決行動を時系列的に分析・記述する理論であり，問題解決の基本構造を説明しているわけではない。そのため1990年代の初めに，数名の認知科学者がKSTの拡張を試みた。彼らのアプローチはCompetence-based Knowledge Space Theory（CbKST）とよばれており，問題解決など観察可能な学習成果は学習者のスキルと能力に依存するという仮定に基づいている。すなわち，学習成果とスキルの関係性を正確に表現する精緻な数学的構造を理論に組み入れることによって，KSTを他分野へ拡張するための突破口を開こうとしたのである。このアプローチには次のような特色がある。
①膨大な数の多様な課題に対する解決行動を少数の限定したスキルによって説明できる。
②新しい課題の解決を可能にする不適切な"操作的定義"を適切な科学的方法論に置き換える。
③専門家への質問手続きを簡素化する。
　CbKSTはTELへの応用を目指して試行錯誤が続けられてきたが，その際に問題となったのは，学習者の能力に応じた自律的学習をいかに支援するか，すなわち，個に応じた学習環境を構築するために，CbKSTを自律的学習スキルとメタ認知を取り入れた，より高度な自律的学習アプローチ（"学び方を学ぶ"）へといかにして転換していくかであった。
　CbKSTをゲーム基盤学習（Game Based Learning：GBL）に応用するにはさらなる

理論の拡張が必要である。なぜなら，複雑な相互関係が存在するゲームでは，一連の行動の結果の記述に加えて，個々の行動の文脈を考慮に入れなければならないからである。そこで，CbKST と問題空間の概念を組み合わせた Microadaptivity アプローチが開発された。このアプローチでは，観察された個々の学習行動は，存在するスキル・欠けているスキルの観点で解釈され，この解釈に基づいて，フィードバックや教示などの心理・教育学的介入がなされる。GBL ではいかなる中断も避けなければならない。そうしなければ，学習者の動機づけやフロー体験が妨害されるからである。そのため，Microadaptivity アプローチではスキルと能力の迅速な解釈が求められるのである。

● **教育現場への示唆**

　GBL において内発的動機づけの重要性が指摘されているが，学校現場においても内発的動機づけを高めることに重要である。動機づけは，KST に基づく個別化の一側面であると同時に，学校現場での学習や指導においても考慮されるべきである。そして，その際に重要となるのは，学習者の興味，ニーズ，学習目標によって学習内容や学習方略を選択するという自律的学習における「意味形成」である。つまり，内発的動機づけを高めるには，学習に関わるあらゆる文脈を考慮しなければならないのである。

　学校や家庭のような学習環境においては，個に応じた学習と指導がある程度実現されている。したがって次の課題は，学校外の開かれた学習環境における学習やスキルの習得をいかに支援するかである。そのためには，児童・生徒が学校外で，スケートをしたり，トランプをしたり，パズルを解いたり，SNS にコメントを書いたりするときの学習過程や学習成果を学習科学の理論と方法論を駆使して分析・検討する必要がある。その際，Google Glasses や Facebook のようなインジケータやセンサーによって集められた付加的なモデルベースデータ（Model-Based Data）を，膨大な数の学習者から集めたビッグ・データ（Educational Big Data）として分析することが不可欠となる。そうすることによって，はじめて学校でのフォーマルな学習環境と学校外のインフォーマルな学習環境を統合した包括的な自律的学習の支援が可能になるであろう。

　そのような取り組みの一例が，インターネットを介していつでもビデオ学習が可能な MOOCs（例：東京大学 www.coursera.org/utokyo）である。しかし，MOOCs は個に応じた自律的学習の支援という点ではいまだ不十分である。なぜなら MOOCs は，「いつでもどこでも学べる」学習環境ではあるが，学習内容の順序が個別化されておらず，一斉講義と同様にすべての学習者に同じ学習材を提供する「1つですべて」の原則に基づいているからである。したがって，すでに開発されている SRbT（Surmise Relations between Courses or between Tests）の手法を MOOCs の学習材の設計に用いるべきである。そうすれば MOOCs での学習は個別化され，SRbT の拡張にも役立つであろう。

（Dietrich Albert／吉岡敦子　訳）

第Ⅱ部

子どもの学び

第Ⅱ部　子どもの学び

第5章
幼児期の教育における学び

1節　学びの環境

　本節では学びの環境を2つに分けて検討する。1つは，公的な場としての学びの環境であり，保育環境・保育者とする。こちらでは幼児期の学びの専門家である保育者が，保育環境を意図的に構成し，子どもの学びを誘発する。もう1つは，私的な場での学びの環境として，家庭環境・保護者を取り上げる。こちらでは保護者の意向が大きく前に出る。あるいは保護者が意図せずに，子どもの学びを誘発してしまうこともある。

1. 保育環境・保育者

　最初に，本項で，保育環境や保育者として扱う範囲を規定しておく。ここでは保育所と幼稚園とする。2014（平成26）年現在，子ども・子育て新制度が動き出し，その制度には，認定こども園や小規模保育事業など様々な保育環境や，保育教諭や家庭的保育者など，そこで働く様々な保育者も規定されている。しかしながら，これらを扱うには，本項には紙面の限りがあり，適当ではない。そこでこれらは，今後の課題として最後に触れることにする。

（1）保育環境とは

　わが国の乳幼児期の子どもに，よりよい学びを提供するためのシステムとして保育所や幼稚園の制度を考えるためには，2つの視点が必要となる。その1つはハード面，すなわち，保育所や幼稚園の施設・設備や人的配置等の視点で

第 5 章　幼児期の教育における学び

あり，もう 1 つはソフト面，すなわち，保育所や幼稚園の保育や教育の内容という視点である。国は，どちらも最低基準を法令で規定している。具体的には，前者は，保育所の場合は児童福祉施設の設備及び運営に関する基準（以下，設備及び運営の基準），幼稚園の場合は幼稚園設置基準（以下，設置基準）が該当し，後者は，保育所の場合は保育所保育指針（以下，指針），幼稚園の場合は幼稚園教育要領（以下，要領）が該当する。以下ではそれぞれについて，現状と，この 10 年ほどの変遷をみていくことにしよう。

①ハード面

設備及び運営の基準には，次の内容を定める条文がある。すなわち，保育所に関する設備の基準，職員，保育時間，保育の内容，保護者との連絡，公正な選考，利用料等を定める条文がある。この基準は，この 10 年の間に大きな変化があった。それは，国が定める唯一の基準（児童福祉施設最低基準という名称であった）から，2012（平成 24）年に，各地方自治体が定める最低基準の基準へと変わったことである。

従来から児童福祉施設最低基準には，「厚生労働大臣は，最低基準を常に向上させるように努めるものとする」（第三条の 7）とあった。しかし国がこの基準を変えるには，大きな経費が継続的に必要になる。例えば，保育室の面積として乳児 1 人あたり 3.3㎡ が定められているが，もしこれが 4.1㎡（全国社会福祉協議会，2009）になったと仮定しよう。乳児 6 名を定員として 21㎡ を確保していた保育所は，定員を 5 名に減らす必要が生じる。当該保育所にすれば大きな減収になる。そのため，この基準が変えられることは，1947（昭和 22）年の制定以来，ほとんどなかったのである。

設置基準には，次の内容を定める条文がある。すなわち，一学級の幼児数，学級の編制，教職員，施設及び設備に関する一般的基準，園地，園舎及び運動場，施設及び設備等，などを定める条文である。この 10 年の間の大きな変化は，教育水準の向上を図るための自己評価に関する条文が入ったことである。

②ソフト面

現行の指針の章立ては，総則（第 1 章），子どもの発達（第 2 章），保育の内容（第 3 章），保育の計画及び評価（第 4 章），健康及び安全（第 5 章），保護者に対する支援（第 6 章），職員の資質向上（第 7 章）である。指針は，この 10 年の

間に3つの大きな変化があった。それは，①告示化され，最低基準に位置づけられたこと，②大綱化され，各保育所に創意工夫が求められるようになったこと，③要領との整合性が図られたことである。

告示化について，これまでの指針は厚生労働省児童家庭局長通知であり，法的拘束力が弱かった。2008（平成20）年3月の改定により，厚生労働大臣の告示になり，児童福祉施設最低基準に組み込まれた。大綱化について，これまでの指針は保育の内容が，6か月未満児（第3章）から6歳児（第10章）まで発達過程区分ごとに記述があった。改定により，これらが1つの章に組み込まれた。指針と要領の関係については後述する。

要領の章立ては，総則（第1章），ねらい及び内容（第2章），指導計画及び教育課程に係る教育時間の終了後等に行う教育活動などの留意事項（第3章）となっている。この10年の間に，要領の内容にはそれほど大きな変化はない。ただし，協同的な学びが加わったことや，小学校との「連携」が「接続」になったことなど，保育の内容については「よりよい学びの提供」に向かっている。

指針と要領を比較してみよう。章立てを比較すると，指針には「保育の内容」以外にも多くの章が割かれていることがわかる。これは，幼稚園が学校教育法の学校にあたり，学校保健安全法や教育職員免許法など他の法律等に類似の内容に関する記載があるからである。保育や教育の内容に目を向けてみよう。指針では第3章，要領では第2章の記述がこれに当たる。「ねらい」を見ると，指針の教育に関する「ねらい」の記述は，要領のそれと同じになっている（「保育所生活」が「幼稚園生活」になっていたり，「持つ」が「もつ」になるなど，表記上の違いは存在する）。「内容」の記述も，ほぼ同じである。

指針や要領は，国として，保育の質を担保するものである。そのため，これらの改定こそ，保育の質を向上させるものといえよう。

(2) 保育者とは

先に，保育環境をハード面とソフト面に分けて考えた。この流れで保育者の存在を考えてみると，保育者はさしずめユーザーとなる。では有能なユーザー，すなわち資質の高い保育者とは，どういう存在だろうか。また，有能なユーザーに育てるには，すなわち保育者の資質を育てるにはどうしたらよいだろうか。

第5章　幼児期の教育における学び

　一般に，コンピュータの有能なユーザーは，ソフトをうまく使いこなす。またハード面についてもある程度の知識をもっている。そのため有能なユーザーになるためには，まずソフトをよく知る必要がある。同様のことが保育者の資質にも考えられる。資質の高い保育者には，指針や要領をよく知っていることが求められる。では，指針や要領を知るための養成や研修はどのようになっているのだろうか。以下では，これらの現状とこの10年の変化を見ていこう。

　保育士の養成は，厚生労働省雇用均等・児童家庭局長による通知「指定保育士養成施設の指定及び運営の基準について」（雇児発第1209001号）に基づいて行われている。この通知には，必修科目の科目名と単位数及び授業形態，選択科目の単位数，並びに必修科目の各科目の目標と内容が示されている。幼稚園教員の養成は，教育職員免許法（以下，免許法）及び教育職員免許法施行規則（以下，規則）に基づいて行われている。免許法では専修，一種，二種といった免許の種類ごとに，その基礎資格と，大学において修得することを必要とする「教科に関する科目」「教職に関する科目」「教科又は教職に関する科目」の最低単位数が規定されている。規則には，「教職に関する科目」の単位の履修方法が定められている。

　この10年の間に，両者には大きな変化があった。保育士の養成に関しては，保育指針の改定によって必修科目の教授内容が変わった。その中で指針の内容を体系的に教授する科目（保育者論や保育内容総論）が新設された。幼稚園教員の養成に関しても，「教職実践演習」の新設・必修化など教職課程の質的水準の向上が図られるという変化があった。

　こうして，保育者はこれらの通知や法令で定められている教科目の中で，指針や要領については教授されている。しかしながら，それらが実際の子どもや保護者との関わりと結びつきにくいという問題がある。保育士の場合，4週間または2週間，保育所で実習を行う。幼稚園教諭の場合も，4週間，幼稚園で実習を行う。この期間で指針や要領のすべてを経験できるわけではないので，採用された後に，研修を通して学んでいくしかない。

　保育士の研修は，設備及び運営の基準に「児童福祉施設の職員は，常に自己研鑽に励み，法に定めるそれぞれの施設の目的を達成するために必要な知識及び技能の修得，維持及び向上に努めなければならない」「児童福祉施設は，職

員に対し，その資質の向上のための研修の機会を確保しなければならない」（第七条の二）と，その必要性が記されている。指針にも「職員の資質向上」（第7章）に関する記述がある。しかしながら，その時期や内容に対する規定はなく，しかも受講も努力義務にすぎない。

　幼稚園教諭については，免許法に「免許状更新講習」の規定があり，この講習を受けない者は免許が失効する。そのため，この講習は，受講義務を伴う研修といえよう。この研修は時期，時間，内容が規定されている。なお，教育公務員には，初任者研修や10年経験者研修の規定があり，これらも受講が義務づけられている。さらに，市町村教育委員会等による研修，都道府県等教育委員会による研修，国レベルの研修も，その実施が義務づけられている。

　では指針や要領をよく知るために，実際にはどのような研修が行われているのであろうか。次項では，保育環境と保育者をつなぐ研修を紹介する。

（3）保育環境と保育者をつなぐ研修

　ここでは最先端の研修を2つ紹介する。奈良県保育協議会（2013）は次のような3つのステップからなる研修を実施した。まず保育所等でありがちな事例をロールプレイで参加者に提示し，その対応について3人一組で話し合いをした。次に，その話し合いの結果をグループで報告し合った。最後に，研修の担当者が当該事例をとらえる視点に関して指針に基づく助言をした。図5-1は，実際に話し合った事例の1つである。

　この研修は，日常の保育の中で起こる事例に対する話し合いを中心にしたところに特徴がある。保育者は子どもや保護者に対する対応で，常に判断が求められる。その判断は，結果的に正しかったと思われるものもあれば，そうでない時もある。判断に困る事例こそ，他の人の意見を聞きたいし，判断のよりどころとなる視点を知りたいものである。この研修はそれらの希望に応え，指針の深い理解につながるものである。このような研修は，各園で困った事例を書き出す習慣ができれば，いつでも園内研修に発展させることができよう。

　大阪府私立幼稚園連盟は，「保育環境評価スケール（以下，スケール）」（Harms et al., 1998）を用いて1年間の研究プロジェクトを行った（大阪府私立幼稚園連盟教育研究所，2014）。このスケールは，室内空間，ごっこ遊びなど，43項

第 5 章　幼児期の教育における学び

○想定場面：毎週末は着替え袋や午睡布団など荷物が多くなる。ある週末，延長保育時間のこと。
○登場人物：Aちゃんの祖父（その日は，代わりにお迎えを保護者に頼まれた），保育士
....
保育士：「Aちゃんのおじいちゃんですね。」「Aちゃん，お迎えですよ。」
祖　父：「いつもお世話になっています。今日は，母親に代わって迎えにきました。ところで，今日は荷物を持って帰って来てって頼まれているのやけど……」
保育士：「はい，荷物は各クラスの前に出してありますので，見てください。さようなら。」
祖　父：「は…い。Aの部屋はどこですかね……」
保育士：「2階になります。」
祖　父：「布団とか袋とか……わかるかなあ……」
　　　（不安そうに2階まで荷物を取りに行った祖父だが，結果，「わからない」と降りてこられた。そこで，別の保育士が一緒に行き，確認をした）
　　　（何日かした，ある日のこと，職員室前で……）
祖　父：「昔は荷物とか小さい子どもがいてたら，丁寧に対応してくれたんやけどねえ。たまにしかこないので……」

> この祖父は，どんな気持ちだと思いますか。あなたが保育士（担任）なら，どう返しますか。

図 5-1　話し合った事例（奈良県保育協議会，2013）

目について，それぞれおおむね10程度の指標に基づき，保育の質を7段階（1：不適切〜7：とてもよい）で評定するものである。

　プロジェクトは，大きく4つの研修（スケールの翻訳者である同志社女子大学の埋橋玲子教授が指導）から構成されていた。1つ目は，講義形式で，スケールに関する基本的な考え方を学んだり，参考になる他の地域（海外も含む）の事例の紹介を受ける研修である。2つ目は，評価実習であり，スケールに基づき，自園，あるいは他園の保育を観察し，評価する研修である。3つ目は，研修参加者がそれぞれスケールの1つの項目を選び，実践を振り返り，指標に沿った写真を撮りながら，場面・工夫・変化または気づきを書き出し，実践を改善する研修である。最後は，スケールの各指標と要領や指針の対応づけをする研修である。図5-2は，対応づけの結果の一部を示したものである。

　これらの研修には，2つの点で大きな意義がある。1つは，要領や指針と実践の結びつきを広い視点からとらえなおすことができる点である。先に述べたように，要領や指針の改定は，国としての保育の質の向上を図るものである。しかし，その要領や指針と実際の保育が乖離していたのでは，質の向上にはつ

第Ⅱ部　子どもの学び

保育環境評価スケール			幼稚園教育要領	
観点		内容	項目	内容
量	1.1	発達にふさわしい微細運動のための教材が普段ほとんど使われていない。	人間関係	幼稚園生活を楽しみ，自分の力で行動することの充実感を味わう。 4) いろいろな遊びを楽しみながら物事をやりとげようとする気持ちをもつ。 12) 共同の遊具や用具を大切にし，みんなで使う。
	5.1	1日のうち相当の時間，発達にふさわしい微細運動のためのたくさんの教材で遊ぶことができる。		
状態	1.2	微細運動のための教材は，手入れが不十分であったり，不ぞろいである。	環境2	身近な環境に自らかかわり，発見を楽しんだり，考えたりし，それを生活に取り入れようとする。 6) 身近なものを大切にする。
	3.2	80％程度は手入れが行き届き，そろっている。		
	5.2	教材はよく組織されている。	表現2	感じたことや考えたことを自分なりに表現して楽しむ。
	7.2	自分で扱えるようにコンテナーや棚には使いやすくラベルが張ってある。		
種類	3.1	発達にふさわしい微細運動のためのいくつかの種類の教材がある。	表現3	生活の中でイメージを豊かにし，様々な表現を楽しむ。 5) 色々な素材に親しみ，工夫して遊ぶ。
	5.3	やさしいものから難しいものまで教材がそろっている。		
	7.1	興味を維持するために教材は定期的に入れ換えられる。		7) 書いたり，つくったりすることを楽しみ，遊びに使ったり，飾ったりなどする。

図 5-2　スケールの指標と要領や指針の対応づけをする研修の結果の一部

ながらない。自らの取り組みがどこにどうつながるのかを一人ひとりの保育者が意識してはじめて国としての保育の質が向上する。そしてこれこそが，要領や指針に沿った保育者の資質を高めるものである。

　もう1つは，研修参加者に，自らの保育を開く姿勢が生まれることである。保育所や幼稚園では，1つのクラスを一人で担任することが多い。ともすればひとりよがりの保育に陥ってしまう。自分に閉じないこと，担当年齢に閉じないこと，自園に閉じないこと，そして自国に閉じないことの4つを，研修の参加者は経験したことであろう。自らを変えることに対する不安を払拭し，自らが変わっていくことに対する期待を身にまとえたのではないだろうか。この資質こそが，21世紀の保育を背負って立つだけでなく，さらにそれを推し進める保育者の姿の1つであると考えられる。

第5章　幼児期の教育における学び

(4) 学習科学の視点から

　研修が保育環境を改善・発展させるという話をしてきたが，最後に，保育者の学びの環境をデザインするという学習科学の視点（National Research Council, 2000）から，研修や養成を考えてみよう。「学習者中心」「知識中心」「評価中心」「共同体中心」という4つの視点が重要である。

　「学習者中心」の環境とは，学習者の力量，興味やニーズに基づく学習環境をいう。研修に関して，幼稚園教諭の場合は，教育委員会という組織の中で，このような研修環境が整いつつある。しかし保育士の場合は，そのような組織的な研修環境はまだ整っていない。養成に関して，清水ら（2015）は，高等学校から大学の1年の前期までの間に，様々な年齢の子どもと接した経験の有無に関して個人差が大きいこと，またその経験の有無によって実習の成果が異なることを示した。この研究は，学生の経験によって授業内容を変えるほうが望ましいことを示唆するものである。今後は養成段階から「学習者中心」になるようなシステムの構築が必要であろう。

　「知識中心」の環境とは，断片的ではなく，体系化された活用できる知識を構築する環境のことである。養成段階では，指針や要領を体系的に教授する科目が必修化されている（保育者論，保育内容総論など）。しかし深い理解に至るには，経験不足である。また，研修段階では，必ずしも体系化されているとは言いがたい。今後の課題であろう。

　「評価中心」の環境では，学習者と教授者の両方が，学習者の学習過程をモニターしながら，教育が進む。幼稚園教諭の養成で必修化された教職実践演習は，学習過程のモニターを含むものの，他の科目は含んでいない。研修段階では，自己評価が推奨されているものの，自己に閉じてしまうことがある。また，教授者がいないこともある。

　「共同体中心」の環境には，養成校，教室，職場の中に「共に学び合う仲間意識や規範」が成立していることが必要である。先に照会した最先端の研修は，職場の中にこのような環境を整える方法を例示したものである。今後，このような研修の普及が待たれる。養成段階ではどうであろうか。養成校の教員にゆだねられている。

　冒頭に，子ども・子育て新制度に触れた。そこにも様々な保育環境や保育者

第Ⅱ部　子どもの学び

の基準がある。制度の変わり目は，ある意味で，誰にとってもチャンスである。学びの環境が整うかどうか。それは，この業界の当事者や関係者にかかっている。また，本項では，子どもについてまったく触れなかった。保育は子どもがいてはじめて成り立つ。望ましい保育環境・保育者が，子どもにどのような影響を与えるのか。新たなデザインベース研究（Barab, 2006）の始まりである。

2．家庭環境・保護者
(1) 学びの場としての家庭環境

　幼児期になると保育所や幼稚園への入園にともなって，子どもが家庭で過ごす時間は大幅に減少する。日中，多くの時間を園で過ごすため，保護者が子どもと関わる時間も限定されることになる。そうした状況であっても，幼児期の子どもにとって「こころの拠りどころ」は依然として保護者や家族にあり，生活の基盤も家庭生活にあるといえる。幼児期においては，過ごす時間以上に，学びの場としての家庭環境の役割は大きいと考えられる。

　幼児期の学びは生活や遊びをもとに展開される。幼児にとって学ぶことは生活することと一体であり，両者を切り離して考えることはできない（無藤，2007）。これは保育所や幼稚園における学びだけでなく，家庭における学びにもあてはまる。

　とはいえ，家庭では「日々の暮らし」に追われて，生活の中に子どもの学びがあることを意識するのは難しいのかもしれない。保護者は家事や経済活動に忙しく，家庭での何気ないやりとりの中に子どもの学びが含まれていることを，周囲の大人は見逃しているようである。そのため，家庭学習といえば早期教育が連想され，小学校以降の教科学習に関連した習い事やお稽古事に子どもを通わせることになる。実際，就学前にお稽古事を一度でも体験したことがある幼児は8割にのぼるという（丸山（山本），2012）。

　学ぶべきことがらを生活から切り離し，教室のような場で，おもに言葉を通して学習するのは，幼児期にはまだ早い（無藤，2007）。幼児期においては，いろいろな物事へと興味・関心をひろげていくような経験，主体的に物事に取り組むような経験を家庭環境の中で積み重ねていくことのほうが大切だろう。また，身の回りのことを自分でできるようになることや，生活リズムをつくる

第5章　幼児期の教育における学び

ことなども，家庭生活の中で育むべき幼児期の大切な学びであると思われる。

こうした生活に根ざした学びを重ねていくことで，小学校以降の教育において必要とされる"自ら学ぶ力"や，"学びに向かう力"（秋田，2013）は育まれていく。そして，それは生涯にわたって学び続けるための基礎にもなる。本項では，このような幼児期の学びと家庭環境との関わりをみていくことにする。

(2) 幼児期の学びとメディア環境（テレビ）

家庭環境の1つとして，子どもをとりまく物理的環境があげられる。例えば，家庭で植えている植物などは自然物としての物理的環境に含まれるし，机や椅子，デジタル機器などは人工物としての物理的環境に含まれる。こうした物理的環境の中でも，メディア環境，とりわけテレビは子どもが生まれてから程なくして接する環境であり，幼児期の子どもにとって無視できないほど大きな存在だと考えられる（旦，2013）。

①暴力映像の影響

テレビ放送が開始されたのはアメリカでは1940年代，日本では1950年代であり，それ以降テレビが子どもの発達に与える影響について数多くの研究が行われてきた。初期の研究は，おもに暴力的な映像が幼児の攻撃行動に与える影響に関するものであった（小平，2010）。なかでも，バンデューラらによる攻撃行動の社会的学習に関する研究は，最も著名な研究の1つにあげることができる（Bandura, 1965；Bandura et al., 1963）。

バンデューラら（Bandura et al., 1963）の研究では，暴力場面を観察するこ

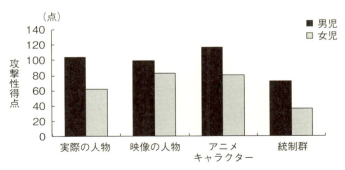

図5-3　攻撃行動の模倣学習に関する実験結果（Badura et al., 1963に基づき作成）

第Ⅱ部　子どもの学び

とで幼児の攻撃行動が増加するかどうかが検証されている。図5-3に示されているように，子どもが実際に大人の攻撃行動を観察した条件だけでなく，その場面を映像で観察した条件でも，被験児の攻撃行動は増加していた。さらに，人物ではなくアニメ・キャラクターによる攻撃場面の映像を観察した条件でも，幼児の攻撃行動は増加した（図5-3）。その後に行われた研究においても，バンデューラらの研究を支持する結果が示されており（例えば，Huesmann et al., 2003），暴力的映像により子どもの攻撃性が助長されるということが，テレビ視聴に伴う弊害としてしばしば取り上げられることとなった。

　では，家庭で視聴されるテレビ番組には，どれほど暴力的な映像が含まれているのだろうか。佐渡ら（2004）は，2003年1月に東京で放送された1週間分のテレビ番組の中からランダムに280時間分の放送番組を抽出し，番組のジャンルごとに暴力行為および向社会的行為の頻度を分析した。その結果，向社会的行為の描写を含む番組は5割以下にとどまったのに対し，暴力描写を含む番組は約7割もみられ，とりわけ子どもが好んで視聴するアニメ番組で暴力描写が多くみられたとしている。この結果からすると，幼児期からすでに暴力映像には高頻度で曝される危険があるといえる。もちろん，子どもの攻撃性は暴力映像だけに規定されるわけではない。しかし，これほど日常的に高頻度に暴力映像が放送されているのであれば，その視聴によって子どもの攻撃性が高まる可能性は否定できない（内藤・高比良，2008）。

　そこで重要となるのは，保護者の働きかけであろう。志岐（2006）によると，子どものテレビ視聴に対する保護者の介入には3つの類型があるという。1つ目は，子どものテレビ視聴時間や視聴番組を制限する「制限的介入」であり，2つ目は，視聴しているテレビ番組の内容について説明や評価，指摘を加える「指示的介入」であり，3つ目は，子どもがテレビを視聴するときに大人あるいは保護者が一緒に視聴する「共視聴」による介入である。保護者はこれらの介入を組み合わせ，子どものテレビ視聴に対して働きかけを行っている。では，こうした働きかけは，実際に効果を発揮しているのだろうか？

　ネイサンソン（Nathanson, 2004）は，暴力的な映像を子どもと共視聴しているとき，大人が暴力行為や暴力的な登場人物に対し否定的な評価（例えば，「こんなふうに暴力を振るうと，誰からも好かれない」など）を与えると，子ども

は暴力映像や暴力行為を"望ましくないものだ"と否定的にとらえるようになることを明らかにしている。また，こうした指示的介入は，幼児期の子どもに効果的であったという。この結果は，幼児期においては周囲の大人が積極的にメディアと子どもの間に介入し，メディア環境の影響を調整することが大切であることを示唆していよう。また，幼児のテレビ視聴では，保護者が共に視聴し，映し出された映像から"何を学びとるべきか"を子どもに伝えていく必要があることも示している。「子どもの中にメディアを利用するときの基本的な姿勢を育てていく」（工藤，2008）ような働きかけがこの時期には不可欠だといえる。

②幼児向け教育番組

　暴力的映像とは対照的に，幼児向けの教育番組は保護者にも好意的に受け入れられているようだ。幼児視聴率調査の結果（渡辺，2014）をみても，NHKの幼児向け教育番組『おかあさんといっしょ』や『みいつけた！』などは高い視聴率を保っている。子どものテレビ視聴に対して保護者は，「語彙の獲得」「自然への関心の広がり」「新しい知識の習得」などを期待しているとされるが（大越ら，2011），教育番組の視聴率の高さは，そうした保護者の期待の反映であるのかもしれない。

　アメリカでも,『セサミストリート（Sesame Street）』などの教育番組や『ベイビー・アインシュタイン（Baby Einstein）』などの幼児向けの教育用ビデオ・DVDが，早期教育に期待を寄せる若い親たちを惹きつけているという（小平，2010）。そして，こうした教育番組を視聴することの効果については大規模な調査が行われており，幼児期での教育番組の視聴は，その後の学業成績の高さを予測するといった結果も見いだされている（例えば，Anderson et al., 2001）。

　一方，テレビ画面を通した学習は幼児にはまだ困難であるとする見解もみられる（小平，2010）。乳幼児期の映像理解に関する研究は，古くから行われている。それらの研究結果によると，幼児期には現実の世界と映像の世界とが混同されていたり（木村・加藤，2006），映像の内容把握が困難であったり，課題によってはテレビ映像に基づく模倣学習が困難となることがあるという（旦，2013）。例えば，森田（2007）は，3歳児と5歳児に立体パズルの作成過程を映像で視聴させ，同一のパズルを用いてその作成過程を再現してもらう課題を行った。その結果，5歳児であっても，立体パズルをテレビで見たとおりの順

序で再現するのは困難であった。このように，幼児期ではテレビ映像の視聴に基づく学習に一定の限界があることも示唆される。

ただし，一緒に番組を視聴する保護者がどのように子どもに関わるかによって，番組視聴の学習効果に違いがみられることも指摘されている。例えば，番組視聴中に子どもに質問する，説明するなどの働きかけを行うと，子どものテレビへの注目度が高まり，指さしや発話といった映像に対する反応が増加することが示されている（Barr et al., 2008）。また，「視聴しているテレビの内容について子どもと会話する」という保護者の関わりが，子どもの語彙力を促進するという研究結果もみられる（菅原, 2006）。

これらの結果からすると，番組の内容だけでなく，一緒に番組を視聴している保護者からの働きかけが，テレビ映像に基づく幼児の学びにとって大きな意味をもつことが示唆される。保護者が，一緒に視聴している番組に説明を加えたり，子どもに質問してみたり，あるいは子どもからの問いかけに答えたりすることが，番組内容への子どもの注意や関心を喚起し，理解をうながすことにつながるようだ。また，こうした働きかけは映像内容に対する子どもの興味をさらに広げ，実際に親子で歌ったり，踊ったり，創作したり，探索したりする活動に発展する可能性もあるだろう。このように，テレビ番組の視聴を通して子どもの興味や関心，活動が広がっていくことが，幼児期の学びでは重要となる。そして，それを可能にするのが，保護者からの働きかけだといえる。

(3) 人的環境としての保護者

すでにみてきたように，テレビという物理的環境と幼児の学びとをつなぐ役割を果たしているのが，保護者の働きかけである。保護者はテレビから送り出される情報を加工したり，情報の取り込みを制御したりすることを通して（菅原, 2006），幼児の学びをデザインしていた。こうした子どもに対する保護者の働きかけは，家庭環境のうち人的環境とよばれている。以下では，こうした人的環境を中心にみていくことにする。

①テレビ視聴時間と保護者の関わり

あたりまえのことだが，大人も子どもも1日24時間のサイクルの中で生活している。24時間のうち，睡眠や食事，入浴などにかかる時間は"必需時間"，

幼稚園や保育所で過ごす時間は"拘束時間"とよばれる。これら2つの時間を引いた残りの時間が"可処分時間"である。家庭生活の中で自由に使える時間だといえる。2013年に行われた幼児生活時間調査の結果によると（中野，2013），4歳～6歳の幼児の平均可処分時間は平日で3時間33分であった。このうち，テレビの視聴時間は，録画番組やDVDの視聴も含めれば，平均2時間7分である。幼児期では可処分時間の6割をテレビの視聴が占めていた。家庭で自由に使える時間の大半がテレビ視聴のために消費されていたのである。

　幼児期のテレビ視聴の長さは，保護者自身のテレビ視聴の長さや，子どものテレビ視聴に対する保護者の統制行動に影響される（旦，2012）。つまり，親のテレビ視聴時間が長くなれば子どものテレビ視聴時間も増えるし，逆に親があまりテレビを見なかったり，子どものテレビ視聴を制限すると，当然，子どものテレビ視聴時間は減少することになる。

　ところで，旦（2012）は，子どものテレビ視聴に対する保護者の統制行動は，保護者のテレビに対する態度を示すだけにとどまらない，と述べている。子どものテレビ視聴を制限し，それ以外の活動を確保しようとしたり，子どもが視聴するテレビ番組が子どもにとって悪影響となるかどうかを気にかけている保護者は，生活全般にわたって子どもの様子を観察し，ゆきすぎがないよう配慮した養育を行っているというのである。子どものテレビ視聴に対する統制度合いは，保護者の育児全般に対する姿勢を強く反映していると指摘する。

　この指摘に従えば，子どものテレビ視聴を統制している保護者ほど，日常生活の諸々の面でも子どもに働きかけを行っており，その結果として，子どものテレビ視聴やテレビ以外の活動は適度なバランスを保ち，かつ規則正しい生活リズムが確立されていると予想される。そこで，次に幼児期のテレビ視聴時間やテレビ以外の活動頻度，生活リズムとの関連を検討する。

②テレビ視聴と生活リズム

　起床と就寝は1日の生活リズムをつくるうえでの土台である。そのため，睡眠習慣は子どもの生活リズムを知るためのよい指標となろう。そこで，この睡眠習慣とテレビ視聴との関連について，埼玉県内の4歳児を対象とした調査結果（田口，2005）をもとに検討を行う。

　この調査における対象児の平均就寝時刻は21時46分，起床時刻は7時8分

第Ⅱ部　子どもの学び

であった。そこで，就寝時刻が比較的早いグループ（21時以前就寝）と遅いグループ（22時30分以降就寝）の2群に分け，両群間でテレビを2時間以上視聴している比率を比較した。その結果，就寝時刻が遅いグループのほうが，テレビを2時間以上視聴している比率が有意に高かった（図5-4）。就寝時刻が遅いグループでは，テレビ視聴時間が平均より長い子どもが多いことが示唆された。

次に，幼児が各家庭でどのような活動に従事しているかも検討した。家庭での自由時間の過ごし方として「テレビ視聴」「テレビゲーム」「絵本の読み聞かせ」「親子での遊び」「おもちゃ遊び」などの項目を設定し，あてはまる項目をすべて選択してもらった。そして，上述した就寝時刻グループごとに各項目の

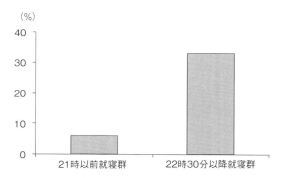

図5-4　テレビ視聴が2時間以上の比率（田口，2005）

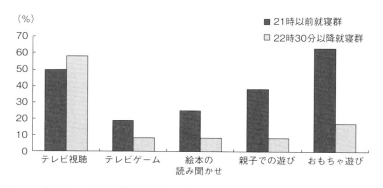

図5-5　「家庭での自由時間の過ごし方」に関する各項目の選択率（田口，2005）

選択率を求めた（図5-5）。結果をみると，就寝時刻が早いグループでは「絵本の読み聞かせ」「親子での遊び」「おもちゃ遊び」などの項目で選択率が高かった。一方，就寝時刻が遅いグループでは「テレビ視聴」の項目においてのみ選択率が高かった。

以上の結果から，就寝時刻が早いグループでは，テレビの視聴時間が適度な量に保たれており，また自由時間に「親子での遊び」などテレビ以外の活動も確保されていた。これに対して，就寝時刻が遅いグループではテレビの視聴時間が平均より長い子どもが多く，家庭での自由時間の過ごし方もテレビ視聴に偏っていて，それ以外の活動がきわめて少ないことが示された。

幼児のテレビ視聴状況や生活リズムの確立の背後には，当然，保護者からの働きかけがあるだろう。就寝時刻が早いグループの保護者は，早寝早起きといった基本的生活習慣が身につくように日頃から子どもに働きかけを行っていることが推察される。それと同時に，他の活動とのバランスを考えて，子どものテレビ視聴を制限していることも，調査結果から読みとれる。旦（2012）が指摘するように，子どものテレビ視聴を適切に統制している保護者は，日常生活全般にわたって子どもの養育に配慮していることがうかがえた。こうした日常生活における保護者の働きかけの一つひとつが，幼児期の学びを育んでいると考えられる。

ところで，就寝時刻が遅い子どもは，睡眠時間が短くなりやすく，そのため情緒的に不安定で，他児に攻撃的となり，落ち着きや集中力も欠ける傾向がある（田口，2005；田口ら，2006）。しかしながら「物事に集中して取り組む力」「自己を統制する力」「他者と協調する力」は，小学校以降で必要とされる「学びに向かう力」である（秋田，2012）。健全な生活習慣は，こうした「学びに向かう力」を支える基礎にもなっているようだ。

小学校のベテラン教員を対象としたヒアリング調査の結果（矢野，2006）でも，ほぼすべての教員が，「遅刻が多いなど基本的生活習慣が身についていないことと，小学校以降での学力の伸び悩みとは関連がある」と回答していた。さらに，こうした基本的生活習慣は，小学校以降の学校教育の中では，身につけさせるのが難しいのだという（矢野，2006）。こうした調査結果も，基本的生活習慣の確立が，幼児期の必須の学びであることを示唆している。

(4) おわりに―幼児期における学びの開発

　文字の習得や数に関する学びは，"学習"として目に付きやすい（秋田，2013）。一方，「テレビとのつきあい方」や「基本的生活習慣の確立」といった学びは，一般的に"学習"とはとらえられていないのかもしれない。しかし，早寝早起きの習慣や身辺の自立，テレビとのつきあい方など日々の生活の中で育む学びは，これまでにみてきたように，小学校以降での学び，さらに生涯にわたる学びの基礎となるものである。「日頃の生活の中に学びがある」ということを意識してみることが，幼児期における学びの開発の一歩になると考えられる。

2節　アート，協同描画

1．造形教育研究

　幼児期における造形教育の研究は，幼稚園や保育所などで行われる様々な造形活動を対象として展開される。幼児期における造形教育研究の目的は，幼児期の造形教育に関する理論の検証や発展，そして，新たな指導方法の開発である。

　造形教育研究の例を紹介しよう。幼稚園や保育所では，絵を描いた幼児に対して，保育者が「お話を聞かせてね」と求め，発話を聞き取る取り組みを行っていることがしばしば見られる。藤原（2009）は，ローウェンフェルド（Lowenfeld, V.）の描画理論に基づいてこのような発話を聞き取る取り組みに着目した。この描画理論は，言葉と同じように描画は伝達の機能をもつことから，話すことと描画は幼児にとって切り離せないとするものである。これに基づき，藤原は，この聞き取りを毎月約3回の頻度で3か月間継続して経験した5歳児の絵と，ほとんど経験したことがない5歳児の絵から受ける印象を，3名の評定者に比較させた。その結果，評定者は，継続的に聞き取りの取り組みを経験した5歳児の絵のほうが，ほとんど経験したことがない5歳児の絵と比べて，子どもの思いや考えがのびのびと表れていると判断した。このことから藤原は，絵についての聞き取りが，幼児の描画表現を通しての学び，つまり，感じたことや考えたことを自分なりに表現して楽しむという心情を育むと結論づけた。

2. デザインベース研究

　現代は，多様な学問分野の人々が各自の専門分野の枠を超えて連携する時代となった（Sawyer, 2006）。このことは，「教えること」と「学ぶこと」について研究する新たな学問分野として，学習科学が台頭してきたことからも明らかである。

　学習科学の研究法の1つに，デザインベース研究という研究法がある。デザインベース研究とは，バラブ（Barab, 2006）によれば，実験室などの教育の場とは隔たれた場で理論や指導法を確立するのではなく，教育が実際に行われる場でその実態に即した理論を確立し，学習者の学びを深めるための新たな指導法を開発することを目的とした研究法である。

　デザインベース研究のフィールドは，教育が実際に行われる場であるために，教育をめぐる制度的背景や教材のあり方，教師の教育観や子どもの学習プロセスなど，多種多様な要因を抱えている。そのため，デザインベース研究を行う研究者は，特定の学問分野の理論に基づいて指導法を開発するのではなく，多様な学問分野の理論に基づいたり他分野の研究者や実践者と協働したりして新たな指導法を開発する。そして，その実践において学習者がどのように学んだのかを記録し，その記録に基づいて理論を精査する。これらの手続きを繰り返すことで，教育の実態に即した理論を確立し，学習者の学びを深めるための新たな指導法を開発するのである。

3. 造形教育研究とデザインベース研究を結びつける理由

(1) 知識構築環境

　これまでの造形教育研究は，造形教育の理論に閉じた研究が多い現状にある。そのため，これからの造形教育研究においては，異なる学問分野の知見を取り入れたり，異なる分野の研究者と協働したりして研究を行っていくことが求められる。このような研究が造形教育研究に求められる理由は，幼児期における現代の造形教育が知識構築環境を通して行われるためである。

　知識構築環境とは，グリフィンら（Griffin et al., 2012）によれば，多様な文脈の中で様々なアイデアが生まれたり，生まれたアイデアがメンバーで共有されて改善されたりする場である。磯部（2013）は，ある幼稚園での造形遊びの

取り組みを紹介しているが，この幼稚園の子どもたちによる造形遊びはまさに，知識構築環境の中で行われているといえるものであった。

　著書の中で次のように説明がなされている。この園の幼児は里芋の栽培を行っており，幼児たちは愛着をもって里芋に接している。保育者が里芋の収穫に出かける時，「里芋さとさんを掘りに行くよ」と何気なく言った一言をきっかけに，幼児たちは「さとさん」を擬人化してとらえるようになった。さらに，ちょうどそのころに開催された園の観劇行事から影響を受けて，幼児たちは「さといもさとさん」のペープサートを作る。その後，幼児たちは「さとさん」の絵本を作ったり，壁面を製作したりする。

　幼児たちは，里芋栽培や保育者の「里芋さとさん」という言葉がけ，観劇行事という多様な文脈の中で，ペープサートや絵本，壁面作りといったアイデアを生み出し，そのアイデアを共有し，時には改善を試みている。このように，幼児期における現代の造形教育は知識構築環境をとおして行われているのである。

　このような環境を研究対象とする研究者は，何か１つの学問分野の理論や研究方法に依拠するだけではその環境で起こっている現象を理解したり新たな教育環境を創造したりすることが難しい。そこで，本節で紹介した学習科学の研究法であるデザインベース研究にならって造形教育研究を展開するなどの学際的な研究が必要となるのである。

(2) 協働

　デザインベース研究を行う研究者は，実践者との協働により研究を進めていく。その理由は，実践者との協働によって，教育の場で起こっている現象を十分に理解することが可能になるためである。

　「里芋さとさん」のペープサートなどを作成した幼児の事例からわかるように，幼児の造形遊びのための知識構築環境は多様な文脈を含み，そこに参加する子どもや保育者の個人差も大きい。そのため子どもや保育者と日々の生活を共有していない研究者にはそこで起こっている現象の十分な理解が難しいのである。そこで，保育の文脈や子どもをよく理解している保育者と協働することによって，研究者はその環境で起こっている現象を十分に理解することができるのである。

ところで，研究者と保育者が協働して研究することは，双方の専門性の成長をうながすというメリットがある。藤崎・木原（2005）は，研究者と保育者による協働のプロセスにおいて，研究者は，学問的知識に裏づけられた自らの解釈や仮説を修正したり，発達観や子ども観を変化させたり深めたりしていくと述べている。保育者もまた，自らの保育意図に改めて気づいたり，自身の専門性の向上を意識したりすることができることを明らかにしている。

　このように，研究者と保育者が造形教育における知識構築環境を協働して研究することで，研究者も保育者もそれぞれの専門性を高めていくことができる。保育を専門とする人々がこうして互いに専門性を高めていくことができれば，それは保育の学問領域を発展させることにつながると考えられる。

　以上のことから，これからの造形教育研究は保育者との協働によって行われる必要があると考えられる。そして，造形教育における知識構築環境をデザインベース研究の手法に基づいて研究者と保育者とが協働して研究することによって，造形教育の実態に即した理論を確立し，子どもの学びを深めるための新たな指導法の開発を目指すことが求められる。次項では筆者が関与したデザインベース研究の手法に基づく造形教育研究の実際を詳述する。

4．デザインベース造形教育研究の開発
（1）保育室の製作コーナーを対象とした研究

　小川（2010）は『遊び保育論』の中で，「製作コーナーは最も基本的な遊びの拠点であり，ベースキャンプといった性格をもつ」と述べている。その理由は，「幼児たちが自主的に遊びに取り組む場合，つくるという活動は遊びの展開にとって基本的な要素である」ためである。

　そこで，筆者のこの研究ではある幼稚園の年中児保育室に設定されている製作コーナーを対象とした。研究を開始する前に製作コーナーでの子どもたちの製作の様子を観察したところ，この製作コーナーで子どもたちが行う製作は，ほとんどが箱などの廃材をセロハンテープで貼り合わせるか，折り紙を折ることなどであった。筆者と担任教師は，この製作コーナーでの子どもの製作がさらに多様化することを目指し，製作コーナーの環境改善に着手した。

①実践者と実践時期

年中児クラス担任のA教諭であり、実施時期は6月であった。

②実践の内容

パタパタくん（図5-6）とはNHKの『ノージーのひらめき工房』という創作あそび番組で紹介されていた手作りおもちゃである。これは、カラーガムテープに足と顔をつけて転がすものである。転がる際に足が地面に当たって「パタパタ」と鳴るので、A先生は「パタパタくん」という名前をつけて、子どもたちが親しみやすいようにした。

図5-6　パタパタくん

A先生と筆者はパタパタくん導入の前に、製作コーナーでの子どもの製作が多様化することを目指して別の介入を行っていた。それは、平田（2011）が「造形遊びの定番」として取り上げている素材の中から新たな素材として毛糸を選び、製作コーナーに設置するというものである。新しい素材に子どもが興味をもち、子どもの製作がさらに多様化することを期待したのである。しかし、観察期間中に毛糸はほとんど使用されなかった。つまり、子どもたちの製作が多様化したとはいえない結果に終わったのである。

この結果について、A先生と筆者は、製作コーナーに新たに追加する素材は、子どもたちの現在の興味や関心とつながりのあるもののほうが望ましいのではないかと考察した。その当時、クラスの子どもたちは折り紙を丸めて作った棒を転がして遊ぶことに興味をもって取り組んでいた。そこで、パタパタくんを製作コーナーに導入することを決めたのである。

A先生から「製作コーナーでパタパタくんを作る保育者の姿を見せてはどうか」という事前の提案があった。このA先生の提案について、筆者は小川（2010）の「遊びへの動機は教えるという形では伝わらない。それゆえ、保育者のパフォーマンスに引きつけられるという形でこれを保障しなければならないのである」という指摘を伝え、A先生の提案が保育学的にも有効なことであると2人で確認し、それを実施することにした。

③幼児の姿

パタパタくんを設置すると、子どもたちはすぐにそれに興味をもち、A先生と一緒にパタパタくんを作りはじめた。ところが、パタパタくんの足をカラーガムテープに貼り付けるのは難しい。ガムテープの輪の中に手を入れて、よく見えない場所に貼り付けなければならないので、手の動かし方に工夫が必要である。また、足を貼り付ける位置が適切でないと「パタパタ」と音がしないので、そこにも難しさがある。

しかし、クラスの子どもたちはいつもとは違うセロハンテープの使い方に試行錯誤しながら取り組み、「パタパタ」と音が鳴るように足の貼り付け位置を何度も調整していた。この姿から、クラスの子どもたちはこれまでとは異なるセロハンテープの貼りつけ方や製作を経験したと筆者と担任教師は考えた。

④子どもたちの学びに基づく理論の精査

筆者と担任教師は、造形教育と保育学の理論に基づいて「パタパタくん」の実践を計画した。その結果、平田（2011）による素材論と小川（2010）による保育者の援助論を幼児の多様な製作をうながす製作コーナーの環境作りに生かすためには、次のような留意点があげられると結論づけた。すなわち、新たな素材を製作コーナーに設置する際には、子どものその時の興味関心と関連する素材を選択すること、また、保育者はその新たな素材を用いて製作する姿を子どもに示すことが重要という点である。

(2) 一斉保育における協同描画活動を対象とした研究

ナイサー（Neisser, 1976）は「知覚循環理論」を提唱した。この理論によると、人は経験や知識に方向づけられて環境内の事物を知覚し、それによって、新たな物の見方を得るとされている。また、無藤（2003）は、『協同するからだとことば』の中で、アフォーダンス理論を紹介しながら「1つの物に対して少なくともいくつかの動きが可能である」と説明し、このことから「幼児を対象とする保育の根底には、多彩な動きを可能にする」ということがあると述べた。

これらの理論からは、幼児が事物を何か別のものに見立てて多様な見方をする経験は、幼児にとって重要であると考えられる。例えば、画用紙の切れ端を「お化け」に見立てたり、泥水を「チョコレートジュース」に見立てたりするなど

である。そこで、これらの理論に基づき行った、年中児クラスにおける自然物を用いた見立てによる協同描画活動（若山、2011）を紹介する。

①実践者と実施時期

実践者は保育専攻の大学3年生1名であった。2回の幼稚園実習と1回の保育所実習をすでに終えていた。実施時期は11月であった。

②実践の内容

落ち葉などの自然物を生き物に見立てる活動であった。この活動では、まず学生たちが事前に拾ってきた落ち葉や枝などを子どもたちに見せ、それを魚に見立てて描いて見せるという導入を行った。次にクラスの子どもたちは、園庭に出て落葉などの自然物を拾った後、保育室に戻り、机の上で製作を行った。この活動は4人の幼児で1つの作品を製作するというルールで実施した。

③幼児の姿

表5-1に示す姿がみられた。製作が始まるとA児は、「ぼく魚描くの」と横にいた学生に表明している。枯葉の全体を魚の体に見立てて作品を作り終えると、それを見た実習生にうながされて「これ何でしょう？」というクイズを他児に出したり、また、自分の作った魚に「ケチャップつきの卵を食べさせる」という行動を取ったりしている。さらに、水色のクレヨンで魚の周りに水を描いて楽しんでいる。

これらの姿には、ナイサーが提唱した知覚循環理論の説明と一致する点が多くある。例えば、A児は「魚」を製作し、その魚を知覚することによって、「ケチャップつきの卵を食べる魚」「水の中を泳ぐ魚」という新たな物の見方を得ているのである。このように、A児は経験や知識に方向づけられて環境内の事物を「魚」と知覚し、そこからさらに「食事をするもの」や「水の中を泳ぐもの」という新たな見方を得ているのである。

一方、B児は活動前、小さな声で「キリン」を落葉で作ると実習生に話していたようであり、予定通りキリンを作っている。「でーきーた」と満足したように話している様子からも、何かイメージをもって製作していたことがうかがえる。しかし、A児が「水」を描きはじめると、「これもほんとは魚なんだよ」とA児と実習生に話して作品のタイトルを変更している。

この姿からは、落ち葉の組み合わせを「キリン」と知覚していることに加え、

第 5 章　幼児期の教育における学び

表 5-1　描画中の年中児の姿

実習生	A 児	B 児
言ってたね　楽しみやわ	ぼく魚描くの（実習生に向かって）	（もくもくと画用紙に葉を貼っている）
	（最初に貼った黒い落葉の端に小さく切った黄色い落葉を貼る）（黒い落葉の上に目を描いている）	
あー A 児くん　目ついた		
	（目を描いた落ち葉の上下にアーチを描く）	
みんなに何でしょうって質問してみて		
	これ何でしょう？	
	（他児が「魚」と答える）ぴんぽーん	
おーあたった！ 茶色い魚いいね		（A 児のほうを見る）
	（赤い落葉を魚の上に貼る）	
	ここに卵のせてケチャップつけて・・・	
	形つけてぱくっと食べる・・・	
なんだろ？（A 児は何を作っているのかという意味）		
		（もみじに緑色の落葉を貼り付けたものを画用紙に貼る）
		（黄色い葉をイチョウの上に重ねて貼る）
		（黄色い葉の上に黒丸を描く）
		でーきーた
海？　どうやって作る？	先生　海作って手伝って	
	（自分が作った魚の上に水色クレヨンで色を塗る）	
わー海だー		
	これトンネル（黄緑のクレヨンで自分が作った魚の横に楕円の形を描く）	
		もーそれなら描かんで！ これガラスにすれば？
	ガラス？	
	（トンネルを D 児のほうまで伸ばす）	
わー D 児ちゃんのところまで行けるいいね		
	（トンネルをどんどんひろげていく）	
		これもほんとは魚なんだよ（自分の作品を指して A 児と実習生へ）
	じゃばじゃばと水が出てきます（B 児が魚と言ったものに向かってトンネルから出る水を描いていく）	

第Ⅱ部　子どもの学び

A児が描いた「水」を知覚することによって，「キリン」と知覚していたものに対して新たに「魚」という見方を得たことがうかがえる。「水」を知覚することによって新たな見方を得ている点は知覚循環理論によって説明が可能であるが，ここで着目したいことは，「魚」という素材に対する見方は，B児が一人で製作をしていたとしたら得られなかったということである。

④子どもたちの学びに基づく理論の精査

　以上述べてきたように，協同描画活動においても，知覚循環理論が説明するように，幼児は素材や自分の作品を知覚することによって，新たな物の見方を得ることがわかる。一方，B児の姿からは，新たな物の見方を得る際に他児の影響を受けていることがわかる。例えば，B児はA児が水を描いたのを見て「キリン」に対して「魚」という新たな見方を得ることになったのである。従って，幼児が描画活動を通して事物に対する新たな見方を得ることを目指す際には，他者という要因が重要な働きをするといえるだろう。

5．これからの造形教育研究

　幼児期の造形教育の研究者がデザインベース研究をする際に必要なことは2つある。1つ目は，多様な学問分野の理論を造形教育の理論と結びつけることである。これは知識構築環境における造形教育の理論の発展と実践の開発につながる。2つ目は，造形教育による幼児の学びを丁寧に記述することである。これにより，造形教育の意義の明確化と理論の精査が可能となる。

　もちろん，すべての造形教育研究がデザインベース研究になる必要はない。これまでの造形教育の理論を発展させる研究も必要である。デザインベース研究を取り入れることは，造形教育研究が発展する1つの手段にすぎない。

　あらゆる教育研究は，実践あってこそのものである。造形教育の実践そのものが発展することこそが，これからの造形教育研究を支えるものである。そのため，造形教育研究者は一人ひとりがそれぞれのアプローチによって，幼児の学びのための造形教育実践の発展を目指していくことが大切である。

第5章 幼児期の教育における学び

3節　科学する心

1. 科学する心とは
(1) 理科離れ

「理科離れ」という言葉が世に流布してから久しい。文部科学省が「理科離れ」という表現を初めて用いたのは，2001（平成13）年度の文部科学白書（文部科学省，2001）であったが，それまでにも，子どもたちが「理科」から離れてきたという論考は数多い（例えば，ベネッセ教育総合研究所，1994；鶴岡ら，1996）。しかしながら，理科から離れたのは，子どもだけではなく，教育施策もそうある。例えば，表5-2は学校教育法施行規則に示されている各学年の授業時数である。平成元年からは生活科が入ったため小学校の第1学年と第2学年では数字が入らないが，実時間数が減っているのは明らかである。

(2) 「理科」を超える

理科は，小・中・高等学校における「教科」の名称である。しかし，本章のテーマである幼児期の教育には，教科を超えた様々な学びが存在する。それは，保育所保育指針や幼稚園教育要領，さらに幼保連携型認定こども園教育・保育要領（以下，これら3つを「要領・指針」とする）で，「領域」という概念で表されているものである。この概念について，保育所保育指針の解説書では，「領域」とは，「保育を行う際に子どもの育ちを捉える視点」とされている。幼稚園教育要領解説（幼保連携型認定こども園教育・保育要領解説）でも「…要

表5-2　学校教育法施行規則に示されている理科の授業時間数

	第1学年	第2学年	第3学年	第4学年	第5学年	第6学年	合計	割合＊
1958（昭和33）年	68	70	105	105	140	140	628	10.8
1968（昭和43）年	68	70	105	105	140	140	628	10.8
1977（昭和52）年	68	70	105	105	105	105	558	9.6
1989（平成元）年	—	—	105	105	105	105	420	7.3
1998（平成10）年	—	—	70	90	95	95	350	6.5
2008（平成20）年	—	—	90	105	105	105	405	7.2

＊総授業時数の中での理科の授業時間数の割合

第Ⅱ部　子どもの学び

領第2章の各領域に示している事項は，教師（保育教諭等）が幼児の生活を通して総合的な指導を行う際の視点であり，幼児の関わる環境を構成する場合の視点である」とあり，領域が幼児を指導する際の視点であることがうかがえる。このように「視点」というとらえ方をすると，「理科」という教科を超え，総合的な学びを追究できる。

　本節のタイトルに含まれる「科学」という概念も，「理科」という教科を超えるものである。一般に「理科」は自然科学の一部であるが，科学には他にも人文科学や社会科学という区分がある。また生活科学や複合科学といった区分も成り立っている。さらに本書のテーマである「学習科学」という概念も存在する。これらの区分や概念の存在は，「科学」が「理科」を超えて存在するものであり，広義の「科学」に関する指導が，「理科」を広い視点からとらえるきっかけになることを示唆している。

(3) ソニー教育財団の挑戦

　2002年，ソニー教育財団は，幼児教育支援プログラムを立ち上げた。「科学する心」という表現の初出は，このプログラムにある。しかしながら，興味深いことに，当初から，財団は，「科学する心」を定義しなかった。幼児期の教育を意識して，教科につながる定義をあいまいにしつつ，よい実践を集めることから始めたのである。実践の中から「科学する心」の枠組みを構成していこうとしたのである。

　もちろん実践事例を集めただけでは，枠組みの構成にはつながらない。よい実践を選ぶ必要がある。この実践を選ぶにあたって財団は，立場や専門が異なる3名に審査員を依頼した。脳科学者で日立製作所フェロー小泉英明氏，幼児

表5-3　科学する心の7つの視点

1. 感動し創造する心
2. 自然に親しみ驚き感動する心
3. 動植物に親しみ，命を大切にする心
4. ひと・もの・こととのかかわりを大切にして，思いやる心
5. 遊び，学び，共に生きる喜びを味わう心
6. 好奇心や考える心
7. 表現しやり遂げる心

第5章　幼児期の教育における学び

教育学や発達心理学が専門の東京大学大学院教授秋田喜代美氏，半導体が専門で学校法人ソニー学園元理事長山田敏之氏である。この3名は，自らが選んだ事例をもとに幼稚園や保育所で育てることが期待される「科学する心」をとらえる7つの視点をまとめた。それが表5-3である（小泉ら，2007）。

2.「科学する心」はどのように育てればよいのか

表5-3は，「科学する心」そのものではなく，あくまで視点である。そして育て方については何ら言及していない。そこで本項では，「科学する心」を育む取り組みについて，①本家であるソニー教育財団で賞を得た取り組み，②最優秀賞ではなかったが，興味深い取り組みを紹介し，さらに筆者が期待する発展の方向から，育て方を考える。

(1) ソニー教育財団で賞を得た取り組みから

同財団は，「ソニー幼児教育支援プログラム」として，2002（平成14）年度から，毎年，論文を募集している。論文には，①「科学する心」についての考え方と取り組みのテーマ，②具体的な子どもの姿に基づく実践報告，③実践の考察（実践を園が定義した「科学する心を育てる」という視点から，子どもの姿に基づいて考察するもの），④考察に基づく課題と今後の方向性・計画，を掲載することになっている（2014年度募集要項より）。入選論文は，2004年度から実践事例集として出版・公開されている。ここではその事例集に掲載された園の取り組みから，「科学する心」はどのように育てればよいのかを考えてみよう。

表5-4は，実践事例集の章立てである。2008年度までは，「科学する心」や「科学する心を育てる」ことの定義づけが冒頭にきていた。そして，様々な実践事例や工夫を紹介していた。「育ちを捉える」必要性を重視していた点も読み取れた。2009年度と2010年度，および2012年度（ソニー幼児教育支援プログラム10周年記念号）には，論文の様々な視点がまとめられていた。2011年度，2013年度，2014年度には，視点の必要性と共に，実践するに当たって必要となる計画の作り方や論文にまとめるための記録のとり方が紹介されている。

この表は，「ソニー幼児教育支援プログラム」の発展の道筋を示すものであるが，園として「科学する心」を育てるに当たって踏むべき，4つのステップ

第Ⅱ部　子どもの学び

表5-4　「科学する心を育てる」実践事例集の章立て

年度	章立て	年度	章立て
2004年度 Vol.1	1章　「科学する心を育てる」とは 2章　「科学する心を育てる」実践事例 3章　「科学する心」を育てる創意・工夫	2011年度 Vol.8	1章　子どもの発想や想像に着目 〈「科学する心」を捉える〉 2章　遊びへの思い 〈「科学する心」が育つ〉 3章　子どもに寄り添う見通しと計画〈「科学する心」を育てるために〉
2005年度 Vol.2	1章　「科学する心を育てる」とは 2章　「科学する心を育てる」実践事例 3章　「科学する心」を育てる創意・工夫	2012年度 Vol.9	1章　「科学する心」が見える 2章　「科学する」子どもたち 3章　「科学する心」が育つ 4章　「科学する心」を育てる 〈「科学する心」に触れて〉
2006年度 Vol.3	1章　「科学する心を育てる」とは 2章　「科学する心」の育ちを捉える 3章　「科学する心」を育てる工夫（連載）	2013年度 Vol.10	1章　ここに注目 2章　記録しよう 3章　考えて話し合ってみよう 4章　保育の3つの工夫
2007年度 Vol.4	1章　「科学する心を育てる」とは 2章　「科学する心」の育ちを捉える 3章　「科学する心」を育てる工夫（環境）	2014年度 Vol.11	1章　視点をもつ 2章　子どもを理解する 3章　保育の工夫 4章　記録を活かす～明日の保育のために～
2008年度 Vol.5	1章　「科学する心を育てる」には 2章　「科学する心」の育ちを捉える（幼児理解） 3章　「科学する心を育てる」環境の工夫		
2009年度 Vol.6	1章　「科学する」保育を楽しむ 2章　「科学する心」が育つ 3章　「科学する心を育てる」ために		
2010年度 Vol.7	Ⅰ　「科学する心を育てる」ために 1章　「科学する心」がはずむ 2章　「科学する心」がふくらむ 3章　「科学する心」がつながる Ⅱ　「科学する心」の環境の工夫		

をも示唆している。すなわち，まずは「科学する心」そのものについて，園として考え，共通理解をした上で，視点を明確にすることである。次に，その視点に基づき，子どもが発達する姿を見通し，計画を立てることである。続いて，その計画に基づき保育を展開する。その際，子どもの行動や表情，言葉，エピソードなどの記録をていねいに残していく。最後は，その記録に基づいて，考察し，まとめるのである。これらの4つのステップを踏むことにより，園としての取り組みに適当なサイクルが生まれることが期待できる。

(2) 奈良市立六条幼稚園の菜の花プロジェクト

　六条幼稚園は，薬師寺の約1km西にある公立幼稚園である。環境教育の一環として，菜の花を栽培し，油を取り，薬師寺に奉納するプロジェクトを毎年実

第5章 幼児期の教育における学び

施している。このプロジェクトの流れは，表5-5の通りである。

　このプロジェクトを通して得られるものは，大きく3つに分けられる。1つは菜の花の栽培を通して得られるものである。種を蒔いてから刈り取るまでの9か月間の間に，自然の美しさ，不思議さ，命の尊さなどに気づく豊富な機会がある。2つ目は地域の方との触れ合いを通して得られるものである。刈り取りから奉納までの約1か月の間に，唐箕などの道具に触れつつ，地域の文化を伝承する役割の一端を担う。最後は薬師寺への奉納という儀式を通して得られるものである。1300年の歴史の一端に触れつつ，自分たちも5歳から4歳へ

表5-5 プロジェクトの流れと子どもの活動

時期	プロジェクトの流れ	子どもの活動
7月	薬師寺に奉納	4歳児と5歳児が一緒に薬師寺まで歩いて，菜の花の油を届ける。4歳児にとってはプロジェクトの開始
9月	菜の花の種を蒔く	地域の方と畑を耕して畝を作り，菜の花の種を蒔く
10月	芽が出る	芽が出てきた様子を見る
4月	菜の花が咲く。園全体が菜の花の香りに包まれる（丈は135〜165 cm位。茎の下から順に開花）	菜の花の匂いをかいだり，触れて様子を見たり，菜の花のトンネルをくぐったりして遊ぶ
5月	さやになる（さやの大きさは5〜10 cm）	菜の花に青虫を発見する。 菜の花が散り，さやになっていく様子を見る。 さやの中に何が入っているか興味をもつ
6月	菜の花の刈り取り	地域の方やNPOの方と，菜の花を引き抜き，束ねる
	菜の花を干す	友だちと協力して菜の花の束を園庭に運び天日に干す
	種落とし	乾いたさやを踏んで種を落とす。最後は，食品ラップの紙芯でさやをたたいて種を落とし出す。
	唐箕（とうみ：籾殻や藁屑を風によってごみと種とに選別する道具）に掛ける	唐箕の仕組みに興味をもつ
	油絞り（漏斗の口に十分に乾かした種を入れると，昆布のような色の油粕と黄色い油とに分かれて出てくる）	油を絞る様子を見る
	火をつけてみる（採れた油に灯芯を浸して火をつける）	自分たちで作った油に火がつくかどうかを試す
7月	薬師寺に奉納	薬師寺管主に油を手渡し，すぐにたいまつに使っていただき，様子を見る。管主の講話を聞く

とプロジェクトを引き継ぐ経験をする。これらは自然科学，社会科学，人文科学という3つの科学の分類にも対応づけられるであろう。

　ではこのようなプロジェクトで，子どもにはどのような「科学する心」が育つであろうか。まず自然科学という視点で見ると，表5-3に示したすべての心が育つであろう。社会科学の視点で見ると，地域の人との関わりという広がりが期待できる。保育者と子ども，子ども同士という園内の人間関係に閉じるのではなく，地域の方と共に活動する喜びや地域に対する関心も育つであろう。人文科学の視点では，歴史や文化，あるいは文化財への興味を培うことができる。

　これらの心を育てるには，保育者には次のような関わりと研修が求められる。関わりとしては，育つ姿を想定した関わりである。園として育てる姿を共通理解し，その姿を実現するためにどのような関わりが必要かを話し合い，その関わりを協働して実践し，お互い振り返りながら，よりよい関わりを追究する。この共通理解，話し合い，協働による実践，振り返りの循環を形成することこそがそのための研修である。次項では，その研修を，いったん，「科学する心」を離れて検討しよう。

3．研修のあり方
(1) 白山市の取り組み

　石川県保育研究大会において，2013年に白山市は，「生きいきとした白山っ子をめざして」というタイトルで4年間の研究を報告した。研究の流れは図5-7の通りであった。1年目は，概念を明確にするため，「生きいきとした姿」について学ぶと共に，話し合い，共通理解を図った。2年目は，「生きいきとした姿」を記録に残し，その姿を支えた環境を考えた。記録の様式は市で統一し，客観的な視点になるよう書き方の研修を行った。3年目は，2年目に集めた記録（事例）から「生きいきとした姿」の定義を検討した。また「生きいきとした姿」を支えた環境を，「再現性」（類似の環境で，その姿が再現できるかどうかを検証すること）というキーワードのもとに検討した。さらに，保護者からも家庭での「生きいきとした姿」を提供してもらった。最後の年には，全保育士が一人1事例を納めた事例集を作成した。作成にあたり，定義を見直し，

第5章　幼児期の教育における学び

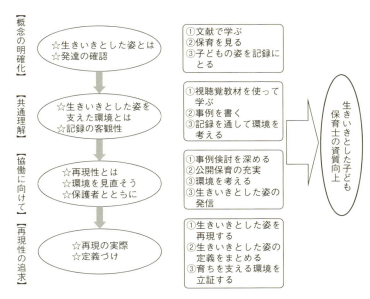

図5-7　白山市の研究の流れ（白山市保育士会，2013をもとに作成）

再度，共通理解を図った。

　この市の取り組みで「科学する心を育てる」ことに寄与すると思われることは，ボトムアップとトップダウンを繰り返したことである。ボトムアップとは，一人ひとりの保育者の思いや実践を記録などの形にすることである。その形が共通理解を生み，その理解がさらに形をよいものにすることに貢献した。各園で育てたい「科学する心」について一人ひとりの保育者が声を上げ，その声を集めることが，その園独自の「科学する心」を追究することにつながる。トップダウンとして，記録の様式を決めたことや定義づけをしたこと，再現性というキーワードや一人1事例の事例集という目標を決めたことがあげられよう。このような方向づけは，ボトムアップでは不可能である。トップダウンは，「科学する心」などの目標を規定し，「育てる」取り組みを進めるのに役立つ。

(2) 新たな研修の提案

　「科学する心」など，子どもの中に，新たに何かを育てようとすると，次の2つの力が求められる。その1つは，遊びや活動から，子どもに身につくもの

を考える力であり，もう1つは，子どもに育てたいものから，遊びや活動を考える力である。以下では，それぞれについての研修方法を提案する。

①遊びや活動から，子どもに身につくものを考える研修

　読者が現職者の場合は，日常的にしている遊びや活動，学生の場合は，幼児と関わった経験を思い出し，そこでした遊びや活動を深く考えてみよう。その遊びや活動で子どもには何が身についているだろうか。例えば，サークルタイムとして，毎日，自由遊び（自ら活動を選ぶ時間）の後に，今日の遊びを全員の前で発表する活動をしているとしよう。この活動で，子どもたちには何が身につくだろうか。発表者には，まずは，思い出す力があげられよう。また話す力や人前で発表する力も必要であろう。さらに，保育者が何か質問をし，それに答えさせるなら，質問に答える力も求められる。発表を聞く者にすれば，友達が発表している間は，話を聞くというきまりが身につくかもしれない。

　これらをより一般的な表現で置き換えてみよう。「要領・指針」では，人間関係の領域の内容に「自分の思ったことを相手に伝え，相手の思っていることに気付く」や「友達と楽しく生活する中できまりの大切さに気付き，守ろうとする」がある。また，言葉の領域の内容にも「先生や友達の言葉や話に興味や関心をもち，親しみをもって聞いたり，話したりする」「したり，見たり，聞いたり，感じたり，考えたりなどしたことを自分なりに言葉で表現する」「人の話を注意して聞き，相手に分かるように話す」がある。ちなみに小学校学習指導要領でも国語の第1学年及び第2学年の目標に「(1) 相手に応じ，身近なことなどについて，ことがらの順序を考えながら話す能力，大事なことを落とさないように聞く能力，話題に沿って話し合う能力を身につけさせるとともに，進んで話したり聞いたりしようとする態度を育てる」があり，該当すると考えられる。

②育てたいものから，遊びや活動を考える研修

　「要領・指針」にある「友達と楽しく生活する中できまりの大切さに気付き，守ろうとする」ことを経験させるためには，それぞれ，どのような遊びや活動をすればよいだろうか。その際，物的，人的環境をどのように整えればよいだろうか。同じく要領・指針にある「身近な物や遊具に興味をもって関わり，考えたり，試したりして工夫して遊ぶ」の場合は，どうだろうか。これらを考え

る研修は，①とは逆の方向に頭を使うことになる。表5-3に示した「科学する心」の7つの視点のそれぞれを子どもに育てるためには，どのような遊びや活動を展開すればよいか，またその際，物的，人的環境をどのように整えればよいかを考えるのである。

4．まとめ

「科学する心」を育てるには，「科学」そのものが発展することを念頭に置く必要がある。幼児期の子どもたちが大人になるころ，科学そのものが大きく発展していることが期待される。そこで，科学の発展の中で変わらないものは何かを吟味し，それを育てることを目指していかなければならない。

ところで，伝統芸能の世界には，「守・破・離」という後継者育成に関する言い伝えがある（この語源については諸説があるので，ここでは触れない）。科学そのものの発展も，この「守・破・離」になぞらえて考えることができる。すなわち，伝統的（守）な科学研究のパラダイムが，ブレイクスルーによって大きく変化・発展し（破），新しいパラダイムが生まれる（離）のである。では幼児期の教育で「守・破・離」とは何がどうなることだろうか。筆者は，「要領・指針」に沿った教育・保育実践こそが「守」であると考えている。この実践や実践研究，さらに学習科学の視点で見た幼児教育の理論的研究の積み重ねこそが「破」を生み，新しい「要領・指針」を作っていく（離）のである。

4節　保育所・幼稚園と小学校との連携から接続へ

本節では保幼小連携と，そのなだらかな接続について，保育の視点からと小学校教育の視点からの2つに分けて論じる。まず1つ目は，保育の視点から，「保幼小連携とアプローチカリキュラム」について，2つ目は，小学校教育の視点から，幼児教育と小学校教育をつなぐものとして生活科を中心に行われている「スタートカリキュラム」について，それぞれ述べる。

第Ⅱ部　子どもの学び

1. 保幼小連携とアプローチカリキュラム
(1) 段差と逆段差

　子どもたちにとって、幼児期に受けていた教育と小学校教育での学びは大きく異なる。表5-6は、幼児期の教育と小学校教育の学び方の違いを示している。幼児期には、環境を通しての教育や遊びを通した総合的な学びだったものが、小学校に入学すると、学力を培うために時間割に基づいた45分間の授業が展開される。授業中は一人ひとりに応じた教育ではなく、学級集団を重視した教育が行われる。また、幼児期には保育者や友達と話し言葉が中心のやりとりだったものも、小学校になると、読む・書くなどの書き言葉の学びに大きく転換する。このような幼児教育と小学校教育の学び方の違いが、子どもたちにとっては、とまどいや不安を感じさせ、様々な不適応行動に結びついていく。これを、「段差」とよび、その中でも、小学校入学直後に子どもたちが授業中立ち歩いたり、学級全体での活動の際に自分勝手な行動をすることを小1プロブレムといっている（(2)を参照）。

　また一方で、幼児期に子どもたちは、環境を通して様々な学びを体験している。まだ、それは無自覚な学びであるが、小学校入学時にゼロの状態ではない。例えば、小学校1年生の国語の授業では、ひらがなの読み書きを学習するが、幼児期の5歳児時点ですでに絵本の一人読みができるようになっており、小学校就学前までに、かなり多くの子どもたちがひらがなを読むことができる。また、5歳児というのは、幼稚園や保育所の中では年長児であり、自分よりも年少の子どもたちのお兄さんやお姉さんとして手本となる学年である。給食の準

表 5-6　幼児期の教育と小学校教育の学びの違い（横浜市, 2012）

《幼児期の教育》	《小学校の教育》
・環境を通しての教育	・学力を培う
・遊びを通した総合的な学び	・学級集団での学び
・興味や関心に沿った活動	・教科等の学習
・直接的・具体的体験を通して学ぶ	・45分を1単位とした学習
・一人ひとりに応じた教育・保育	・時間割に基づいた学習と生活
・方向目標	・教科書や地域の学習材を活用して学ぶ
・個人内評価	・書き言葉（読む・書く）で学ぶ
・先生や友達と言葉でやりとりする中で考える（話し言葉が中心）	・到達目標
	・目標に準拠した観点別評価に基づく絶対評価

備も自分たちでできるようになり，時には年少の子どもたちのクラスに行って，お手伝いをする役割を担うこともある。このように，幼稚園や保育所では，様々な学びを経験し，年長さんとして園のリーダー的役割を担ってきたにもかかわらず，小学校入学後は給食の時間には高学年のお兄さんやお姉さんたちが1年生である自分たちのお手伝いに来て配膳をしてくれ，まるで何もできない赤ちゃん扱いを受けることがある。このような状況を「逆段差」というが，まさに，幼児期に経験してきたことが生かされず，小学校に入ってゼロの状態から学び直すことになることを指す。

保幼小の連携においては，段差や逆段差をなくし，幼児教育を土台として小学校での学びを積み上げるような，接続期のカリキュラムを考えることが必要である。

(2) 小1プロブレム

小学校学習指導要領解説においては，幼児期の総合的な学びの成果を小学校教育に生かすことで，小1プロブレムの問題を解決し，学校生活への適応を進めることが期待されると述べられている。東京学芸大学（2010）の全国調査では，教育委員会から1,156件の回答を得ている。小1プロブレムの重要性に関する認識については，「きわめて重要」11.5％，「かなり重要」41.3％という回答結果であり，合わせて半数以上（52.8％）が重要であると認識していた。また，小1プロブレムに該当するとしてあげられていた項目としては，「授業中に立ち歩く児童がいる」（930件），「学級全体での活動で各自が勝手に行動する」（881件），「よい姿勢を保つことができないので，机に伏せたり，椅子を揺らしたりする児童が多い」（593件）などであった。

このような小1プロブレムが起こる背景には今まで複数の要因が考えられてきた。例えば，ライフスタイルの変化などの家庭的要因，幼稚園・保育所での学びと小学校での学びの間の段差，子ども自身の自己調整能力の不足，教師の指導力不足などの要因などである。調査の結果，「家庭におけるしつけが十分でないこと」（868件），「児童に自分をコントロールする力が身についていないこと」（779件）のように，家庭的要因や子ども自身の問題が多くあげられているものの，「幼稚園・保育所の保育が，幼児を自由にさせすぎること」に

ついても少なからずあがっていた（154件）。以上の調査結果からも，小1プロブレムの原因は様々であると考察されている。また，小1プロブレムには地域差があることがわかっており，子どもが地域社会に守られて落ち着いて生活している地域では小1プロブレムは少ないことから，保幼小連携や家庭との連携をはじめとしたコミュニティの強化が重要な課題ではないかと考えられる。

(3)「学びの芽生え」から「自覚的な学び」へ

　幼児期は，遊びを通して学びの芽生えが生じる時期である。幼稚園や保育所で，子どもたちはただ遊んでいるだけではなく，遊びを通して何かを学び，対象を通して何かを学んでいるのである。図5-8には，幼稚園・保育所から小学校への「学び」のつながりを示している。無藤（2011）は，幼児期に学びの芽生えをもたらすものとして，「興味の広がり」「自己調整する力」「気づき」をあげている。砂遊び場面を例にとると，穴を掘ってトンネルを作ったり川を作ったりする遊びは，集中し，工夫し，根気強く取り組むなどの「自己調整する力」や「砂に水をかけたら硬くなったよ」と言葉で表現するなどの「興味の広がり」や「気づき」が出てくる。このような「学びの芽生え」が出てきた際に，保育者は次の「学びの芽生え」をうながすことを意識した遊びの援助をすることが

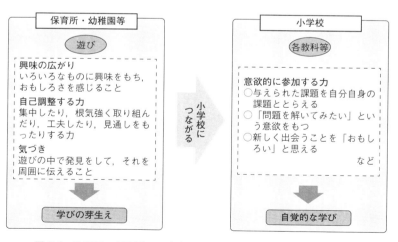

図5-8　幼稚園・保育所から小学校への「学び」のつながり（無藤，2011）

第5章　幼児期の教育における学び

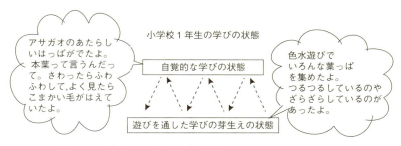

図 5-9　小学校1年生の学びの状態（福井県教育委員会，2012）

重要であり（無藤，2011），学びの芽生えはいくつもいくつも関連して，無藤（2010）が提唱している「学びのマップ」とよばれるものになっていくのである。

　小学校に入ると，幼児期の学びの芽生えは，教科学習を通して，与えられた課題を自分の課題として受け止め，意欲的に解いてみたいと思うなど「意欲的に授業に参加する力」となる。これが「自覚的な学び」とよばれる状態である。幼児期の「学びの芽生え」を児童の「自覚的な学び」へつなげるためには，小学校側が幼児期の教育を理解し，現在の児童の学びがどのように育ってきたものなのかを見通した教育課程の編成や実施が求められている。そして，小学校1年生の学びの状態は，まだ「遊びを通した学びの芽生えの状態」と「自覚的な学びの状態」が行ったり来たりしている時期であるとしている（福井県教育委員会，2012）。図 5-9 に示したように，小学校1年生では，アサガオについて学ぶ際に，幼児期の色水遊びで学んだ葉っぱの感触についての知識を何度も振り返りながら，色水遊びで使った葉っぱの感触とアサガオの葉っぱの感触との違いなどについて自覚的な学びをしているのである。

(4) アプローチカリキュラム

　アプローチカリキュラムとは，文部科学省のスタートカリキュラムの考え方を幼児教育の最終段階である5歳児に対応させた言葉で，もともとは横浜市教育委員会が「横浜版接続期カリキュラム」（横浜市教育委員会，2012）を作成した際に，この名称を用いたものである。現在では，5歳児教育の後半から小学校就学前までの小学校進学後を意識したカリキュラムとして全国的に使用されている。図 5-10 に示したように，横浜版接続期カリキュラムでは，5歳児後

第Ⅱ部　子どもの学び

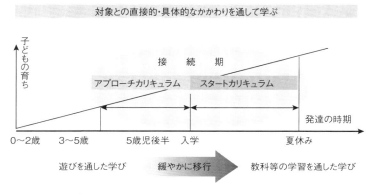

図5-10　アプローチカリキュラムとスタートカリキュラム（横浜市，2012）

半から小学校就学前までの時期をアプローチカリキュラム，小学校就学後から夏休み前までをスタートカリキュラムとし，それらを合わせて「接続期カリキュラム」とよんでいる。このアプローチカリキュラムは，小学校の準備や小学校の先取りをするものではなく，就学前の幼児期にふさわしい教育や保育を充実させることが大切である。

(5) 保幼小連携の手法

保幼小連携の手法として，実際の保育所，幼稚園，小学校で実践されているのは，子ども同士の交流，保育者と小学校教諭の交流，一貫したカリキュラムの作成である。また，新たに，最近では，保護者と小学校との連携の必要性も言われるようになってきている。一貫したカリキュラムについては，前項のアプローチカリキュラムと後述のスタートカリキュラムの項で述べているため，ここでは，一貫したカリキュラム以外の3つの手法について，実践事例を交えながら詳しくみていくことにする。

①子ども同士の交流

子ども同士の交流は，接続期である5歳児と小学校1年生の交流はもちろんのこと，自治体によっては1歳児から小学校6年生までの幅広い年齢の交流が

行われているところも増えてきている。5歳児と小学校1年生の交流の目的は，5歳児が小学校入学後にどのような学校生活を送るのかということが明確になり不安感が軽減するということが第一にあげられるが，小学校1年生にとっても幼児期の自分自身のことを思い出しながら，1年間の自分の成長を感じて自信や自己肯定感をもつことができることもあげられる。

　2009・2010（平成21・22）年度品川区教育委員会の研究指定校であった幼保一体施設のびっこ園台場と品川区立台場小学校の連携事業では，「他者との違いを認め，自信を持って生活する子」という育てたい子ども像を小学校6年生の最終的な姿として「感じる心・伝える心・認めあう心」をバランスよく育てていくことを研究主題に設定した（品川区教育委員会，2013）。交流する年齢は，1, 2, 3歳児と6年生，4歳児と2, 3, 4年生，5歳児と1, 5年生であり，1歳児から小学校6年生までがいずれかの特定の学年と1年間の交流の機会をもった。これらの交流活動を通した子どもの変容は保育者や小学校教諭の観察や子ども自身のアンケート調査により振り返りが行われた。

　その結果，幼児は親や担任以外に信頼関係をよせる相手をもてた嬉しさから小学生との交流に期待と憧れの気持ちをもつようになったことが報告されている。一方，小学生は自分よりも年少である幼児と関わることによって幼児に合わせた関わり方ができるようになり自分自身の成長に自信がもてるようになったことがわかった。このように，子ども同士の交流は5歳児が就学のためのギャップをなくして円滑な小学校生活を送れるような意識を育てることがもともとの目的であったが，少子化の時代にこのような様々な年齢の子どもたちが様々な交流の機会をもつことで相手に対する思いやりの気持ちや自分の言いたいことを伝える力も同時に育っているのである。

②保育者と小学校教諭との交流

　保育者と小学校教諭の交流には，幼稚園・保育所と小学校の連絡会や情報交換会，そして，幼稚園と小学校の派遣研修や人事交流などが含まれる。このように，保育者と小学校教諭の交流は様々な自治体で活発に行われるようになってきた。東京都北区では，保育者と教員の連携として，「小学校1年生の授業参観・意見交換」「幼児教育の保育参観・研修会」「協議会，意見・情報交換」を実施している（東京都北区教育委員会，2013）。

第Ⅱ部　子どもの学び

　「小学校１年生の授業参観・意見交換」の事例では，保育者が小学校１年生の生活の様子や授業を参観し，小学校の生活や指導のあり方などについて学び，5歳児後期からの保育に生かすことを目的としている。授業参観を通して保育者が学んだこととしては，小学校では「基本的な学習ルール」を繰り返し指導することが大切にされていることが理解できたり，小学校就学前に「話す」「聞く」態度を身につけておくことの大切さが理解できたなどがあげられていた。
　次に，「幼児教育の保育参観・研修会」の事例では，小学校教諭が幼稚園や保育所の保育を参観し，スタートカリキュラムに必要な観点から話し合い，実践を通して共通理解をし，保育内容や指導のあり方について理解を深めることを目的としている。小学校教諭が幼稚園や保育所の保育を観察して学んだこととしては，幼児教育でも指導計画をもとに計画的に指導がなされている，具体的な説明の仕方や集団活動で時間を意識させることや子ども自身に決定させることなど援助や指導に工夫が見られる，などがあげられていた。
　「保育者と小学校教諭の協議会や意見・方法交換」の事例では，幼稚園や保育所の保育者と小学校教諭がその年度の交流活動の反省をもとに，児童と5歳児の双方にとって互恵性のある交流活動への改善について協議したり，次年度の交流計画を立てることを目的としている。
　このように，保育者と小学校教諭の交流では様々な取り組みがすでになされてきているが，酒井（2011）は，保育者と小学校教諭が双方の園や学校を直接訪問しなくても，相互に学校だよりや園だより，保護者の各種の通信などのコピーを送り合ったり，日案週案や授業の指導案などを交換することで相互理解は深まり，「交流はなくても連携はできる」と述べている。確かに，物理的な距離の問題や小学校1校で10園以上の幼稚園や保育所と連携が必要になってくる地域もあるため，実際の交流が困難なケースもある。そのような場合には，お互いの理解を深めるような様々な情報をやりとりし，現在の取り組みを振り返ることが大切である。

③保護者と小学校との連携
　保幼小連携において，子ども同士の交流，保育者と小学校教諭との交流など，一貫したカリキュラムについては多くの実践がなされてきたが，最近では，就学前の子どもをもつ保護者と小学校との連携の実践など，保護者にも焦点が当

第 5 章　幼児期の教育における学び

てられるようになってきた。

　東京都北区教育委員会（2013）は，「保護者への理解啓発」として，「年長児保護者に小学校入学に向けての関心を高める」「小学校1年担任を迎えての保護者会」「先輩保護者との座談会」の3つの事業を実施している。「年長児保護者に小学校入学に向けての関心を高める」事業は，年長組に進級し，園生活が落ち着いてきた時期に，保護者が小学校入学を視野に入れた生活習慣の見直しや小学校教育への関心をもてるように啓発を図る目的で実施されている。具体的には，年長児の保護者への情報発信として，小学校の公開授業参観日の案内を配付し，授業参観をうながし，保護者の関心を高めたり，園だよりや学級だよりの中に保幼小の交流活動のコーナーを設けて保護者の就学への意識を高めること，幼稚園や保育所の保護者会における理解啓発，保護者対象の小学校校長の講話を催している。具体的には，校長の講話の内容として，保護者の不安は子どもに伝わるため，保護者には学校公開を利用して学校生活や教育を知ってほしいということを積極的に伝えている。

　また，「小学校1年担任を迎えての保護者会」の事業では，1年生担任から就学前の保護者に向けて学校生活についての具体的な講話をしてもらい，保護者と園がともに就学前の幼児の生活や育ちについて見直しを図ることを目的としている。例えば，就学前は文字が読めることを中心にするのではなく，絵本を読んであげるなど日常生活の中で文字に触れる機会をもってほしいということなどを保護者に伝えている。

　家庭における幼児期の読み聞かせと小学校1年生の読み書きリテラシーとの関連を調べた研究では，小学校1年時のリテラシー（特に，聞き取りと音調べ）が高い群のほうが低い群よりも幼児期の読み聞かせの頻度が高いことが示され（原ら，2014），幼児期の読み聞かせは児童期の読書習慣とも正の相関が見られた（Shirakawa et al., 2014；白川ら，2014）。これらの研究結果からも，小学校就学前に小学校側から保護者に対して家庭の文字環境についての理解をうながす話をしていくことは大変意味のあることであると思われる。

　次に，「先輩保護者との座談会」の事業では，小学校入学に向けての様々な不安や疑問を話題にして，先輩保護者から入学当初の学校体験や子育て体験を聞き，就学に向けて親としての心構えを学び不安軽減につなげていくという目

的としている。この取り組みは，就学時健康診断や新1年生保護者会が終わって保護者が入学に向けての不安を感じやすい1月～2月に実施されている。この時期には入学にあたって聞きたいことや知りたいことが明確になっているため，先輩の保護者に家庭でしておいたほうがよい入学準備や小学校入学後のことについて具体的な情報を得ることができ，保護者の不安感もかなり軽減されることが予想される。

小学校就学前の保護者がどのような不安感をもっているのかについては，近年，研究がなされるようになってきた。例えば，山田・大伴（2010）の研究では，小学校1年生の保護者を対象にアンケート調査を行い，就学前後での家庭生活や集団生活の変化を調べたところ，保護者は就学前よりも就学後の心配のほうが大きくなる傾向が示された。そのおもな心配事の内容としては，「子ども同士の関係」（66.0％），「食事」（34.4％），「身辺自立」（34.4％），「注意力・集中力」（33.0％），「学習」（32.3％）などがあげられていた。また，就学後に保護者が子どもを叱るようになった項目として，「自分のものを整理整頓する」（21.4％），「親の言うことを聞く」（16.5％），「相手に伝わるようにはっきり話す」（15.6％）があがっており，就学後には保護者の子どもに対しての期待が大きくなるのに比例して，しつけに困難さを感じていることも明らかになった。これらのことから，今後は，就学前だけでなく就学後の保護者への支援も必要性があると考えられる。

横浜市教育委員会（2012）は，「横浜版接続カリキュラム」の中で，接続期のカリキュラムを支える人的環境として，家庭や地域をつなぐ連携を実施している。具体的には，年長児の子どもをもつ保護者向けに「安心して入学を迎えるために」というリーフレットを配布し，学校説明会や年長組懇談会などで保幼小連携の取り組みを保護者に説明している。さらに，小学校入学後については，スタートカリキュラムや生活科のねらいなど学習のねらいを保護者に伝えることの重要性を述べている。小学校の学級・学年だより，入学のしおり，懇談会等を通して保護者に伝えることによって，小学校入学後の保護者の不安感の軽減につながると考えられる。

2. スタートカリキュラム
(1) スタートカリキュラムとは

　2008年に改訂された小学校学習指導要領の生活編の解説によると、「⑤幼児教育及び他教科との接続」では、「幼児教育との接続の観点から、幼児と触れ合うなどの交流活動や他教科等との関連を図る指導は引き続き重要であり、特に、学校生活への適応が図られるよう、合科的な指導を行うことなどの工夫により第1学年入学当初のカリキュラムをスタートカリキュラムとして改善することとした」とある。

　また、文部科学省のホームページ（2009）では、スタートカリキュラムについて次のように解説されている。「スタートカリキュラムとは、児童が義務教育の始まりにスムーズに適応していけるようなカリキュラムを構成することである。例えば、小学校第1学年において、教科を横断した大単元から各教科の単元へと分化していく教育課程を編成することが考えられる。具体的には、生活科において学校を探検する学習活動を行い、そこで発見したことがらについて、伝えたいという児童の意欲を生かして、国語科、音楽科、図画工作科においてそれぞれのねらいを踏まえた表現活動を行うなど、合科的に扱うことが考えられる。」とある。このように、スタートカリキュラムとは、小学校入学から1学期終了までの期間に、幼児期までの育ちや学びを踏まえて、子どもたちが培ってきた力を発揮できるようにする接続期のカリキュラムのことである。

(2) 幼稚園教育要領・保育所保育指針の変遷と「生活科」の誕生

　小学校学習指導要領の改訂が1989（平成元）年に行われた際に、幼稚園との接続を考慮して低学年に「生活科」が導入された。同時に、1989年には幼稚園教育要領も改訂された。その際、小学校との連携に関する記載はなかったが、幼稚園教育指導書と増補版の第4章第5節に「小学校との連携」という項目が追加された。一方、保育所において、1990（平成2）年版の保育所保育指針（通知）において、「小学校との関係については、子どもの連続的な発達などを考慮して……」という文言が入れられた。その後、日本社会においては、子どもを取り巻く環境がさらに大きく変化し、少子化、いじめ、不登校、小1プロブレムの問題が注目されるようになり、1998（平成10）年版の幼稚園教

育要領では、「幼稚園教育が、小学校以降の生活や学習の基盤の育成につながることに配慮し、幼児期にふさわしい生活を通して、創造的な思考や主体的な生活態度などの基礎を培うようにすること」と小学校以降の教育についても明記された。その翌年の保育所保育指針においても、同様に「小学校との関係」という項目が追加された。

　2003（平成15）年には、中央教育審議会初等中等教育分科会の下に「幼児教育部会」を設置し、2005（平成17）年には国立教育政策研究所の教育課程教育センターが「幼児期から児童期への教育」を出版したことで、保育現場や教育現場における幼小連携や保幼小連携への取り組みが一気に加速してきた。また、2006（平成18）年には教育基本法が改正され、「幼児期の教育」に関する条文が新設された。この条文によると、幼児期の教育の主体には、幼稚園とともに、家庭や保育所も含まれるということが明記されたのである。その後、2007（平成19）年には、学校教育法も改正され、学校種の中では幼稚園が最初に記載された。

　このような流れの中で、2008（平成20）年版の幼稚園教育要領でも1998（平成10）年版の要領の文言がそのまま引き継がれ、さらに、「特に留意する事項」(5)では「幼稚園教育と小学校教育との円滑な接続のため、幼児と児童の交流の機会を設けたり、小学校の教師との意見交換や合同の研究の機会を設けたりするなど、連携を図るようにすること」という項目が新たに追加された。これは、小学校1年生での小1プロブレムとよばれる授業中の混乱がなかなか治まらないことを受けてのことである。

　2008年に告示された保育所保育指針においても、第三章2（四）三歳以上児の保育に関わる配慮事項で、「保育所の保育が小学校以降の生活や学習の基盤の育成につながることに留意し、幼児期にふさわしい生活を通して、創造的な思考や主体的な生活態度などの基盤を培うようにすること」という項目と、第四章1（三）エ「小学校との連携」という項目が新たに追加された。

　同時に改訂された小学校学習指導要領においても、第1章総則第4の1（12）においても「（中略）幼稚園や保育所、中学校及び特別支援学校などとの間の連携や交流を図るとともに…」と保幼小連携について明記され、小学校学習指導要領解説「生活編」では、幼児と触れ合うなどの交流活動が重要であるとし

て強調された。無藤（2008）は、子どもたちが互いの交流から学び合う関係を作る必要があるが、それは小学校の始まりを幼稚園のようにすることではなく、幼稚園の年長クラスに小学校を先取りする教育を入れることではなく、幼児教育の成果を小学校教育で生かし、また幼稚園において小学校への見通しをもって指導を進めるということを意味していると述べている。

このように幼児教育の成果を小学校教育で生かすために、「生活科」は保幼小連携の中で特に重要な科目であると位置づけられる。次の項では、「生活科」が新設されてから現在まで時代の流れの中でどのように変遷したのかについて見ていくことにする。

(3) 生活科と「生きる力」の育成

1989（平成元）年の小学校学習指導要領に新設された生活科は、2004（平成16）年に本格導入された。2008（平成20）年の改訂では、教科目標は1998（平成10）年版から変更はなく、「具体的な活動や体験を通して、自分と身近な人々、社会及び自然との関わりに関心をもち、自分自身や自分の生活について考えさせるとともに、その過程において生活上必要な習慣や技能を身に付けさせ、自立への基礎を養う。」である。

しかし、学年の目標はいくつか変更点があった（以下、下線が変更箇所）。変更箇所は、目標（1）「自分と身近な人々及び地域の様々な場所、公共物などとの関わりに関心をもち、地域のよさに気付き、愛着をもつことができるようにするとともに、集団や社会の一員として自分の役割や行動の仕方について考え、安全で適切な行動ができるようにする」の「地域のよさに気付き」と「安全で」が追加されたこと。また、目的（4）「身近な人々、社会及び自然に関する活動の楽しさを味わうとともに、それらを通して気付いたことや楽しかったことなどについて、言葉、絵、動作、劇化などの方法により表現し、考えることができるようにする」の下線部分の表現の変更や文言の追加であった。

そして、全体としては、学年の目標3項目に1項目が追加された。追加された項目は、目標（3）「身近な人々、社会及び自然との関わりを深めることを通して、自分のよさや可能性に気付き、意欲と自信をもって生活することができるようにする」である。「自分のよさや可能性に気付く」ことは、今までも小

第Ⅱ部　子どもの学び

学校学習指導要領において重視されてきたが，項目を追加して明記したことにより，さらに重要視していることがうかがえる。「意欲と自信をもって生活する」ことについては，幼稚園教育要領の人間関係の「3内容の取扱い」においても（2）「特に，集団の生活の中で，幼児が自己を発揮し，教師や他の幼児に認められる体験をし，自信をもって行動できるようにすること」が追加されたことと関連していると思われる。

　なぜ，「自信をもって行動できるようにすること」という項目が追加されたのだろうか。内閣府が発表した平成26年度『子ども・若者白書』では，日本，韓国，アメリカ，イギリス，ドイツ，フランス，スウェーデンの13歳～29歳の若者を対象にインターネット調査をしたところ，「自分自身に満足している」と回答した人の割合は，諸外国が70％以上であるのに対して日本は45.8％と最下位であった（図5-11）。また，「将来に明るい希望を持っている」という人の割合も，諸外国が80％以上であるのに対して，日本は61.6％と最低であった。

　このように，諸外国の若者と比較して日本の若者は自らに自信がもてない人の割合が高いことが近年問題となっている。これに対処するためには，幼児期からの有能感や自己肯定感が育つような経験が大切であると考えられる。競争社会においては，一番にならなければ褒めてもらえる経験も少なくなってしまう傾向がある。保護者もまた，自分の子どもに対しての期待が大きければ大き

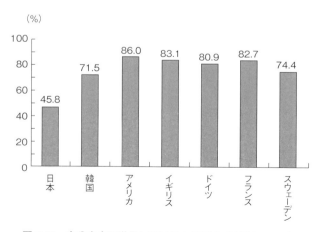

図5-11　**自分自身に満足している人の割合**（内閣府，2014）

いほど，できなかったことに対してばかり目が行きがちである。結果や成果だけでなく，子どもたちが「頑張ったこと」「努力したこと」「工夫したこと」のプロセスを認められたり，褒められたりする経験を増やすことで，子どもの中に有能感や自己肯定感が育ち，それが揺るぎない「自信」となっていくのである。幼児期に育まれた有能感や自己肯定感が，小学校入学後も継続して「生きる力」の育成として大切に取り組んでいけるよう生活科の中の項目として追加されたのであろう。

(4) 合科的な指導と関連的な指導

　小学校入学直後には，児童の実態等を考慮し，指導の効果を高めるために「合科的・関連的な指導」などを展開することがふさわしいと小学校学習指導要領生活編の中に記されている。この「合科的な指導」とは，学習のねらいとして，抽象度の高い「方向目標」（どの方向に子どもを育てたいのかを明示した教育目標）を立てて，その目標を達成するために，遊び的要素の強い活動や教科にも連動するような活動を取り入れ，児童の登校意欲や学習意欲を高めるような指導のことである（木村，2010）。具体的には，4月最初の単元において，「学校のことを知ろう」という単元名を掲げて，生活科の学習活動「学校探検」を中核として，「お友達の名前は？」（国語），「いくつある？」（算数），「学校の歌を歌おう」（音楽），「自分の顔を描いてみよう」（図画工作）などの内容を合科的に扱い大きな単元を構成することができる。このような単元では，児童が自ら学習内容を決めることができる自由度があるので，子どものペースに合わせてゆっくりと進めていくことが可能になる。スタートカリキュラムの中では，大単元から徐々に各教科に分化していく編成も効果的である。

　次に，小学校学習指導要領解説生活編によると，「関連的な指導」とは，「教科等別に指導するに当たって，各教科等の指導内容等の関連を検討し，指導の時期や指導の方法などについて各教科等の相互の関連を考慮して指導するものである」とある。例えば，生活科で「花をそだてよう」という単元を設定し，「色々な花についての絵本や図鑑で調べて興味がもてるようにする」という目標を設定する。その際に，図工の授業では「折り紙で遊ぼう」という単元を設けて，チューリップの花などを折り紙で折って教室に飾る。算数では，「数を

第Ⅱ部　子どもの学び

数えよう」という単元で，折り紙のチューリップの数を数える活動を行う。国語では「学習カードを作ってみよう」という単元の中で，学習したことを文章で表現する。木村（2012）は，関連的な指導を通して，生活科の授業の中での活動を他の教科の素材とすることによって，子どもたちの中に様々な思考力と表現力を身に付けることができると述べている。

　以上のような，合科的な指導や関連的な指導を活用することによって，小学校1年生の教科学習への接続がより滑らかになるのである。

(5) 幼児教育から生活科への接続

　小学校学習指導要領の生活科の目標や学年の目標は，幼稚園教育要領の5領域「健康」「人間関係」「環境」「言葉」「表現」と連続性のある内容に改訂された。しかしながら，実際に子どもたちに関わる保育者や小学校教諭は，これらの連続性を意識しているのであろうか。これについて，幼稚園教諭の幼児教育に対する意識と小学校教諭の生活科の授業に対する意識を質問紙調査によって調べた研究がある（Mori & Kanazawa, 2012；Kanazawa & Mori, 2012）。この調査では，幼稚園教諭と生活科を担当したことがある小学校教諭を対象として，幼稚園教育要領の5領域（健康，人間関係，環境，言葉，表現）と小学校教育指導要領（生活科）の構成内容の中から40項目を選択し，日頃の保育や授業の中でどの程度重視しているのかについて5段階で評定を求めたものである。これら40項目の5段階評定値の因子分析の結果，幼稚園教諭と小学校教諭では因子パターンが異なることが明らかになった。すなわち，小学校教諭の評定値の因子分析で分散説明率が高かったのは，第一因子「リテラシー・公共心」，第二因子「科学リテラシー」であり，一方，幼稚園教諭の評定値の因子分析で分散説明率が高かったのは，第一因子「好奇心」，第二因子「社会性」であった。

　これらの結果は，小学校教諭が生活科の授業で重視していることと幼稚園教諭が日々の保育で重視していることの間に意識のずれがあることを示唆している。つまり，小学校教諭が生活科の授業で特に重視していることは，生活科での学習を他の教科学習と関連づけることであり（関連的な指導），幼稚園教諭が重視している好奇心や社会性の育成は，それほど重視しているわけではなか

った。おそらく、このような幼稚園教諭と小学校教諭の意識のずれが幼児教育と初等教育の間のなめらかな接続を妨げる要因になっているのではないかと考えられる。そのため、この両者の意識のずれをなくし、小学校1年生の生活科の授業が幼小連携を促進する役割を果たしていくような改善が望まれる。

(6) 様々なスタートカリキュラムの実例

　横浜市教育委員会（2012）の「横浜版接続期カリキュラム」では、スタートカリキュラムの実践事例の1つとして、「がっこうだいすきなかよしいっぱい」という単元を紹介している。単元の目標は、生活科では、「学校の施設の様子及び先生など、学校生活を支えている人々や友達のことが分かり、楽しく安心して遊びや生活などができるようにする」ことをあげている。また、国語科では、「読むこと」として（1）オ「楽しんだり知識を得たりするために、本や文章を選んで読むこと」を、「話すこと・聞くこと」として（1）ア「身近なことや経験したことなどから話題を決め、必要なことがらを思い出すこと」、イ「相手に応じて、話すことがらを順序立て、丁寧な言葉と普通の言葉との違いに気を付けて話すこと」を、「伝統的な言語文化と国語の特質に関する事項」として（2）ア「姿勢や筆記具の持ち方を正しくし、文字の形に注意しながら、丁寧に書くこと」を、あげている。

　このカリキュラムは、生活科を中心とした合科的・関連的な学習で、おもに国語の単元「はる」との合科的な学習であるが、他にも特別活動の単元「ともだちつくろう」との合科的な学習ができるようになっている。関連的な学習としては、算数の単元「なかまづくりとかず」、音楽の単元「わらべうたであそぼう」、図工の単元「しぜんとなかよし」、体育の単元「ゆうぐであそぼう」「おにあそびをしよう」、道徳の単元「がっこうだいすき」などがあり、様々な教科との関連が考えられている。このように、入学直後の時期は、幼児教育の方法を取り入れながら、子どもたちが見つけたことを拾って、生活科を中心として他教科と合科的・関連的に指導することが効果的なのである。そして、徐々に小学校の学びのスタイルに移行していくのである。

　では、それぞれの教科の授業において、子どもたちはどのように小学校の学びのスタイルを獲得していっているのだろうか。白川ら（2009，2010）は、小

第Ⅱ部　子どもの学び

学校1年生の「体育」「音楽」の授業と「朝の会」の観察を通して，子どもたちの「つまずき」や「とまどい」の様子，それに対する教師の対応を分析し，その後，担当教員との意見交換を行った。また，1年生担任全員に1年生が入学直後にどのような「つまずき」や「とまどい」があるのか，そして，教師はどのように取り組んでいるのかについてアンケート調査を実施した。その結果，朝の会の観察で，担任が「係からの連絡です。お知らせのある人はいますか？」と尋ねた際に，学習係の子どもが「プリントは，今配りますか？」と質問した。その時，担任は，「今は係からのお知らせの時間です。○○ですか？とハテナがつくものは質問と言います。今は質問の時間ではなくお知らせの時間です。質問は休み時間に先生のところに来るようにしてください」と注意をし，質問とお知らせの違いを明確に子どもたちに教えていた。

　これらのエピソードについて，担任との意見交換で確認したところ，「1年生の4月は小学校6年間を通して必要なことがらを学ばなければいけないが，このような学びがなければ快適な学校生活を送ることができない」との考えにより，「学習への参加の型」を伝えているとのことであった。

　全5回の意見交換の中では，幼児期までの子どもたちの「学びの芽生え」について理解を深め，子どもの発達段階に合った「学習への参加の型」の伝え方などについて検討を行い，実際の授業の中でも子ども一人ひとりの個人差に応じた関わり方に変化が見られた。次に，1年生担任へのアンケート調査の結果，学校全般における「つまずき」や「とまどい」としてあげられた回答は，①登下校，②身の回りの整理整頓，③休憩時間の過ごし方，④友人関係，⑤空間認識，⑥コミュニケーション，⑦活動場所に分類された。また，授業中の「つまずき」や「とまどい」としてあげられた回答は，①トイレに行くこと，②言葉づかい，③発表の仕方，④学習面に分類された。それぞれに，「つまずき」や「とまどい」への教師の取り組みを回答してもらったところ，例えば，休憩時間の過ごし方で，着替え，トイレ，授業の準備などにどのように時間配分をすればよいかわからない児童が多いという実態があり，その対応としては，学校めぐりの際に説明をしたり，時計を見えるところに置いて時間を意識させたり，黒板に具体的な指示を書いておくなど，様々な工夫がなされていることがわかった。

　本研究の調査対象校は，自治体のスタートカリキュラム推進校ではなかった

が，スタートカリキュラムを推進している小学校であっても，接続期には子どもたちの様々な「つまずき」や「とまどい」が見られることが予想される。小学校教諭は，子どもたちが「参加の型」をスムーズに学べるように一人ひとりの個人差に合わせた細やかな対応が求められているのである。

3. これからの保幼小連携

　前述したように，様々な自治体において接続期カリキュラムの開発がなされてきている。横浜市が開発した「アプローチプログラム」の取り組みは，今後全国に広がっていくであろう。しかしながら，それぞれの自治体によって地域の特徴は様々であり，接続期カリキュラムのモデル版をその地域の特徴に合ったものにカスタマイズしていく必要がある。または，そのようなモデル版を用いるよりも，自治体内の関係者間で丁寧に対話をしていく中で独自の接続期カリキュラムを開発したほうが共通理解が生まれて息の長い取り組みへとつながることも考えられる。

　接続カリキュラムの先駆的な取り組みは公立の幼保と小学校が中心であるが，私立の幼保が独自にカリキュラムを開発するのは人的・物理的・時間的にもコストが高いことが予想される。そのため，子ども同士の交流を年に1回のみだけ実施しているという幼保もあるであろう。

　学習科学の研究者には，このような現状を踏まえたうえで，それぞれの地域のニーズにあった接続期カリキュラムを保育・教育現場とともに開発し，それを Plan-Do-See-Action のサイクルの中に入れ込んで，常に評価・検証し，質の高いデザイン開発を目指していくことが求められている（Column 2 も参照）。

第Ⅱ部　子どもの学び

第6章
初等中等教育における学び

1節　小学校国語科「話すこと・聞くこと」実践における教育心理学の応用

　これまでにも，国語科教育においては，「話すこと・聞くこと」の指導計画（カリキュラム）の作成を通して，学年発達を考慮に入れた指導の具体化が数多く試みられてきた（例えば，山元，2002）。また，学習指導要領に記載された「話すこと・聞くこと」の能力観についても，これまでにも多くの議論がなされてきた（例えば，倉澤，1951；首藤，2010）。しかしながら，各学年で指導の対象となる能力の学年発達の妥当性については，十分な検討がなされてきたとは言い難い。さらに，学習指導要領における「話すこと」と「聞くこと」の能力が，相互にどのような関係にあって高まっていくのかについて検討した学習指導・評価に関する実践的研究は，今のところ見当たらない。

　本稿では，教育心理学の視点から，国語科教育における「話すこと・聞くこと」に焦点を当て，児童に身につけさせるべき能力を吟味するために，系統的な指導・評価に取り組んだ実践的研究の内容を報告する。

1．教育心理学における「話すこと・聞くこと」の実践的研究

　これまで，就学時以降の子どもを対象に行われてきた言語発達研究の数は，文章理解や文章産出といった「読む力」や「書く力」についての文字言語能力に関する研究が相対的に多く，「話す力」や「聞く力」の音声言語能力に関わる研究は少なかった。このことは，NII学術情報ナビゲータのCiNii Articles

で「読み，小学，発達」などをキーワードにして検索をかけ，ヒットした件数を調べても明らかである。

　一方，教育心理学をはじめとした心理学の分野では，談話（会話，話し言葉，音声言語）を取り巻く状況（相手や場）や，相互作用を考慮に入れた実践的研究が数多くなされてきた。ところが，これまでに行われてきた研究の多くは，子どもの音声言語能力の自然発達の様相を詳細に観察，記述することに重点が置かれ，「話すこと・聞くこと」の各能力についての学習指導・評価法の改善に資する十分な提言を行うまでには至っていないのが実状である。

　秋田ら（2002）は，児童の話し合い活動場面における談話分析の結果をもとに，話し上手・下手，および聞き上手・下手の観点から，話し方・聞き方のスタイルを4つに分類した。さらに，4つのスタイルについて，授業中における話し合い活動への参加の仕方や，授業後に行われた授業内容の振り返り（再生）方法やその中身から，各スタイルの質的特徴をまとめた。具体的には，話し上手・聞き下手に分類される児童は，授業内での発言数は多いものの，話し合いの流れを意識していないことや，話し下手・聞き上手に分類される児童は，自発的な発言はないものの，教師や他児の発言を注意深く聞き，よく覚えていたことなどが示された。

　また，臼井ら（2005）は，小学校5年生で，授業中に発言する回数と授業直後に仲間の発言を再生した数との関係を調べた。そして，発言数の少ない児童でも，仲間の発言の内容をよく覚えている子どもが少なくないことを見いだした。このことは，話すこと（自分が発言すること）が少なくても，よく聞く（仲間の発言をよく覚えている）子どもがいることを示すものである。

　さらに，一柳（2009）は，小学校5年生2学級の児童を対象に，児童の「聴く力」に関わる教師評価に加え，教師のもつ指導観や教科の特性の違いにより，児童の聞き方の実態が異なることを明らかにしている。具体的には，1つに，授業中の発言の有無にかかわらず，「よく聴くことができる」と教師から認識されている児童は，能動的に発言内容と発言者に注目し，つながりを意識しながら，自分の言葉で発言をとらえていること。2つに，学習課題の違う教科により，発言のソースモニタリング（誰がどの情報を発言したのかを把握すること）や話し合いの流れをとらえるといった児童の聞き方の特徴が異なるこ

と。3つに、学級により教科による聴くという行為の特徴は異なることが示された。この一柳（2009）の研究は、教師による、児童の実態を踏まえた目標設定の重要性や、教科教育における言語活動の取り入れ方等、言語教育の今日的実践課題に対する示唆に富んだ研究の1つであるといえる。

　このように、これまでの教育心理学研究は、「話すこと・聞くこと」の学習活動を扱った実践的研究ではあるものの、小学校国語科「話すこと・聞くこと」実践における学習指導と評価法の改善に資する十分な検討がなされてきたとは言い難い。その理由の1つに、多くの研究が、「談話」をはじめとした「話し合うこと」を研究対象とし、「話すこと・聞くこと」の各能力についての学習指導・評価法について十分な検討を行っていないことがあげられる。

　本稿では、以下、筆者らがこれまでに行った「スピーチ活動」に関する研究を取り上げ、小学校国語科「話すこと・聞くこと」の学習指導・評価法について教育心理学の見地から検討を行う。

2.「話すこと・聞くこと」の学習指導・評価に関わる教育心理学研究

(1) 児童の話し上手・聞き上手に至る発達的変容についての研究 (1)
　　─話し上手・下手×聞き上手・下手の児童配置に基づく考察【研究1】

　梶井（2011a, 2012）は、小学校国語科における「話すこと・聞くこと」の実践場面、具体的には、スピーチ活動を対象に、児童のスピーチの様子と、児童による他の児童のスピーチに対する評価記述についての教師の評定結果をもとに、話し上手・聞き上手に至る発達的変容について検討を行った。

　対象となった児童および教師は、都内公立小学校の5年生22名の児童（男子13名、女子9名）と、その学級担任と学年主任、および研究推進委員を務める3名の教師であった。

　授業内容と時数は、「体験したことを分かりやすく伝えよう～『私たちの学校生活』」（光村図書、5年上）を材料に、全11時間（書く活動を6時間、話す活動2時間、聞く活動3時間）で行った。書く活動は、特に、文章構成を意識させるために、カードを用いて取り組ませた。話す活動は、「スピーチで大切なこと」（4項目、教科書に掲載）（表6-1）、聞く活動は、「スピーチを聞くときに大切なこと」（4項目、学級担任と学年主任の2名の教師の協議により

作成）（表6-2）を意識させて取り組ませた。

　スピーチに対する児童と教師の評定，および評価活動は，以下の通りであった。

　児童による評定，および評価活動は，「スピーチを聞くときに大切なこと」（表6-2）の内容に沿って行った。なお，評定・評価結果は，「スピーチ評価用紙」に記入した。具体的には，まず初めに，スピーチの仕方について，他の児童らのスピーチに対し，声の大きさや間のとり方，目線などを観点とした記述による評価（いわゆる評言）をまとめた。次に，スピーチの内容について，スピーチをした人が訴えたかったことを1文でまとめた。最後に，評価対象となったスピーチに対し，「とてもよい」「まあまあ」「もっと努力しましょう」の3件法で評定した。

　教師による評定活動は，話す活動と聞く活動について，学級担任と学年主任，および研究推進委員を務める3名の教師で評定を行った。

　話す活動は，スピーチの様子をVTRで撮影し，後日，それをもとに，話すことの学習目標に相当する「スピーチで大切なこと」の4項目（表6-1）に即して，活動の全体的なよしあしを「上手に話せているか否か」，いわゆる「話し上手」「話し下手」の2件法で評定した。

　聞く活動は，児童らによる「スピーチ評価用紙」の記入内容をもとに，聞く

表6-1　スピーチで大切なこと（光村図書，2002）

- ・話す時間に合わせて，内容を整理したり，詳しくしたりする。
- ・スピーチをする場所の広さや，聞き手の人数，機器の有（う）無によって，声の大きさを考える。
- ・初めに，話す内容を大まかにまとめて言う。
- ・聞き手に分かりやすいように，まとまりごとに，間（ま）をおいたり声の調子を改めたりする。

注1：教科書においては，縦書き表記であった。
注2：表中のふりがなは，教科書表記のまま記載した。

表6-2　スピーチを聞くときに大切なこと

- ・友だちのスピーチを聞いて，メモをとろう。
- ・スピーチの仕方は，声の大きさ，間のとり方，目線などが観点です。
- ・スピーチの内容は，スピーチをした人がうったえかったことを1文でまとめましょう。
- ・最後に，以下の基準で評定しましょう。
  A：とてもよい，B：まあまあ，C：もっと努力しましょう。

注1：表中の内容については，児童の実態を踏まえ，学級担任と学年主任の2名の教師の協議により作成した。
注2：表中の内容は，児童に配布した「スピーチ評価用紙」にも記載した。

第Ⅱ部　子どもの学び

ことの学習目標に相当する「スピーチを聞くときに大切なこと」の4項目（表6-2）に即して，スピーチの内容に関わる記述の全体的な善し悪しを「上手に聞けているか否か」，いわゆる「聞き上手」「聞き下手」の2件法で評定した（なお，聞く活動に対する評定の最中に，よしあしの判断に迷う事例がいくつか見られた。このことから，3名の教師による話し合いの結果，「どちらともいえない」という選択肢を新たに設定し，3件法で評定することとした）。

3名の教師による話す活動と聞く活動の評定結果をもとに，話し上手・下手，聞き上手・下手の枠組みに，全児童を配置したのが図6-1である。

図6-1から，話し下手・聞き上手（第2象限），話し上手・聞き上手（第1象限），話し下手・聞き上手と話し下手・聞き下手の間（第2象限と第3象限の間），話し下手・聞き下手（第3象限）の枠組みの順に，配置した児童の人数が少なくなる傾向が明らかになった。

これらのことから，聞き上手になることは，話し上手になるための要件となっていると推察される。言い換えれば，聞き上手を経て話し上手に至るといった発達過程を予測する結果が得られた。

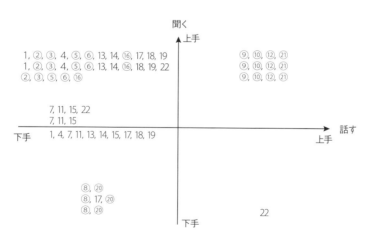

図6-1　話し上手・下手×聞き上手・下手の児童配置一覧（梶井，2012より）

　注1：図中の数字は，児童に割り当てた番号である。
　注2：図中の象限別，および各象限内の行別による番号表記は，3名の教師の評定結果に基づく分布を意味する。
　注3：図中の丸数字が，【研究2】（後述）で研究対象となった児童11名である。

(2) 児童の話し上手・聞き上手に至る発達的変容についての研究（2）
―児童の評定・評価活動の質的特徴に基づく考察【研究2】

梶井（2011b, 2012）は，図6-1に示した配置一覧に基づいて，3名の教師による評定結果が一致した11名を対象に，話し上手・下手×聞き上手・下手の各象限に位置づいた児童の，評定・評価活動の質的特徴について検討を行った。研究の対象および手続きは，【研究1】と同様であった。

教師と児童の評定結果の一致度（カッパ係数）を求めたところ，話し上手・聞き上手の象限に位置づいた2名，話し下手・聞き上手の3名，話し下手・聞き下手の1名の，計6名の児童の評定結果が，いずれも教師による話し方の評定結果と一致する傾向が明らかになった。

さらに，その一致傾向について，児童によるスピーチの仕方，および内容に関する評言の記述を，各象限ごとに分析したところ，質的に特徴が見られた。具体的には，スピーチの仕方に関する評言からは，話し上手・聞き上手，話し下手・聞き上手，話し下手・聞き下手の順に，評価観点が減少する傾向が示された。また，スピーチの内容に関わる評言からは，スピーチ内容とは関係のない表記が目立つ傾向が明らかになった。

これらのことから，スピーチの仕方については，あらかじめ児童らに，学習目標（本研究における学習内容に関わる内容事項）を周知徹底し，意識化させて学習活動に取り組ませることが重要であるといえる。具体的には，スピーチに際し，相互評価活動に取り組ませる場合には，児童らに学習目標を反映させた評価観点・項目を一覧にして示すとともに，チェックリスト化するなどの評価活動自体を簡潔にする工夫が効果的であろう。また，このような工夫を施すことにより，スピーチ内容の聞き取りに十分な注意を払わせることが可能となるであろう。

なお，国語科教育においても，学習目標を意識化させて学習活動に取り組ませること，特に，話す力を育てるためには，意図的，主体的な聞く力を育成することが重要であると指摘されてきた（例えば，藤川，2007，2010）。本研究で得られた結果は，国語科教育における理論の一部を，支持するものとなった。

(3) 児童の話し上手・聞き上手に至る発達的変容についての研究 (3)
—教師の実態把握が児童の「話すこと・聞くこと」の発達に及ぼす影響【研究3】

阿彦・梶井 (2012) は，話し方・聞き方評価観点・項目をもとに，教師による児童への評価（以下，教師評価）と，児童による自分への評価（以下，児童評価）を行い，児童が話し上手・聞き上手に至る発達の様相と学習指導・評価のあり方について検討を行った。

対象となった児童および教師は，都内公立小学校の5年生9名の児童（男子4名，女子5名）と，その学級担任の教師であった。

調査は，2011年5月から7月に行った。教師評価と児童評価は，各2回（教師評価は5月上旬と1学期末，児童評価は6月上旬と1学期末）行った。また，研究開始時の教師評価の値から，話し上手・聞き下手に該当したA児と，話し下手・聞き上手に該当したB児の計2名を，観察対象児として選出した。

教師評価と児童評価の比較については，A児とB児に対する教師評価と児童評価について，統計法による平均値の差の検定を行った。検定の結果，教師が聞き下手ととらえる児童では，2回の時期の間で評価に変化が起きなかった。一方，聞き上手ととらえる児童では，変化が起きたことが示された。

この結果から，聞き下手ととらえられる児童より，聞き上手ととらえられる児童のほうが，「話すこと・聞くこと」の能力が高まりやすい可能性が示唆された。

以上の内容について，具体的に，A児・B児の話し方・聞き方のスタイル類別の変遷をみてみよう。A児とB児に対する，教師評価と児童評価の，話し方と聞き方に対するそれぞれの評定値（平均値）を標準得点化し，話し方・聞き方のスタイル類別の変遷を表したのが図6-2である。

図6-2より，話し上手・聞き下手のA児では，教師評価と児童評価いずれもスタイル類別の見立てに変化はなく（教師評価：話し上手・聞き下手→話し上手・聞き下手と変化なし，児童評価：話し下手・聞き下手→話し下手・聞き下手と変化なし），教師と児童の見立ては不一致であった。一方，話し下手・聞き上手のB児では，教師評価と児童評価によるスタイル類別の見立ては変化しており（教師評価：話し下手・聞き上手→話し上手・聞き上手と変化した，児童評価：話し下手・聞き上手→話し上手・聞き上手と変化した），教師と児童の見立てはおよそ一致した。

第6章 初等中等教育における学び

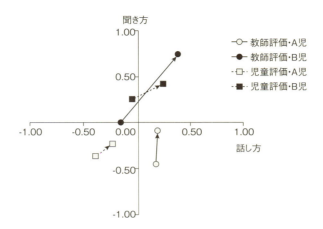

図6-2 教師評価と児童評価によるA児・B児の話し方・聞き方のスタイル類別の変遷
（阿彦・梶井，2012より）

これらの結果から、「話すこと・聞くこと」の指導においては、教師が聞き下手ととらえる児童よりも、聞き上手ととらえる児童のほうが、実態に即した指導を受けやすい可能性が示唆された。

3.「話すこと・聞くこと」の学習指導・評価に関わる研究課題

最後に、本稿で取り上げた研究成果に基づいて、「話すこと・聞くこと」の学習指導・評価に関わる研究課題を2点あげる。

①各スタイルに位置づく児童が、話し上手・聞き上手に至る能力の発達的変容過程を、学習指導要領を反映させた評価観点・項目に即して明らかにすること。そうすることで、各スタイルに位置づく児童らに対し、発達を見据えた具体的な指導を実践することができるようになるであろう。

②評価観点・項目を明確にするのに伴い、その観点・項目を児童らの学習目標に位置づけ、その目標を能動的に達成させることを意図した児童主体の言語活動を開発すること。そうすることで、児童らによる主体的な言語活動を、彼らの言語力の実態に即して柔軟に編成することができるようになるであろう。また、言語環境も教育的意図に即して整備しやすくなるであろう。

第Ⅱ部　子どもの学び

なお，本稿では小学校国語科におけるスピーチ活動を対象にした研究を取り上げた。「話すこと・聞くこと」の他の活動場面や他教科における言語活動場面での教師の学習指導・評価の様相を検討することも課題として残されている。

2節　小学校社会科における学習環境としての教室談話

1. 学習科学からみた社会科教育

　学習科学の立場に立てば教科授業は，従来の「知識習得モデル」に基づく教授主義的授業観ではなく，文化を「継承」しつつ「共有」し，さらに「創造」へとつなげる「知識創造モデル」（第1章）に基づく新しい授業観でデザインされなくてはならない。

　社会科は，中等教育段階になると多くの子どもたちから「暗記科目」としてみなされる（吉田，2012）。このような教科観を子どもたちがもっていることは古くから指摘されている。その原因は中等教育段階の社会科授業にあるとされ，克服を目指す実践も取り組まれてきた。しかし，「社会科＝暗記科目」という教科観には，間接的には小学校における授業のあり方も影響しているのではないか。とりわけ，上で述べた「知識創造モデル」に基づく授業デザインは，小学校社会科の授業においても決して意識されているわけではない。

　学習科学に基づく社会科の授業はどのような観点からデザインされるべきか。学習科学の「知識創造」というスタンスは，知識を得ることを否定するものではない。強調されているのは，知識の「深い理解」（Sawyer, 2006/（訳書），2009）である。「深い理解」が基盤となって「知識創造」がなされるのである。

　「知識の深い理解」と従来の教授主義的授業は表6-3のように異なっている。

　この表から示唆される小学校社会科における授業デザインの指針は次の3点である。1つ目は，子どもの生活経験への着目である。学習科学においては既有知識に基づく学習が重視される。小学校社会科における既有知識の多くは生活経験によるものである。家庭や地域での生活において直接的に経験したものからマスコミ報道やインターネットを介して間接的に経験したものまで多岐に

表 6-3 深い理解 対 伝統的な教室の実践 (Sawyer, 2006／(訳書), 2009, p.3 より転載)

知識の深い理解（認知科学の知見から）	伝統的な教室の実践（教授主義）
・深い学習に必要なのは，学習者が新しいアイデアや概念を先行知識や先行経験と関係づけることである。	・学習者は，教材を自分たちがすでに知っているものとは無関係なものとして扱う。
・深い学習に必要なのは，学習者が自らの知識を，相互に関係する概念システムと統合することである。	・学習者は，教材を相互に切り離された知識の断片として扱う。
・深い学習に必要なのは，学習者がパターンや基礎となる原則を探すことである。	・学習者は，事実を記憶し，手続きを実行するのみで，理由について理解することがない。
・深い学習に必要なのは，学習者が新しいアイデアを評価し，それらを結論と結びつけることである。	・学習者は，教科書で出会ったものと異なる新しいアイデアを理解することを困難に感じる。
・深い学習に必要なのは，学習者が対話を通して知識が創造される過程を理解し，議論の中の論理を批判的に吟味することである。	・学習者は事実と手続きを，全知全能の権威的存在から伝えられた静的な知識として扱う。
・深い学習に必要なのは，学習者が自身の理解と学習過程を省察することである。	・学習者は記憶するのみで，目的や自身の学習方略を省察することがない。

わたる。直接的にしろ間接的にしろ経験のありようは生活文化のありようを反映している。乳幼児期に比べて飛躍的に生活圏が拡張される児童期においても，社会的事象について学ぶ際の知識ベースはそれほど豊かではなく，きわめて個人誌的知識である場合も多い。現象やその変容を実験や観察から直接的に把握できる自然科学的現象とは異なり社会的事象は直接的把握が難しい（藤江, 2013）。それゆえ素朴概念や誤概念も相当含まれうる。それらを棄却するのではなく足場として高度な理解へ向かえるよう教師が支援する必要がある。

　2つ目は，社会的事象をとらえるための枠組みを子どもたち自身が作り出すということである。学習内容となっている社会的事象は授業においては教科書に掲載されているものであれ身近な地域におけるものであれ基本的には事例を通して子どもの前に提示される。そのことで子ども自身は自らの生活経験と対比したりあるいは学習内容に自らの生活経験を結びつけたりしながら知識構築を図ることが可能になる。しかし他方で，その事象に対する個別具体的な知識の習得にとどまってしまう可能性がある。例えば，雪深い地域の暮らしについて，人々の暮らしぶりや春を待つ思い，住宅建築やまちづくりの工夫などについて理解することはできても，人々の生活が気候などの自然環境，交通網や自

治体組織といった社会環境によって規定されていることについての理解は難しい。しかし，知識の深い学習という観点からすれば，社会の構造や機能の点からとらえることができるような枠組みを子どもたちが生成することが求められる。自動車産業と繊維産業の立地条件それぞれについて知っているだけではなく，「産業の立地」という枠組みを子ども自らが見いだして，以降の学習で活用することができるようになることが求められる。子どもが個別の事例を超えて貫く枠組みに気づくような学習課題の設定を教師が行う必要がある。

3つ目は，社会的事象をとらえる枠組みが対話的に構築され，その枠組みについての省察の機会があるということである。子どもなりの社会へのまなざしは生活経験や学習経験の個別性に基づき多様である。同一の社会的事象についての多様な説明や枠組み，あるいはそれらについての表現が表出され，相互作用的に精緻化され共有へと向かう。同時にその枠組み自体の妥当性を再び個別の事象に照らして判断する省察の過程が必要で，事例と枠組みとの往還を教師がうながす必要がある。

以上のように，社会科における知識の深い理解とは，段階的に学習対象となる事例の世界が拡張される中で，既有知識を基盤としつつ知識が関連づき体制化されることである。このような過程を可能にするためには，どのような授業が求められるのか。次項では，教室談話を検討することで，そのヒントを探る。

2．社会科の教室談話から

本項では，小学校社会科授業における教室談話を検討していく。教室談話とは「『教室』という教育実践の場において現実に使用されている文脈化された話しことばによる相互作用」（藤江，2010）である。いわゆる「発言」といった公的な発話だけではなく，つぶやきやふざけ，冗談など教室で生成されたあらゆる話しことばを含んでいる。とりわけ，「文脈化された話しことば」に着目する点が重要である。「文脈化された話しことば」とは，特定の授業や学級の状況において意味の確かさをもち，状況しだいで意味が異なる可能性をもつことば，という意味である。発話が生成された授業進行や課題解決の文脈，活動の形態，学習者集団としての学級の文化や関係性までを視野に入れて「いま－ここ」で生成される言語的相互作用によって成立する授業のありようを明ら

かにすることを教室談話の研究は指向している。

　事例（表6-4）は，小学5年生の単元「日本の水産業」の教室談話である。

　事例は，「養殖ハマチ出荷時の心配事を考える」という課題の解決場面である（藤江，2010）。教師は，ハマチ養殖の仕事について「働く人の姿に気づかせたい」と考えており，本時も生産者の立場からの課題解決を願っていた。教師は「いよいよ出荷で何が心配なんだろう」と子どもたちに問いを発している。それに対して子どもたちからあったのは「腐る」（A児）や，「痩せる」（B児）など，ハマチの状態についての発話であった。「食べられるか」（C児）という発話も生産者の立場からのものであるのかどうか判然としない。

　事例の後半部分に目を転じると，教師は，あらためて「食べられるかどうかっていうのはね，どういうことなの？」と子どもたちに発問した。「腐ってる」（A児）という発話に教師は「困る」ということばを付加して復唱し，さらに前半でのC児の発話を引用して「腐ったら，食べられないことは？」と発話を続けた。それに続き，B児は「食べた人が食中毒を起こして死ぬと育てた人は犯罪者になる」と，消費者の立場から解決しようとしている。一連の発話内容は本時の課題解決の文脈に沿っているが，消費者の視点で「死ぬ」「犯罪」など誇大で飛躍した表現を用いており課題解決の文脈に沿っているともいないともとれる。ブラックユーモア的な発話に「終わっちゃうの人生」（E児）のように追随する子どももみられた。他方，A児は，発話頻度は少ないものの，「生産者にとっての心配なこと」を探ろうと，教師の発問に内容的に対応するように発話をしている。B児やE児の発話を受けて教師は「ってことは，この育てた人たちにとってはどうなるの？」と生産者の立場からの課題解決であることを明確にし，この場面での課題をあらためて子どもたちに提示した。そして，教師の問いに俊敏に反応したA児の「つくった意味が」を復唱しさらに「（意味が）ない」を付加して生産者にとって危機的な状況であることを示唆しつつ「市場へ運べないってことは，その魚は？」と問い，A児やB児とやりとりしながら「ここまで育てるために，費用がかかってる。儲けようと思うのに売れないんじゃなあ」と，心配なことの内実を自ら発話している。この過程で，当初消費者の立場からの発話を重ねていたB児も事例の終末部では，あらためて「心配なのはなにか」について考え始めている。

表6-4　小学5年社会科「ハマチ養殖」発話記録（抜粋）（藤江，2010）

子どもにはハマチ養殖についてのワークシート「ハマチ養殖の秘密を発見しよう」が配付された。ハマチ養殖の仕事の各段階についての4つのイラストが，養殖の作業手順とは無関係に配置されていた。それぞれのイラストには説明文が付されていたが，どれもが未完成のものであった。子どもは，養殖の作業手順に従ってイラストに番号を付すことと未完成の説明文を完成させるという課題に取り組んだ。そのうちの4番目のイラストの説明文は「……いよいよ出荷です。でも，心配なのは，▢」と表示されており，子どもは「心配なのは」に続く文を考えている。「養殖ハマチの出荷に際して生産者が心配していることは何かを考える」という課題に取り組んでいる。

教師	A児	B児	そのほかの子ども
出荷で何が心配なのだろう？	腐る？		
腐る？			
食べられるかどうか。			C児：食べられるか。
何が？		痩せる。へへへ。	
		だ，あれあれ，ハマチ。へへへ。	
ハマチが？			
ハマチが食べられるかどうか。			
心配。何が心配なんだろうか。	魚が死んじゃってないか。		
ああ，死んじゃってないか？			
			D児：共食いしちゃうかも。

[中略：教室下のプールで音楽が流れると，子どもたちはそちらを注目し，授業は中断する]

教師	A児	B児	そのほかの子ども
食べられるかどうかっていうのはね，どういうことなの？	腐ってる。		
腐ってたら困る。			
腐ったら，食べられないことは？		なんか毒っつうか，食中毒っつうか。	
起こしてたら，どうなるの？		死ぬっつうか。	E児：死ぬ。
誰が？		オレ。食べた人が。	発話者不明：人間
			E児：終わっちゃうの人生。
ってことは，この育てた人たちにとってはどうなるの？	つくった意味が。		
		あれ，犯罪っていうか。	
			発話者不明：だから，そのために調べるんじゃない。

つくった意味がない。 そういう魚だったら。逆に，この魚たちはもっていったらだめだってことが，わかったら。どうするわけ？　どうしちゃう？　出荷できるの，できないの？ 出荷ていうのはそれを獲って市場へ運ぶこと。できない。 市場へ運べないってことは，その魚は？ 育てた意味がない。どうして育てた意味がないの？ ここまで育てるために，費用がかかってる。儲けようと思うのに売れないんじゃなあ。心配なのはそういうことなんですね。 なんだろう。なんだろうなあ。 魚が食べられるのか，売れるかどうかですね。	育てた意味がない。	だって，捨てられちゃうんじゃないの。捨てられちゃうから。 心配なのは，えーっと。 心配なのは。	

3. 学習環境という視座

　事例を，「学習環境」という点から分析してみよう。学習環境とは，鹿毛（2010）によれば「学習者を取り囲む外界」の物的要素と人的要素が創出するダイナミズムによって構成される「情報環境」であり，学習者の視覚，聴覚，触覚など五感のすべてを通して経験される情報の総体である。具体的な授業の状況において意味が規定され参加者間で共有される発話の集積である教室談話もまた学習環境であるということができる。教室談話を学習環境ととらえると，授業のコミュニケーションから何がみえてくるだろうか。

　学習科学においては「学習環境をデザインする」ことが重視されている。その主要ポイントは4点ある（図6-3）（National Research Council, 2000）。

　「学習者中心」の学習環境は，学習者が教室に持ち込む知識，技能，態度，信念が大切にされる。教師は談話を通した診断的な学習指導を行う。学習者の既有知識，学校外での文化的実践や言語実践に鋭敏になり尊重することや，教科内容と学習者との間の橋渡しを行うことが求められる。「知識中心」の学習環境は，学習者が社会でうまく適応するための知識や技能を獲得できるよう，

第Ⅱ部　子どもの学び

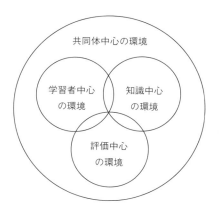

図6-3　学習環境のデザインにおける4つの視点（National Research Council, 2000）

「理解に基づく学習」「転移が生じるような学習」をすることを支援する。教師には，学習者が教科の原理を深く理解すること，「意味がわかる」ことを重視したカリキュラムを考え，学習者と出合わせることが求められる。「評価中心」の学習環境は，学習者にフィードバックを与えたり修正の機会をもたせること，評価と学習者の学習目標とが一体化していることが重視される。教師には形成的評価を行いそのフィードバックを学習支援に活用することや，そのために積極的にICTやポートフォリオなどのツールを活用することが求められる。上述の談話を通した診断的な学習指導は形成的評価とみなすこともできる。学習者の発話への即興的な対応は形成的評価とそのフィードバックのあり方の1つである。「共同体中心」の学習環境は，「学習」を価値あるものとみなす価値基準が，教室や学校，家庭や地域社会などにおいて共有されていることが求められる。学習環境が教育的に意義のあるかたちでデザインされるためには，学習を価値づける文化とその文化に規定されつつ文化を構成する教室談話をどのようにマネジメントするかが教師には求められる。

　以上の4点は学習環境デザインのための側面であり，いずれもが重視されて図のように相互に関連づいていることが求められるのである。さらに，教室談話も学習環境であることを考えると，教室談話にこの4つの側面をどのように見いだすことができるかという視点で談話を検討することができるであろう。先の事例をもとにこのことを考えてみよう。

第6章 初等中等教育における学び

　事例において教師は一貫して「生産者」の立場からの課題解決を求めていた。つまり，知識中心の環境として，産業についての見方としてその産業に従事する人に着目することや「心配」というリスク，そしてそこから逆照射される願いや思いという観点からとらえることが一貫していたといえるであろう。しかし，「心配する」主体があいまいであったため，子どもは教師の意図をとらえられずに子どもなりに「心配」の意味をとらえ発話している。教師は子どもの発話を復唱しながら否定的な評価を下したり発話を禁止したりせずにとりあえずの受容を示しつつ次の発話を探っているようにもとらえられる。その後，後半部分の冒頭で教師はC児の発話を引用しつつ「どういうことなの？」と追究する形で発問し直している。前半部の子どもの発話の中でこの場面の課題解決につながる発話を取り上げており，診断的学習指導という点で，評価中心の環境とみることができる。
　その後，B児による「食べた人が食中毒を起こして死ぬと育てた人は犯罪者になる」との消費者の立場からの発話が続く。B児がこのような発話を生成したのは，自身の生活経験や学習経験において直接的間接的に食中毒に接することがあったからかもしれないし，この場面の前半で「心配する」主体をあいまいにしたまま談話が展開しているからかもしれない。いずれも，B児自身の生活経験や既有知識，授業文脈の読み取りが持ち込まれたものである。教師はこれらの発話をふざけとは断定してはいない。その点では学習者中心の環境が生成されていたといえる。そして，B児の発話を繰り返したり，自らの発話に引用しながら「心配する」主体は誰かを問い返したり，A児の発話を利用しつつ談話を進行させ，B児と対話を続けつつ教師のねらいに授業の展開を戻すタイミングを計っている。子どもの発話に子どもなりの「産業」という社会的事象へのとらえ方を見いだし，それを子ども自身が生産者の営みということも含んで拡張させようとしているが，B児の論理はなかなか変わらない。終盤では教師が生産者にとっての「心配なこと」を自ら発話し提示している。そして子どもは生活経験からは生成されづらい生産者にとっての心配なことである「儲けがあるかどうか」という知識について語ることを通して，養殖漁業についての知識ベースを拡張しようとしている。評価中心の環境をつくりつつ，知識中心の環境につなげていたといえるだろう。消費者の立場に立っていたB児も

第Ⅱ部　子どもの学び

あらためて省察している。

　この場面では、教室に持ち込まれた子どもの生活経験が発話として生成され談話の流れをつくっている。加えて、事例後半にみられるように教師によって、子どもが生活経験からはもち得ない知識が補足され、子どもの経験の質の多様性への対応がなされる。そのうえで、教師によって、産業学習における「生産者＝従事者」の姿への着目という事象の理解の枠組みが導入され、子どもに共有される兆しをみせている。さらに加えて、子どもがそれぞれの経験に基づく知識や思考の多様性を認め合い、生成されつつある社会事象をとらえる枠組みを再吟味するような関係性は共同体中心の環境を構築することによって可能となるのである。学級経営や学校経営のあり方、地域の特質なども含めたデザインと分析が求められよう。

3節　これからの食育を考える

1．なぜ今，食育か
(1) 食育基本法施行と食育推進及びその背景

　2005（平成17）年7月15日に食育基本法（平成17年法律第63号）が施行され、その後「食育推進基本計画」に基づき2006（平成18）年度から2010（平成22）年度までの5年間にわたり国、都道府県、市町村、関係機関、関係団体等様々な主体により「国民が生涯にわたって健全な心身を培い、豊かな人間性をはぐくむための食育」が推進されてきた（清野，2012）。

　国家レベルで食育推進がなされている背景には、日本の食を取り巻く状況悪化に対する懸念がある。かつて（古代から20世紀初頭まで）の日本では、食糧難による栄養の欠乏や、高糖質・高食塩の食事、良質なたんぱく質の摂取不足などが深刻で、平均余命をはじめとする健康の諸指標は低水準であった（香川，1997）。一方、近年、食糧・食料難脱却による栄養改善はなされたものの、食を大切にする心の欠如、栄養バランスの偏った食事や不規則な食事の増加、肥満や生活習慣病の増加、過度の瘦身志向、食品の安全性の問題の発生、食料の海外への依存、伝統ある食文化の喪失など多岐にわたる食の問題が指摘されている。

(2) 食育の概念

　食育基本法は食育推進の嚆矢となったが，食育の具体的な取り組みや内容については，この言葉を使う側によって様々である（森田，2004）。

　内閣府が主催する食育推進有識者懇談会（2007）が取りまとめた「食育推進国民運動の重点事項」（内閣府）では，食育の概念の体系化が図られ，「食に関する基礎の習得」（食を通じたコミュニケーション，食に関する基本所作），「食に関する基礎の理解」（自然の恩恵等への感謝，環境との調和，食文化，食料事情ほか），「食に関する知識と選択力の習得・健全な食生活の実践」（食品の安全性，食生活・栄養バランス，食生活リズム）といった分野が示された。このことからも「食育」という言葉の概念には，非常に広範な内容が含まれることがうかがわれる。

(3) 食育と初等中等教育

　学校における食に関する指導は，これまで，給食の時間，家庭科，技術・家庭科や体育科，保健体育科をはじめとする各教科や特別活動，総合的な学習の時間などを通して行われてきた（文部科学省，2010）。例えば，石井（2012）は，家庭科と食育との関わりについて，家庭科におけるこれまでの食教育の内容と照らし合わせながら論じている。そして現在，学校では，特定の教科等に限定することなく様々な教科等を関連させながら，学校教育活動全体で総合的に食育をよりいっそう推進させることが求められている（文部科学省，2010）。また，食に関する指導の効果を高めるために，学校内の取り組みにとどまることなく，学校，家庭，地域の連携・協力体制をつくることが必要とされている（文部科学省，2010）。

2．食育における研究と実践の橋渡しについて

　研究を教育実践に組み込むことの重要性や課題については様々な先行研究から指摘されている（例えば，Slavin，2006）。食育において，どのような研究成果をいかに学校教育活動に組み込んでいけばよいかについて，次の2つの事例を紹介しながら論じる。

第Ⅱ部　子どもの学び

(1) 小学校社会科における食育を視野に入れた教材開発及び教育実践
—「土佐の風土に根ざした地域教材開発研究」

　筆者は先行研究（柴ら，2014）において，食育を視野に入れた小学校5年生社会科単元「水産業」の教材開発及び教育実践を行った。授業実践は，表6-5に示したように，2012（平成24）年11月～2013（平成25）年2月にかけて高知市内の公立小学校にて計13時間にわたり実施された。以下にその概要について紹介する。

①教材開発及び教育実践の概要

　本取り組みは，地域教材開発，学際的協働，学習サイクルを組み込んだ学習活動，産学交流，デジタル・ツールの活用を特徴とするものであった。

　地域教材開発：高知においてカツオはなじみ深い魚である。教材開発にあた

表6-5　授業実践（小学校5年生社会科単元「水産業」）の流れ

授業実施日・時間	授業内容
2012年 11月12日（月） 3・4時間目	・導入 ・①生態編 ・かつおクイズの答え合わせ ・児童がグループ活動において作成したワークシートの確認
11月13日（火） 2・3時間目	・②流通編 ・かつおクイズの答え合わせ ・ワークシート確認
11月15日（木） 5時間目	・①生態編～②流通編までの確認 ・ワークシート整理
11月19日（月） 3時間目	・これまでの振り返り
11月20日（火） 3時間目	・土佐佐賀漁港取材の様子や流通・漁業経済に関する話（大学教員：経済学）
11月29日（木） 5・6時間目	・③料理編 ・中央市場取材の様子やカツオ加工についての話（大学教員：食物学） ・本枯節木琴の披露（大学教員：音楽教育学） ・ワークシートの審査
11月30日（金） 1・2時間目	・商品開発会議 ・かつおジャーキーのキャッチコピー及びイラストを考案
12月5日（水） 3時間目	・確認テスト ・授業アンケート
2013年 2月19日（火） 1時間目	・かつおジャーキーPRのシール及びポスター贈呈式

り，地域に根ざした教材であるとともに食育につながる教材という観点を重視した。そのため，カツオの生態から食に関する内容までを含む「生態編」「流通編」「料理編」の3つの内容領域を設け，カツオという魚について知り，カツオがどのように捕獲され流通し，最終的にどのような形で食卓にのぼるのかを小学校5年生社会科単元「水産業」に組み込んだ。

　学際的協働：学習内容や学習方略については，それぞれ教育学，食品化学，経済学・商学，家政教育学，食物学，音楽教育学，デザインを専門とする複数の大学教員と授業実践者である小学校教員とが協働しながら開発した。

　学習サイクルを組み込んだ学習活動：授業の導入部では，「かつおクイズ」を行い児童の関心を引きつける工夫を行った。授業では，教師による知識教授だけでなく，5人程度の児童で構成される班ごとの活動時間を多くとり，ワークシート作成を柱とする協同的学習が行われるよう配慮した。そして，授業の最後には，授業内容の再確認・定着をうながすためにまとめを行うようにした。このように，「導入→協同的学習→まとめ」の一連の学習活動を，「生態編」「流通編」「料理編」において繰り返すという学習サイクルにより，カツオについての多様な知識を積み上げ，より高度で多角的な理解をうながすことを意図した学習活動の枠組みを設定した。

　産学交流：地域教材開発・授業実践に際し，大学教員は，専門的知識や研究の知見を学校現場に教授したり，各々専門的見地から把握した地域水産業・生産現場の実態について情報提供した。一方，学校現場は，教科書に準拠しつつどのような知識をどのように教授するかという，学習内容の選定及びわかりやすい教授法の追求と授業実践を行った。

　デジタル・ツールの活用：教材として，パワーポイントでの提示や，児童によるiPad（Apple社）を利用した学習教材，動画の視聴など，デジタル・ツールを多く活用した。例えば，iPadを利用して，捕獲されたカツオがどのような経路を経て食卓に届くかを冷凍カツオと生カツオのそれぞれの場合について理解できるよう工夫した学習教材を開発した。この教材では，iPad上で，船上でのカツオ一本釣りや水揚げ，漁港でのセリ，輸送といった流通関連場面の写真のうち1枚を選択し，指でタップ・アンド・ドラッグして，空白の黒枠内に流通経路順に並べていくという操作ができるようになっている。

②本教材開発及び教育実践の意義と食行動変容の重要性

　本取り組みにより，児童は人・こと・ものと関わりながら知識獲得や探究活動の楽しさを感じて学習することができていたと授業実践者は評価した。また，児童のカツオに対する日常的な意識や思い入れが強いものとなっていったと報告している。学習意欲の向上や知識習得，カツオに対する愛着の醸成という点において成果が見られたことは，社会科はもちろん，食育においても少なからず意義のあることである。

　一方，「平成24年度 水産白書」（水産庁，2012）では，日本が自前で入手できる水産物の利用促進による食料安全保障（自給率向上への貢献），健全な食生活を通じた国民の健康の維持，地域に根ざした魚食文化の維持・継承という3つの観点から，水産物の消費の減少に歯止めをかける必要があるとしている。国民の魚介類摂取量を向上させるためには，個人の食行動を変容させることが必要不可欠である。換言すると，食育においては行動変容に至らせるという視点が肝要であり，そのための理論的枠組みが必要であるといえる。

(2) 行動変容理論に基づいて開発された食品衛生教育プログラム「Now You're Cooking…Using a Food Thermometer!」

　いかにして行動変容をうながす食育の枠組みを考えればよいか。この問いかけに対する示唆として，米国ワシントン州立大学のVirginia Hillers博士とアイダホ大学のSandra McCurdy博士らの研究グループによって開発された食品衛生教育プログラム「Now You're Cooking…Using a Food Thermometer!（さあ，調理用温度計を使って料理しよう）」（以下，NYCと略す）を紹介する。

　NYCは，2つの行動変容理論，すなわちトランスセオレティカル・モデル（transtheoretical model：以下，TTMと略す）とヘルス・ビリーフ・モデル（health belief model：以下，HBMと略す）に依拠した高等学校・家庭科用の教材で，食品衛生上望ましい行動の獲得を目的としている。具体的には，肉類の不十分な加熱による食中毒を予防するために，ハンバーガーのパテやポークチョップ，鶏の胸肉，ソーセージのパテなどを調理する際，調理用温度計を用いて肉類の内部温度が十分に上がっているかどうかを確認しながら調理を行うという行動を習得させることを目指していた。

①食品衛生教育プログラム NYC 開発の背景

　NYC が開発された背景には，米国における食中毒発生状況が深く関係している。米国疾病予防管理センターによると，米国では，毎年，およそ 7,600 万人が食中毒を発症しており（Mead et al., 1999），これは国民の約 4 人に 1 人が食中毒の危険にさらされている計算になる。また，国民の多くは適切な食品衛生に関するスキルを習得しておらず，不適切な調理が原因の食中毒が多発していることが報告されている（Medeiros et al., 2001）。

　肉類由来の食中毒原因菌としては，カンピロバクターやサルモネラ菌，腸管出血性大腸菌 O157 などがあげられるが，これらの菌は適切な温度で加熱することにより死滅する。そのため，調理用温度計を用いて内部温度が十分に上がっているかどうかを確認しながら肉類を調理することにより，確実に予防することが可能となる。米国農務省（USDA）は，肉類などを調理する際，調理用温度計を使用することを推奨している（USDA ホームページ，2011）。

② NYC 開発に適用された行動変容理論：TTM と HBM

　NYC では，若い世代に食品衛生教育を行い正しい知識を習得させるだけでなく，食中毒予防行動を実践し習慣化できるようにうながす手だての必要性が強調されており，そのために行動変容理論に基づいた教授方略の導入が重要としている（Edwards et al., 2005）。行動変容理論とは，健康を保持・増進する行動に影響する変数やそうした変数間の関係について明らかにした理論の総称である。NYC には，TTM と HBM という 2 つの行動変容理論がプログラムに組み込まれている。

　TTM は，プロチャスカら（Prochaska et al., 1992）によって提唱された「変容ステージ（stages of change）」「変容プロセス（process of change）」「意思決定バランス（decisional balance）」「自己効力感（self-efficacy）」の 4 概念から構成されるモデルである（Wright et al., 2009）。健康行動の決定要因あるいは変容過程を把握・説明する「説明モデル」としての側面と，個別最適化介入をデザインする枠組みを提供する「介入モデル」としての側面の両方を併せもち（Burbank et al., 2002；堀内ら，2010），健康教育の研究及び実践の両領域においてよく使用されている（笠原，2006）。

　行動変容過程を各人の行動変容に対する準備性に基づいて 5 つのステージに

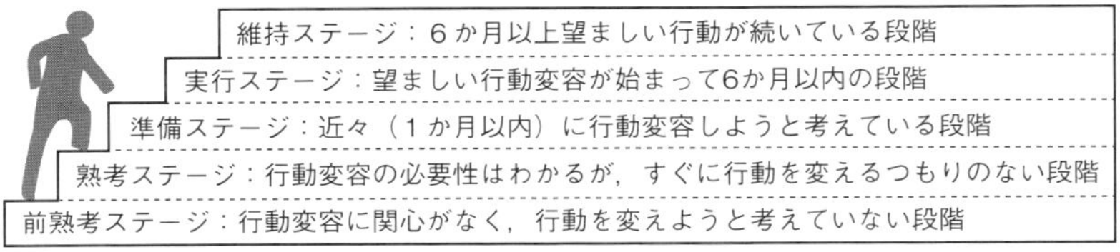

第Ⅱ部　子どもの学び

```
維持ステージ：6か月以上望ましい行動が続いている段階
実行ステージ：望ましい行動変容が始まって6か月以内の段階
準備ステージ：近々（1か月以内）に行動変容しようと考えている段階
熟考ステージ：行動変容の必要性はわかるが、すぐに行動を変えるつもりのない段階
前熟考ステージ：行動変容に関心がなく、行動を変えようと考えていない段階
```

図6-4　トランスセオレティカル・モデルの変容ステージ

分類したものが変容ステージ（図6-4）であり、行動変容が円滑にうながされるよう10の変容プロセス（「意識の高揚」「ドラマティック・リリーフ」「自己の再評価」「環境の再評価」「社会的解放」「反対条件づけ」「援助関係」「強化マネジメント」「自己解放」「刺激コントロール」）が設定されている。変容プロセスとは、変容ステージ間の移行期に現れる認知的・行動的方略で、行動変容に最も効果的なアプローチを指す。TTMでは、変容プロセスの概念を活用しながらそれぞれの変容ステージごとに適した介入を行うことで対象者のステージアップを図り、最終的には望ましい行動を習慣化させることを目指す。

HBMは、1960年代にローゼンストック（Rosenstock, I.）によって提唱されたモデルを端緒として1970年代にベッカー（Becker, M. H.）らが発展させたもので、健康関連行動に関わる要因構造をモデル化したものである（家田ら、1981；森谷、2007）。HBMは、本人が病気についてどのように感じているかという信念が行動には必須であり、疾病にかかる可能性や、疾病の重大さなどに対してどう感じているかを知り、信念が変わるように働きかけることで行動が変わるというモデルである。

③ NYCにおける教材と授業構成の概要

NYCでは、HBMの概念である「疾病に罹る可能性の自覚」や「疾病の重大さの自覚」をうながしたり、TTMにおいて行動変容に必要とされる動機づけをしたり自己効力感を高めるよう工夫された教材（レッスンの概要をまとめたパンフレット、ビデオ、レシピカード、パワーポイント資料、教師用資料）が開発されている。レッスンは4つのパートから成り、50分の授業を想定した内容構成となっている。

レッスン1では、いつ、なぜ調理用温度計を使って肉類を調理する必要があるのかなどについて、パワーポイントのスライドやビデオ、穴埋め式ノートな

どを用いて教授学習される。レッスン2では，肉類の中に潜む病原菌の説明や，肉の色が加熱すると赤色から茶色になる理由の説明，肉の色が茶色に変化しても火が十分に通っていないことがあることの説明がなされる。このような科学的視点を取り入れた学習を通して，加熱不十分な肉類による食中毒の重大さの自覚や，食中毒への易感染性に関する自覚，食中毒の恐ろしさに対する自覚がうながされるよう工夫されている。ここに，HBM の概念が盛り込まれている。レッスン3では，机上学習だけでなく調理用温度計の使い方を実演することになっており，生徒は調理用温度計の使用方法について実践的に学ぶことができる。レッスン4では，調理用温度計とレシピカードを用いた調理実習が行われる。調理実習においては，火を通し過ぎた肉の質（味，ジューシーさ，固さ）と適切な温度で調理された肉の質とを比較させ，適温で調理すれば，美味しくかつ安全に肉を食べることが可能であることを生徒に体験させる。このような体験を通して，生徒は調理用温度計を使うことに対する自己効力感を高め，温度計を使うよう動機づけられる。自己効力感と動機づけの向上は，TTM において行動変容をうながすのに重要とされる要素である。

④ NYC の特質について

以上のように，行動変容理論である TTM 及び HBM の概念を適用した NYC では，肉類が原因の食中毒予防を図るという観点から，ハンバーガーのパテ等のように「細かく切り分けられた肉（Small cuts of meat）を調理する際には調理用温度計を使用すること」という明確な行動目標が定められており，行動変容理論の概念を援用することにより目標行動への変容を効果的にうながすための様々な工夫がなされていた。実際，NYC の教材を用いて学習することにより，生徒は食中毒や調理用温度計を使用すべき根拠に関する科学的知識を獲得したり，調理用温度計を使うことに対して自信を深めたりしたことが報告されている（Edwards et al., 2005）。また授業後には，肉類を調理する際に調理用温度計を使用するという行動変容に対する準備性が高まったことも報告されている（Edwards et al., 2005）。

学校教育において，安全な食の確保という観点から，食中毒の予防行動への関心を高め，適切な調理操作の実践・定着を通して食中毒予防行動の実践及び定着を図ることは非常に重要である。行動変容理論を授業実践へ組み込む

ことに成功した米国の「Now You're Cooking…Using a Food Thermometer!」（NYC）は，日本の食育のあり方を考えるうえで大いに示唆に富むものである。

3. 食育に求められているもの

　食育基本法の前文では，「様々な経験を通じて『食』に関する知識と『食』を選択する力を習得し，健全な食生活を実践することができる人間を育てる食育を推進することが求められている」（内閣府編，2006）とされており，現在進行中の「第2次食育推進基本計画」（計画期間：2011（平成23）年度から2015（平成27）年度）においては，「『周知』から『実践』へ」をコンセプトとし，「生涯にわたるライフステージに応じた間断ない食育の推進」「生活習慣病の予防及び改善につながる食育の推進」「家庭における共食を通じた子どもへの食育の推進」の3つが新たに重点課題として設けられている（清野，2012）。

　小野寺（2006）は，食生活のあり方は個人の価値観や考え方に負うところが大きいが，食育を浸透させていくことに最大限の努力を傾けねばならない現状が一方では存在していることを指摘している。食育推進にあたり初等教育・中等教育の果たす役割は重要である。本稿で取り上げた2つの事例が示すように，研究と教育実践を相互に紐帯させながら，発達段階と教科横断を考慮して魅力的で効果的な食育をデザインしていくことが今後の課題である。

4節　メタ認知を基盤とした高等学校理科の授業実践の重要性──子どもたちの自律的・協調的な学びを目指して

1. メタ認知を基盤とした高等学校理科における授業実践の意義

　現行の学習指導要領では，児童生徒が課題解決に向けて，自身の学習状況をモニタリングしながら，解決方略をコントロールするといった自己調整的な学習の実現のために，メタ認知能力の育成を意図した授業実践の重要性が強調されている。メタ認知能力は，次期学習指導要領においても，児童生徒に育成すべき資質・能力の1つである教科等を横断する汎用的スキルとして位置づけら

れている（文部科学省，2011c）。

ここで，理科教育におけるメタ認知能力育成の意義について概観すると，筆者は以下の2点に整理できると考えている。まず1点目は，メタ認知が自己調整的な学習を成立するための核となる要素であること（例えば，和田ら，2013）。すなわち，理科教育において，メタ認知能力育成そのものに意義があるという視点である。2点目は，メタ認知が科学的知識の習得といった理科教育における学習目標の実現にポジティブな影響を与えること。すなわち，児童生徒が効果的・効率的に理科の学習目標を実現するために，メタ認知が媒介するといった視点である（この点については筆者の授業実践を詳しく紹介する）。

2. 観察・実験活動における高校生のメタ認知の実態
(1) 高校生はメタ認知を活性化しながら観察・実験活動に取り組んでいるのか？

三宮（2008）は，ネルソンとナレンス（Nelson & Narens, 1994）の先行研究をもとに，メタ認知を「認知についての知識」といった知識的側面と，「認知のプロセスや状態のモニタリング（気づき，予想，感覚，点検，評価）およびコントロール（計画，目標設定，修正）」といった活動的側面に分類している。特に，活動的側面について高等学校理科の観察・実験活動の文脈に応用するなら，例えば，「中和滴定の実験では，中和点を過ぎないように何度も点検しながら，水酸化ナトリウム標準水溶液を滴下しなければいけない」「クロマトグラフィーで光合成色素を同定するために，それぞれの色素の R_f 値を調べる実験を計画してみよう」といった場面がある。このように，観察・実験活動において，高校生は科学的な思考や推論といった認知活動そのものや，認知活動の産物である科学的な知識や記憶などを対象としたモニタリングやコントロールを行っていることが推測できる。

筆者らは，木下ら（2005）が開発した，観察・実験活動におけるメタ認知を測定する尺度（メタ認知測定尺度）を用いて，中学生と高校生（進学校や進路多様校）を対象に質問紙調査を行った（草場ら，2009）。図6-5は，仮説の設定や実験方法を計画するといった「実験前」の場面，具体的な操作・作業を行うといった「実験中」の場面，実験結果を仮説と照らし合わせて考察するといった「実験後」の場面のそれぞれについて，中学生と高校生のメタ認知の状況

第Ⅱ部　子どもの学び

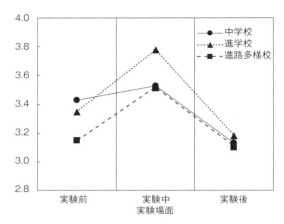

図6-5　実験場面における「自分自身によるメタ認知」の平均値の推移（草場ら，2009）

について示したグラフである。統計的な処理を行った結果，次のようなことが明らかとなった。「実験前」と「実験中」の場面では，特に進路多様校の高校生はメタ認知の働きが低いこと。そして「実験後」の場面は，「実験前」や「実験中」の場面に比べて，進学校と進路多様校の高校生ともにメタ認知の働きが低いこと。メタ認知測定尺度を用いた質問紙調査によって，高校生は，メタ認知を十分に活性化させて観察・実験活動に取り組んでいないことが推測された。

(2) なぜ，高校生のメタ認知は十分に活性化されていないのか？

筆者は，高校生のメタ認知が十分に活性化されていない原因について以下の3点に整理した。1点目は，高等学校理科における観察・実験は，教師による仮説の設定，実験方法の計画，実験結果と考察の手続き化といったように，教師主導・教師誘導型の授業スタイルになっていることである（筆者もかつて高校教師だったときはこのような授業スタイルが中心だった……）。このような観察・実験活動では，生徒が自律的・協調的に仮説を設定し，実験方法を計画し，仮説と実験結果を照合し多面的な視点で考察するといった活動が十分に行われず，生徒のメタ認知が十分に活性化されないのではなかろうか。2点目は，高等学校理科における観察・実験活動の多くが，依然として，生徒がこれから学習しようとする科学的原理・法則を帰納的に導出したり，あるいはすでに学

習してきた科学的原理・法則を演繹的に検証するためだけの手段として位置づけられていることである。もちろん，生徒の科学的な見方や考え方といった自然観を醸成するためには，このように位置づけられた観察・実験活動を体験することは必要なことである。しかし，科学的原理・法則の帰納的導出及び演繹的検証にとどまる観察・実験活動では，生徒が学習してきた科学的原理・法則に関する知識を活用して，現実的な課題を解決する場面がないため，生徒のメタ認知が十分に活性化されないのではなかろうか。3点目は，高等学校理科教員において，メタ認知が学習目標の実現に与える影響についての認識が十分になされておらず，自身の理科学習指導にメタ認知能力育成を意図する必要性をあまり実感していないことである。

3. 高校生のメタ認知活性化を意図した授業実践
(1) 観察・実験活動の位置づけを変える

筆者ら（草場ら，2010）は，特に課題が見られた進路多様校の高校生を対象に，メタ認知活性化を意図した授業実践をデザインすることにした。そこで，湯澤・山本（2002）の理科授業における観察・実験の位置づけに着目した先行研究を参考にした。そして，生徒がこれまでに学習してきた科学的原理・法則に関する知識を活用して，現実的な課題を解決することが，高校生のメタ認知活性化に効果があるという仮説を立てた。つまり，観察・実験活動を科学的原理・法則の帰納的導出や演繹的検証として位置づけるのではなく，課題解決の手段として位置づけたのである。

授業実践の対象となる単元は，化学Ⅰ（旧学習指導要領）「物質の構成」の中の「物質の成りたち」であり，対象となる観察・実験は「混合物の分離・同定」であった。観察・実験の教材には，混合物の分離・同定手法として簡易性，再現性の優れた薄層クロマトグラフィー（TLC）を用いた。具体的に，TLCを用いて，混合物を分離・同定するといった実験内容である。一般的な内容は，TLCで混合物を展開し，各純物質のR_f値を算出し，R_f値が物質固有の値であることを用いて，純物質を同定するといったものである。そのような実験内容に対して，筆者らは，まず，既成のクロマトグラムを用いて，生徒にR_f値が物質固有の値であること，そしてTLCの原理について学ばせた。そし

表 6-6　処遇群に提示した課題 (1)（草場ら，2010）

　みなさんはアミノ酸という物質を聞いたことがあるでしょうか。最近では，アミノ酸入りの食品が商品化されるようになりました。しかし，本来，アミノ酸はいろいろな食べ物の中に多く入っています。魚，豚，牛，鶏などの肉類や，そらまめ，小豆，大豆などの豆類には，特にアミノ酸が多く含まれております。それぞれの食べ物に，それぞれの特有の味があるのは，その食べ物に入っているアミノ酸の種類が異なるからなのです。つまり，食べ物の旨み成分は，まさに"アミノ酸"であるのです。食べ物の中に，どのような種類のアミノ酸が含まれているのかを調べるには，この薄層クロマトグラフィー（TLC）が有用な手法となります。食品化学などの分野では，現在でも，このTLC法による分析が用いられています。
　さて，みなさんに，ある食べ物の中に含まれるアミノ酸を調べてほしいと思います。その食べ物とは「味の素」です。「味の素」はみなさんの食卓にもあるかと思います。「味の素」は複数の物質が混じった混合物ですが，あるアミノ酸が多く含まれていることが分かっています。ここで少しヒントを与えます。実は，「味の素」には，ここにある，グルタミン酸，アミノ酪酸，バリン，ロイシンのいずれかが，多く含まれています。
　実験方法を参考にして，TLCで「味の素」に多く含まれているアミノ酸を調べる（同定する）実験を班で話し合い，計画・実施して下さい。

て，TLCが日常的な場面において，どのように活用されるのかといった文脈を与えた後，TLCを用いて「調味料」に多く含まれるアミノ酸（グルタミン酸）を同定するための課題を与えた（表6-6）。

　そして，生徒たちは，グループで課題解決のための1回目の実験方法を計画し，その後，グループを変えて2回目の実験方法を計画することにした。2回目の実験計画では，まず，1回目の実験計画について班員同士で説明し合い，実験計画を再考することを義務づけた。さらに，各グループの実験結果をクラス全体に共有し，実験方法や実験結果の解釈についてリフレクションさせた。このような観察・実験活動を行った生徒たちを処遇群，一般的なTLCに関する観察・実験活動を行った生徒たちを対照群とし，観察・実験活動後の処遇群と対照群のメタ認知活性化の比較を行った。処遇群に対する授業（処遇授業）と対照群に対する授業（対照授業）において，「観察・実験活動の位置づけ」「実験方法の計画と実施」「実験結果の考察」の違いについて整理したものを表6-7に示した。

　メタ認知測定尺度を用いて，観察・実験活動後の処遇群と対照群のメタ認知活性化について統計的な処理を行い数量的に比較したところ，処遇群のほうが，対照群に比べてメタ認知が有意に活性化されていた。特に，仮説の設定や実験方法の計画といった「実験前」の場面において，メタ認知が活性化されていた。

第6章 初等中等教育における学び

表 6-7 課題解決の手段として位置づけた観察・実験活動（処遇授業）の枠組み
（草場，2010 を修正）

	処遇授業	対照授業
観察・実験活動の位置づけ	科学的原理を活用した課題解決 （生徒の具体的活動） 既成のクロマトグラムを用いて，薄層クロマトグラフィー（TLC）の原理（R_f 値，分離のメカニズムなど）を学習する。その後，TLC の原理を活用して，味の素の主成分であるアミノ酸（グルタミン酸）を同定する課題を行う。	科学的原理の帰納 （生徒の具体的活動） 化学構造が規則的に変化する数種類の直鎖状アミノ酸を TLC によって展開する。そして，それぞれのアミノ酸の R_f 値を算出し，TLC の原理（分離のメカニズム）を導出する。
実験方法の計画と実施	生徒による手続き （生徒の具体的活動） TLC の原理を活用して，味の素の主成分であるアミノ酸を同定するための実験方法を計画する。さらに，異なるグループで 2 回の実験方法を計画する。2 回目は，1 回目の実験計画についてグループ内で説明し合い，実験方法を修正する。	教師による手続き （生徒の具体的活動） 指導者が予め計画した実験方法に従って，観察・実験を行う。
実験結果の考察	科学的知見の共有 （生徒の具体的活動） グループで議論し，味の素の主成分であるアミノ酸を同定する。さらに，各グループの実験結果をクラス全体に発表し，実験方法や実験結果の解釈についてリフレクションする。	教師による誘導 （生徒の具体的活動） 指導者が予め準備した考察手続きに従って，実験結果から TLC の原理を導出する。

そして，授業中の処遇群の発話を調べてみると，純物質，混合物，アミノ酸の性質，TLC の原理に関する知識を対象とした気づきや予想が積極的に行われていることがわかった。また，処遇群は，1 回目の実験計画の説明によって，2 回目の実験方法を積極的に修正していることもわかった。つまり，処遇群では，自身の進捗状況のモニタリングや課題解決のためのコントロールを積極的に活性化していた。さらに，授業後の感想からは，対照群では，「TLC の原理がわかった」「R_f 値の算出の仕方がわかった」といった観察・実験内容そのものに関するものが多かったのに対して，処遇群では，「友だちの意見を聞いて，計画を立てることができた」「先生のヒントから，いろんなことを考えて，自分たちで実験した」といったように，自律的・協調的な活動に関する内容のものが多かった。

(2) 高校生の科学的知識の習得にも効果がある

さらに，筆者らは，処遇群と対照群の科学的知識の習得についても調査を行った。形式の異なる数種類の調査問題を準備し，観察・実験活動終了後に行った。統計的な処理を行い数量的に比較したところ，処遇群の得点は有意に高かった。特に，TLC 以外のクロマトグラフィー（ペーパクロマトグラフィー）の原理に関する転移形式の問題において，処遇群の得点は有意に高かった。このことから，課題解決の手段として位置づけた観察・実験活動は，高校生のメタ認知活性化を媒介して，理科の学習目標の１つである科学的知識の習得にもポジティブな影響があることが推測された。

(3) 進学校の高校生のメタ認知も活性化される

筆者らは（草場ら，2012），さらに，課題解決の手段として位置づけた観察・実験活動を，化学Ⅰ（旧学習指導要領）「物質と化学反応式」の中の単元「化学反応と量的関係」を対象に開発した。多くの教科書では，「化学反応と量的関係」に関する観察・実験活動は，炭酸カルシウムと塩酸の化学反応によって生じた二酸化炭素の質量を測定し，炭酸カルシウムと二酸化炭素の質量を物質量に換算し，化学反応式における物質量比と係数比は同じになることを演繹的に検証するといった位置づけである。それに対して，筆者らが開発した観察・実験活動は，化学反応式における物質量比と係数比が同じにあるという知識を活用して，未知物質の同定を生徒たちが行うというものである（表6-8）。教科書の活動を対照授業，筆者らが開発した活動を処遇授業とし，進学校の高校生（80％以上の生徒が国公立大学への進学希望）を対象に実践してみた。

メタ認知測定尺度を用いて，処遇群と対照群の観察・実験活動後のメタ認知活性化について統計的な処理を行い数量的に比較したところ，先の TLC に関する観察・実験活動と同様に，処遇群のほうが，対照群に比べてメタ認知が有意に活性化された。特に，仮説の設定や実験方法の計画といった「実験前」の場面だけではなく，実験結果から仮説を照合して考察するといった「実験後」の場面においても，メタ認知が有意に活性化された。つまり，課題解決の手段として位置づけた観察・実験活動は，進学校の高校生の課題であった，「実験後」のメタ認知活性化にもポジティブな影響を与えていることが考えられる。処遇

第6章 初等中等教育における学び

表 6-8 処遇群に提示した課題 (2) (草場ら, 2012)

これまでに，化学反応式における係数比と物質量比は同じであることを学習しました。
例えば，塩酸にマグネシウムを加えると，

$$Mg + 2HCl \rightarrow MgCl_2 + H_2$$

で表わされる化学反応がおこりましたね。この化学反応式から，1.0mol のマグネシウムが反応すると，1.0mol の水素が生成することが分かりますね。ここで君たちに課題を与えたいと思います。各班に配ったサンプル管の中に白い粉末が入っています。これから，この粉末を"X"としましょう。今回の実験で用意した塩酸と X を化学反応させて，X の正体を調べてほしいと思います。ここで，少しヒントを与えます。

＜ヒント＞
① X と塩酸が化学反応すると，二酸化炭素が発生します。その際，反応する X と生成する二酸化炭素の物質量比は 1：1 となります。
② この X は，次の物質いずれかです。
　　炭酸カリウム K_2CO_3　　　炭酸マグネシウム $MgCO_3$
　　炭酸カルシウム $CaCO_3$　　炭酸水素ナトリウム $NaHCO_3$

ヒントを参考にして，各班で，X の正体を調べる実験を計画し，実行してほしいと思います。
実験計画は，【実験計画上の注意】と【解決のヒント】をよく読んで行って下さい。さて，この "X" の正体は何でしょうか？

群の「実験前」の発話を調べてみると，2回目の実験方法を計画する場面において，課題解決のための目標設定や実験計画の修正が積極的に行われていることがわかった。そして，「実験後」の発話を調べてみると，実験結果の評価や実験計画の点検が積極的に行われていることがわかった。さらに，処遇群の授業後の感想では，「実験結果をいろんな角度から推測し，予想した」といった内容のものが多かった。このように処遇群の発話や感想からも，生徒はメタ認知を活性化しながら観察・実験に取り組んでいたことが推測された（表 6-9）。

(4) 高校生の実験観の変容にも効果がある

さらに，筆者らは，処遇群と対照群の観察・実験に対する見方や考え方といった実験観の変容についても調査を行った。筆者らが，先行研究に基づき開発した実験観尺度を用いて検討した。実験観尺度は「メタ認知的方略志向」「仮説検証方略志向」「意味理解方略志向」「可視化方略志向」「新しい発見や気づき」「実験プロセスの重視」の6つの下位尺度から構成されている。統計的な処理を行い数量的に比較した結果，処遇群の「仮説検証方略志向」が有意に変容した。処遇群の授業後の感想では，「今回の実験で実験に対する考え方が変わっ

表 6-9　処遇群の観察・実験についての感想 (草場ら, 2012)

実験観の変容に関する記述	■今までの実験だと「AにBをCするとDになる」というふうに何をしていくのかはじめから分かっていました。そして，今回はそのDの部分が分かっていませんでした。今まで何げなくやっていた実験を今回はすごく頭で理解して考えた中でやっていくものだったので，今回の実験で実験に対する考え方が変わった気がします。(男子) ■今までの実験の手順や準備物などはほとんど先生が指示してくれていて，それに従って実験を進めればよかったけれど，今回の実験を通して，自分で考え，自分で実験を進めることの難しさが分かった。でも自分で考えて実験を進めることで，今まで授業で習った知識を実際に利用することができたのでよかったです。そして，班の皆で考えを出し合って，実験を行う楽しさにも気付くようになりました。(女子)
1回目の課題解決の計画時（実験前）に関する記述	■以前は実験のねらいとか，何のための実験とかは考えずに用意されていたものを，ただこなすことしか考えていなかったけど，今回，実験の前にそれを考え，友だちと話し合うということをして，実験しながら考え，以前よりも楽しく集中して取り組むことができた。(男子)
2回目の課題解決の計画時（実験前）に関する記述	■実験結果をいろんな角度から推測し，予想した。今までは今回ほど「予想を立てる」ことはしっかりやっていなかったので大事なことだと思った。班が入れ替わったことで意見を交換し，自分の考えを見直すことができた。(女子)
具体的な操作・作業時（実験中）に関する記述	■実験をする時は，小さな所までしっかり予め決めておかないと，いざ始めた時に，手順が分からなくなってしまい混乱した。観察・実験時では，コミュニケーションを取り合う事と，細かいところまでお互いしっかり確認して行うことが大切だと思った。(男子)
観察・実験結果の考察時（実験後）に関する記述	■実験からの結果は，2回ともあいまいで，スッキリする答えが出てこなかった。そのこともふまえて，次への課題を見つけることができました。そして，実験を何回もする中で，どうしたら失敗するのか，どうしたら上手くいくのかを分かるようになってきました。(女子)

た気がします」といった内容のものが多かった。このように処遇群では，観察・実験とは，自分たちで仮説を設定し，それを検証するために実験方法を計画するものだ，といった実験観が醸成された（表6-9）。

4. 子どもたちの自律的・協調的な学びを目指して

　筆者は，高等学校の理科教師としての勤務を終えて，昨年の春に大学教員（実践的研究者）となった。本稿では，筆者が高等学校の理科教師だったときの授業実践について紹介してきた。これまでの授業実践を通して実感していることは，高校生の自律的・協調的な学びが成立し，理科の学習目標を実現するためには，メタ認知を基盤とした理科授業がとても重要だということである。今後も，実践的研究者の一人として，子どもが質の高い学びを成立するためには

第6章 初等中等教育における学び

どのような学習指導や学習評価が有効であるのか，といった研究を進めていき，理科教師を志す学生，現職の理科教師といった理科教育に携わる多くの方々に，少しでも役に立ちたいと考えている。

5節 これからの評価とICTを活用した指導のあり方

1. 教育における評価の重要性

(1) 評価はなぜ重要か

　学習者が成長していくためには，学習者自身が学習に取り組むことが基本となるが，指導者の導きにより，さらなる向上が可能となるといえる。しかしながら，指導者は単に規定の学習内容を伝達するだけでは不十分であり，学習者の理解状況に合わせて緩急をつけながら指導するほうが効果的であるといえる。そのためには指導者の学習者に対する見取り（評価）が不可欠になってくる。つまり，学習者が効果的に学ぶためには，指導者が学習者の理解状況に合わせて適切な指導をする指導力が求められが，その前提として学習者の理解状況を的確に見取ることができる「評価する眼」が必要といえるのである。

(2) 教育におけるアセスメントの考え方

　日本における評価の一般的な考え方は，「評定のための評価」（evaluation）であるといえる。そのため，小テストや単元末テストで子どもたちの理解度を測定している。また教師は，経験的に子どもの理解状況を確認しながら状況に応じて授業中の指導を変えていく「次の指導に活かすための評価」（assessment）も行っている。しかし，実際の授業をみると，前者は評価に直結しているため非常に意識しているといえるが，後者のアセスメントに関しては，授業展開の方向性を決定する程度にとどまっており，学習者をより深い理解に導くための具体的な指導を前提とした積極的なアセスメントにまで至っていないことが多い。このような状況では，単元末で学習者の理解度がわかったとしても，理解不足に対する指導時間の確保が十分に行えなかったり，理解不足の内容が多すぎて修正できずに進んでしまったりすることにつながるといえる。

第Ⅱ部　子どもの学び

　学習者の本当の理解向上を望むならば，学習途中で常に子どもの理解度や認知過程に着目して積極的にアセスメントを行うことが必要であるといえよう。

　学習途中で子どもの理解度や認知過程に着目してアセスメントを積極的に行う授業は，熟達した教師の指導に共通してみられる。つまり熟達した教師は，授業中に学習者の理解状況を瞬時に判断し，即座に改善のための指導を行うのである。このような授業中に学習者の理解状況を瞬時に判断し，即座に改善のための指導を行う一連の過程は，ダイナミックアセスメント（Dynamic Assessment）とよばれている。

2．熟達した教師が行うダイナミックアセスメント
(1) ダイナミックアセスメントとは何か

　ダイナミックアセスメントとは，上述の「評定のための評価」のように，ペーパーテストの点数だけ評価することに対する批判として提唱されたものであり，「学習者の理解に着目し，理解状況を常に評価し，その評価をもとに積極的に指導に活かす」という考えに基づいた指導と評価が一体となった教育法である。

　ここで重視されるべきことは，指導者が学習者の間違い（理解不足）を判断した場合，指導者はすぐに改善のための指導をする「即時フィードバック」で

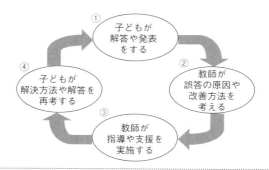

① 学習者の解答や，発表，ノート記録など，現時点での理解状況を表出させる。
② 学習者の間違い（理解不足）と判断した「原因」とその「改善方法」について指導者が検討する。
③ ②で考えた「原因」と「改善方法」に基づいて，間違い（理解不足）に気づかせる。
④ 指導者の指導・支援を受けて，学習者自身が間違いなどに対する解決方法を再考する。
※学習者の修正を指導者が確認し，目標に達していない場合，①～④を繰り返す。

図6-6　ダイナミックアセスメント指導の流れ

第6章 初等中等教育における学び

ある。また,学習者にその改善点を気づかせ,改善の重要性を実感させる「実感する改善」も重要であるといえる。以下,ダイナミックアセスメント指導の流れについて示す(図6-6)。

このような授業の展開は,あらかじめ法則があるものではなく,学習者の状況を見取りリアルタイムに対応するものである。また,教科や領域によって制限されるものではないため,あらゆる学習場面で適用が可能となる。

熟達した教師ならば,ある程度学習者のつまずきや間違い,理解不足等を経験として観点をもって学習者に接することができると考えられる。しかしながら,一般的にはあらかじめ学習者のつまずきなどを想定しておくことがより効果的であり,重要であると言える。

(2) ダイナミックアセスメントの教科への適用事例

ダイナミックアセスメントは,学習者の理解状況を瞬時に判断し,即座に改善のための指導を行うため,スピードが重要であることがわかる。そこでここでは,学習者に素早くフィードバックする点で親和性が高いICT機器(デジタルペン)を活用した小学校5年理科「振り子の運動」(問題:振り子が1往復する時間は,おもりの重さ・振り子の長さ・振れ幅の条件のうち何によって変わるのだろうか)の指導場面の一部を紹介する。

【指導場面①】(重さを変えて,長さ・振れ幅の条件は変えないで時間を測定)

図6-7 (a) のデジタルペンで書かせすぐに提示したAさんとBさんの考察をご覧いただきたい。

まず,各自で書かせた後,2つの記述を用い「これを比べてみてどう? 何

図6-7 (a) AさんとBさんの考察

第Ⅱ部　子どもの学び

【Cさんの考察】
おもりの重さが20gと40gのふりこが1往復する時間は同じだったから、ふりこが1往復する時間はおもりの重さによって変わらない。

比較

【Dさんの考察】
おもりの重さが20gと40gに変わっても、ふりこが1往復する時間はあまり変わらない。

図6-7（b）　CさんとDさんの考察

か気づくことはない？」と言って比較させ、記述の違いに気づかせる。すると児童は、「20gと40gというのが両方に入っている」「Aさんのは、何が20gで何が40gと書いていない。Bさんのは"おもりの重さ"が20gと40gって書いてあるからわかりやすい」と次々に気づいたことを答える。そこで教師は、「20gと40gと書いているけど『何が』なのかがわからないね。みんなのノートには『何が』がしっかり書いてあるかな」と、主語を明確にする必要性に気づかせ、修正をうながすように指導する。

【指導場面②】（重さを変えて、長さ・振れ幅の条件は変えないで時間を測定）

同様の実験で、次にCさんとDさんの考察を事例とした指導場面である。先ほどと同様に教師は、2つの文章を比較させる（図6-7（b））。すると児童は、「Dさんのは、何によって変わらないかがわからない」「Cさんには結論が書いてある」「"あまり"という言葉がいらない」などと答える。そこで教師は、「問題は"おもりの重さは1往復する時間と関係があるのだろうか"だったね。これに応えるように考察を書かないといけないね」と、考察には結論が必要であることに気づかせ、修正をうながすように指導するのである。

このようにダイナミックアセスメントでは、教師は、その場で児童の課題に気づかせすぐに改善をうながしているといえる。

3．次世代の教育で活躍するICT
（1）教育機器の導入で飛躍的に学力が向上したのか

1人1台環境整備がされたコンピュータ教室の普及率に関して、日本教育情報化振興会（2014）によると、小学校が77.1％、中学校が95.7％の割合であった。

また，2013年10月までの段階で電子黒板の小中学校への普及率が75.3％まで達したそうである。文部科学省（2014）によると，2005年3月では6,894台だったものが，2014年3月には82,528台にまで増加し，10年で約10倍にまでなっていることがわかる。また，タブレットの普及が2012年3月では26,653台だったものが，2年後の2014年3月では，72,678台と急速に増加している。このように教育の情報化が進み，次から次へと教育機器が導入され，多様化しているといえる。しかしながら，これだけ教育機器が普及した今，以前と指導方法がどれだけ変わり，子どもの学力がどれだけ飛躍的に向上したのだろうか。

　文部科学省（2011a）の調査によると，93.6％の学校が，教科書の内容に即した「デジタル教材・コンテンツ充実の必要性」を感じている一方で，78.7％の学校が「ICT外部支援人材充実の必要性」を感じているようである。この結果は，教育機器は重要とは認めているものの，教師が活用するには負担感があることを意味しているといえる。つまり，これまでの教育機器の利用は，指導者が教育機器を利用する理論的根拠を十分にもたないまま扱い，学習者の学力の向上に寄与する機器活用の方法を十分検討できていなかったといえる。また，これまでの指導法と機器活用と比べ，効果や指導方法など何が異なるのか，十分に明らかにされないまま現在に至っているのではないかと考えられる。

(2) これからの教育機器の活用

　日本におけるこれまでの教育機器の利用に関する先行研究を概観すると，その多くが教育機器の利用方法や効率的に活用できる利点に着目した実践研究にとどまったものであった。学校現場の使用方法に着目した実践研究は増えてきたものの，その学習効果を客観的に評価するような学術的な研究は多くないというのが現状である。

　実践研究を具体的にみてみると，まず学習意欲に着目した研究がある。しかし，それが「機器を使用することに対する意欲の向上」なのか「学習内容自体に対する意欲の向上」なのか明確になっておらず，「機器が使える場面」という限定的な意欲研究になっていることが多い。また，最近はタブレット等，機器を活用することによる情報共有の利便性に着目したものも増えている。一見，学習集団で情報を共有すれば集団全体で理解が深まるように思われる。し

かし，寺本ら（2014）の情報の提示機能に絞って，「デジタルペン（学習者がノートに書いたものがリアルタイムで提示できる）」「書画カメラ」「板書」の3つの方法で同じ情報を共有した場合の学習効果（小学校理科の考察記述）についてプレ・ポストテスト成績で共分散分析・多重比較を行った研究では，「板書」と他2つは優位差があったものの（$F(2, 104) = 5.84, p<.05$），「提示する」という同じ機能を使った場合では「デジタルペン」と「書画カメラ」は有意差がなかったのである（表6-10）。つまり，新しい機器を活用することで学習効果が生まれるのではなく，育成したい目的を見据えて活用する機能を検討し，学習内容や指導方法に合わせて機器を活用してはじめて学習効果が生まれることがわかる。

このように，これまでは「教育機器の『使用』研究」が多く，学習内容を柱とした指導に，機器はあくまでも学習のためのツールであるという考え方「教

表6-10 教具による学習効果の違い

	ポストテストの推定平均値
デジタルペン群	6.38
書画カメラ群	6.71
板書群	5.03

（共変量：5.26）

表6-11 教育機器研究における「使用研究」と「活用研究」の違い

	教育機器の「使用」研究 （これまでの研究）	教育機器の「活用」研究 （これからの研究）
目的	教育機器を使うこと自体が目的	子どもの学習を促進させることが目的
研究の観点	・この機能は授業場面でどのように活かせるか ・この機能を使った授業はどのような授業展開か ・子どもがどのように機器を使用し，何を制作したのか ・機器機能をどう改善すればよいのか	・この学力を向上させるにはこの機能を活用すると効果的なのではないか ・授業展開にどのタイミングでどのように機器を取り入れるか ・学力にどの程度の向上が見られたのか
ゴール	機器を使用するスキルの向上や授業の効率性の向上，迅速な情報の共有，意欲の向上，機器を使用したことでできた学習成果など	各教科における子どもの知識の定着や思考スキルの育成
使い方	すべての教育場面で機器の特徴的な機能を中心に，できるだけ多くの機能を使用する	目的に合わせ，必要な時に学習に活かせる機能だけを活用する

第6章　初等中等教育における学び

育機器の『活用』研究」があまり行われてこなかった。このような要因としては，これまでは教育工学や認知科学分野のアプローチ（機器機能の活用方法・機器活用の利便性の証明）によるもが主流であったからといえる。

　以上のことから，"子どもの何の学力の向上に資するものかどうか"をあらかじめ検討してから活用すること，教育機器は学習内容や指導法を基本として活用することが重要であることがわかる。教育機器研究におけるこれまでの「使用研究」とこれからの「活用研究」の違いについて示しておく（表6-11）。

(3) 評価ツールとして思考過程を可視化する教育機器の可能性

　近年の世界の教育動向として，OECD-DeCeCo の Key Competencies：キー・コンピテンシー（Rychen & Salganik, 2001）や，オーストラリアの general capabilities：汎用的能力（Australian Curriculum, Assessment and Reporting, 2011），アメリカの 21st Century Skills：21世紀型スキル（Griffin et al., 2012）など，能力を育成するためのプロジェクトが進行しており，単なる知識の暗記ではなく，新しい知識やアイデア，技術のイノベーションのための教育が重視されるようになってきている。

　わが国でも「21世紀型能力」（国立教育政策研究所，2013）は，「基礎力」「思考力」「実践力」の3つの能力から成り立つとしており，「思考力」を「21世

図6-8　21世紀型能力（国立教育政策研究所，2013）

第Ⅱ部　子どもの学び

図6-9　これまでとこれからの学習観の変化

紀型能力」の中核においている（図6-8）。このことからもわかるように，これまでは「知識重視」の学習観であったものが，これからは「能力重視」の学習観に移行してきていることがいえる（図6-9）。

一方，今日の日本の学習環境づくりにおいては，文部科学省（2011b）の「教育の情報化ビジョン」で，「教育の情報化」を進めることにより，言語活動の充実のように，今日求められている教育課題に対して，情報通信技術（ICT）の活用により，より効果的な指導のあり方が検討されている。また，文部科学省（2013）の第2期教育振興基本計画では，ICT機器などによる協働型・双方向型学習の推進が盛り込まれている。このように，今後学校では学習環境としてのICT機器などの活用がますます一般的になり，これからの学力向上のための基礎研究が重要になってきているといえる。

「21世紀型能力」を育成することは，学習の目的が「思考のための能力の獲得」に変化しようとしていると考えられ，「思考の過程」に着目した指導が求められるといえる。つまり，これまでとまったく異なった評価や指導が求められるようになるため，教育の大きなパラダイム転換が起こる可能性があるといえる。

つまり，「思考の過程」をどのように見取り，どのように指導していくべきか，これまでの教育方法では「思考の過程」をどの程度まで顕在化することが可能なのかが，これからの研究に求められると言えよう。

ここからは，上述の背景に対応するため「思考の過程」の顕在化が期待できるツールを紹介する。先述の「デジタルペン」を思い出していただきたい。提示機能だけであれば，これまでの書画カメラと学習効果は変わらなかったあの教育機器である。

デジタルペンは，学習者がノートに書いたものが教師側のPCに一画一画リアルタイムに送信され，クラス全体の進度や記述内容が一度に確認ができるも

第6章　初等中等教育における学び

図 6-10　再生機能は一画ずつ再生される

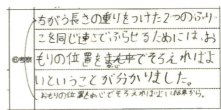

図 6-11　A さんの修正したノート

のであり，学習者個人の記述を全体に提示することが可能である。そのような機能の他に「再生機能」があり，どのような順に書いたかを再生することができる（図 6-10）。

　ここで，理科の考察場面における記述方法の指導事例を紹介する。

　子どもに実験結果を踏まえ考察（結果から考えられること）を書かせたとき，教師は「みんなの考察を見直したとき，初めて見た人でもわかる文章になっているかな」と投げかけ，修正が必要な部分は付け加えたり，消したりするように求めた。A さんは，図 6-11 のように書き加え修正した。これまでは記述し終わった結果だけ見えるため，A さんがどの部分から修正したのかがわからない。しかし，再生機能を活用すれば，複数の修正箇所があっても，A さんが修正した順に再生されるため，A さんの修正した順（気づいた順や修正の優先順）がわかるようになるのである。これを，多くの児童に対して教師が確認したらどうであろうか。これまで，ノートの記述した結果だけで判断していたものが，子どもの理解しやすい順や，気づきやすい順などの傾向が顕在化するようになるのである。

　このように，ICT 機器の機能をうまく活用すれば，これまで難しいとされた子どもたちの思考過程を可視化することも可能となり，それに伴い，今後の能力育成のための指導法の開発につながる可能性を秘めているのである。

第Ⅱ部　子どもの学び

—— column 2 ——
わが国の保幼小の接続の動向

　第Ⅱ部第5章4節「保育所・幼稚園と小学校との連携から接続へ」では，様々な自治体において接続期カリキュラムの開発がなされてきていることを紹介した。文部科学省としても，2015（平成27）年1月に，国立教育政策研究所教育課程研究センターから『スタートカリキュラムガイドブック』を発行した。このガイドブックの発行により，今後，全国の自治体においてスタートカリキュラムがさらに浸透していくことが期待される（『スタートカリキュラムスタートブック』については，国立教育政策研究所HP資料集からダウンロードできる（引用文献参照）。

　このガイドブックでは，スタートカリキュラムの実施にあたって，小学校の管理職がリーダーシップをとり，学校全体で取り組むことが不可欠であるとし，管理職対象のチェック項目が設けられている。保幼小連携が幼稚園や保育所と小学校1年生だけを対象としたものではなく，小学校6年生までを対象としたものであることについても明記されたことによって，小学校1年生の担任が毎年変わったとしても，次年度もスムーズに継続していくことが可能となる。

　さて，国際的な動向に視点を移してみると，小学校就学前の教育が義務教育でない場合は，特に，絶えず乳幼児期の教育が重要であると政府にアピールしなければ予算を確保できない。そこに一石を投じたのが，経済学者ヘックマンとマステロフ（Heckman & Masterov, 2007）の研究である。図に示したように，教育への対投資効果は幼児期のものが最も高く，幼児教育の重要性を示すエビデンスとなっている。その後のヘックマンらの研究成果は，OECD（経済協力開発機構）のスターティングストロングⅢ（SSⅢ）でも紹介されている。米国の3大教育プログラム（ペリープログラム，シカゴプログラム，キャロライナプログラム）の対投資効果を比較した結果，1ドル投資した場合に，ペリープログラムで8.6ドル，シカゴプログラムで7.1ドル，キャロライナプログラムで3.7ドルと，圧倒的にペリープログラムの費用対効果が他のプログラムよりも高いことが示されたのである。ペリープログラムの教育を3〜4歳の子どもたちに2年間与えた場合（クラスの子どもの最大人数13名，保育者と子どもの比率は1：6.5，保育者は学士で有資格者），犯罪率の低下や裁判費用などを含むコストが少なく，貧しい家庭の子どもたちの将来の年収が増加したという研究結果が得られた。

　このように，質の高い教育を幼児期の子どもたちに与えることは，国の経済にもメリットがあることが示されたため，世界的に幼児教育に国家予算を投入する動きが出

てきたのである。そのような流れの中，わが国においても，平成 27 年 4 月より「子ども・子育て新制度」が本格スタートすることになった。この新制度の実施のために，消費税の増収分から毎年 7,000 億円程度の予算が幼児教育や子育てのために充てられることになったのである。

「子ども・子育て新制度」では，子育て支援の量の拡充だけでなく，質の向上も目指すことになっている。質の向上とは，例えば，幼稚園や保育所，認定こども園等の保育者 1 人あたりの担当する 3 歳児の子どもの数を，現行の 20 人に対して保育者 1 人から，15 人に対して 1 人にするなどの職員配置の改善と，質の高い人材の確保と定着のために保育者の処遇改善をすることなどを含む。OECD の SSⅢ においても，保育者の給与が高い方が仕事へのやる気を高めること，保育者と子どもとのより良い関係をもたらすこと，保育者が小学校教員と同程度の給与をもらっている場合はそうでない場合に比べて，児童期以降の子どもの国語や算数の成績が 2 ～ 3 倍高くなるという研究結果を報告している。このように高い給与は優秀な人材を引きつけ，やる気を高め，保育の質を高めることにつながるのである。

国の政策として保育者の処遇改善が進んでいく中，保育の質の向上に大きな影響を及ぼす保育者の専門性の向上については今後も考えていかなければいけない喫緊の課題である。教育先進国である北欧諸国の一つアイスランドでは，保育者養成と小学校教員養成の両課程に共通した「トランジション（移行）」という共通コースが設置されている大学もある。このコースでは，乳幼児期から児童期の子どもの発達を理解し，幼児教育・保育と小学校教育の方法やシステムについて統合したものを共通のコースで学ぶことができるものである。質の高い保育者を養成するためには，「移行」という独立したコースを設置していくことも，今後の学習開発学の視点として非常に重要なポイントではないかと考えられる。　　　　　　　　　　　　　　　　　　　　　　（白川佳子）

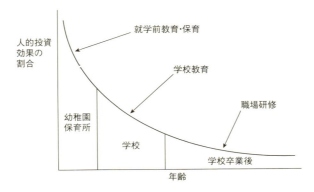

図　不利な子どもに対する人的投資効果の割合（Heckman & Masterov, 2007）

● 第Ⅲ部

大人の学び

第Ⅲ部 大人の学び

第7章
高等教育における学び

1節 21世紀市民リテラシーとしての批判的読解力

1. 21世紀市民リテラシーとは何か
(1) リテラシーとは

　リテラシーは和製英語である。literate の名詞形，literacy が原語とされる。literate は文字 (letter) の知識や学びを意味し，転じて，識字の意味にも使われてきた。識字に関しては，ユネスコを中心として，識字率と社会経済的問題に関する調査が行われている。例えば，識字率が高い国のほうが，購買力平価表示による1人あたりの国民総所得が高い傾向や，女性の識字率が高い国のほうが，5歳未満児の死亡率が減る傾向（図7-1参照）がみられるという結果が報告されている（ユネスコ・アジア文化センター，2009）。これらの結果は，識字，すなわちリテラシーが，社会的，文化的に重要な指標であることを意味するものである。

　しかしながら近年，リテラシーという語の使われ方，意味や解釈が変わってきた。情報リテラシーやコンピュータリテラシーのように，○○リテラシーとして，その領域の情報を読み，書き，活用する能力として使われるようになった。この場合は，その領域で求められる能力の意味として解釈できる。

　さらに，OECDが進めているPISA（Programme for International Student Assessment）とよばれる生徒の学習到達度調査では，様々な能力の中の認知的側面（知識とスキル）をリテラシーとよんで国際比較を行っている。具体的には，15歳の生徒の読解リテラシー（読解力），数学的リテラシー，科学的リ

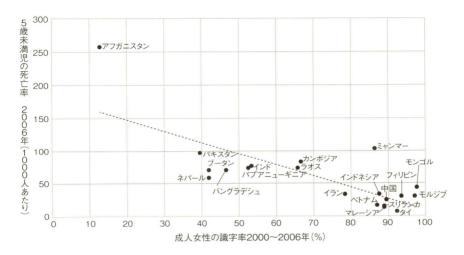

図 7-1　成人女性の識字率と 5 歳未満児の死亡率の関係

テラシーを 3 年ごとに調査し，国際比較をしている。PISA の考え方に基づけば，リテラシーは，「生きるために必要な知識や技能」と定義できる（国立教育政策研究所，2002）。

(2) わが国における 21 世紀市民リテラシー

　21 世紀の一般市民に求められるリテラシーについて，わが国では，その必要性等の議論が高まりつつある。例えば，経済産業省（2007）は，「職場や地域社会で多様な人々と仕事をしていくために必要な基礎的な力」として，社会人基礎力を示している。社会人基礎力とは，図 7-2 に示す 3 つの能力（12 の能力要素）からなり，基礎学力や専門知識を生かす力である。そして，この力を伸ばすために，社会人基礎力育成グランプリを開催したり，実践事例集を公開している。

　一方，文部科学省の中央教育審議会は，21 世紀型リテラシーに対応する資質能力として，学士力をあげている（中央教育審議会，2008）。学士力とは，おもに次の 4 つの資質能力である。すなわち，①知識・理解（文化，社会，自然等），②汎用的スキル（コミュニケーションスキル，数量的スキル，問題解決能力　等），③態度・指向性（自己管理力，チームワーク，倫理観，社会的

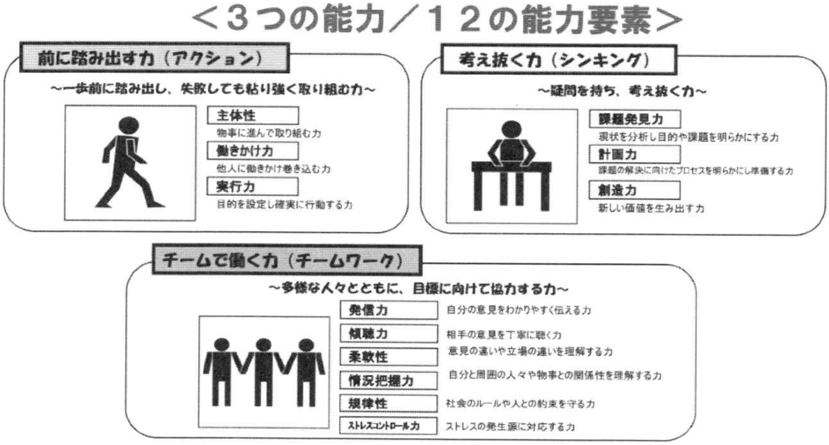

第Ⅲ部　大人の学び

＜3つの能力／12の能力要素＞

前に踏み出す力（アクション）
〜一歩前に踏み出し、失敗しても粘り強く取り組む力〜

- 主体性：物事に進んで取り組む力
- 働きかけ力：他人に働きかけ巻き込む力
- 実行力：目的を設定し確実に行動する力

考え抜く力（シンキング）
〜疑問を持ち、考え抜く力〜

- 課題発見力：現状を分析し目的や課題を明らかにする力
- 計画力：課題の解決に向けたプロセスを明らかにし準備する力
- 創造力：新しい価値を生み出す力

チームで働く力（チームワーク）
〜多様な人々とともに、目標に向けて協力する力〜

- 発信力：自分の意見をわかりやすく伝える力
- 傾聴力：相手の意見を丁寧に聴く力
- 柔軟性：意見の違いや立場の違いを理解する力
- 情況把握力：自分と周囲の人々や物事との関係性を理解する力
- 規律性：社会のルールや人との約束を守る力
- ストレスコントロール力：ストレスの発生源に対応する力

図7-2　社会人基礎力の3つの力（経済産業省ホームページより）

責任　等），④総合的な学習経験と創造的思考力，という4つの資質能力である。ここで注意したいのは，中央教育審議会が「グローバル化する知識基盤社会において，大学の学士課程が国際的通用性を保証する必要がある」と主張している点である。国際的に通用するレベルでの先の4つの資質能力が求められているといえる。

　学士力は大学教育を前提としているが，楠見（2011）は，市民リテラシーを土台にした大学教育を考えている。図7-3は，楠見が考えるリテラシーの構造である。以下に述べる批判的思考をベースに，小中高校で教育する読解・科学・数学リテラシーやメディア・ネット・ICTリテラシー，教養教育に当たる市民リテラシーがあり，その上に大学や大学院で教育する研究・学問リテラシーがある。楠見は，「市民リテラシーは，高次の思考スキルと経済，政治，健康などの対象領域の内容的知識に基づく理解能力・コミュニケーション能力である。これを基盤にして市民は，生活に必要な情報を読み取り，適切な行動を行う」としている。

　もちろんこのような一般市民に求められる力を模索し，それを育成する取り組みを行っているのは，日本だけではない。アメリカでは2002（平成14）年に「21世紀型スキルのためのパートナーシップ」プロジェクトが立ち上がり，翌年21世紀型の学びが提案され，21世紀型スキルが紹介された。その後，21世紀

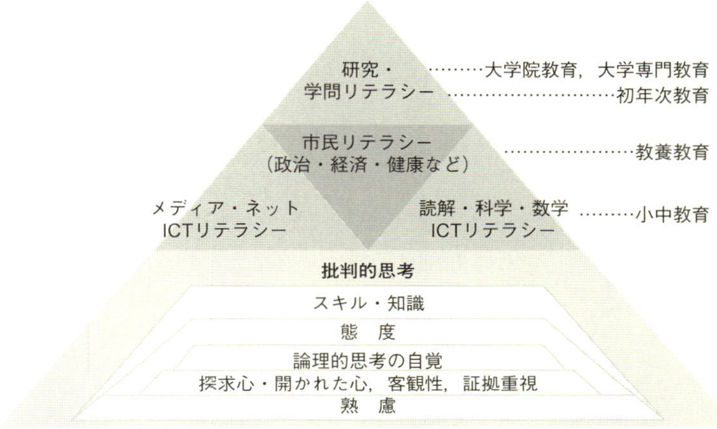

第 7 章　高等教育における学び

```
              研究・          ……… 大学院教育，大学専門教育
           学問リテラシー    ………………… 初年次教育
          市民リテラシー
        （政治・経済・健康など）      …………… 教養教育
  メディア・ネット        読解・科学・数学
    ICTリテラシー           ICTリテラシー    ……… 小中教育
              批判的思考
              スキル・知識
                態　度
             論理的思考の自覚
       探求心・開かれた心，客観性，証拠重視
                熟　慮
```

図 7-3　リテラシーの構造（楠見, 2011）

型スキル（ATC21S）プロジェクトが展開されている。このプロジェクトの白書は，2010年に公開され，日本でも翻訳されている（グリフィンら，2014）。以下では，それについて少し紹介しよう。

　プロジェクトのリーダーであるグリフィン（Griffin, P. E.）は，冒頭の「日本語版出版によせて」の中で，次のように述べている。「私たちは，まだ姿も形もない新しい職業に向けて，子どもたちに準備させる必要があります。・・・教育は，創造性，批判的思考，問題解決，意思決定のできる新しい考え方を，子どもたちに身につけさせようとしています。子どもたちはコミュニケーションやコラボレーションスキルが必要な新しい働き方の準備をしなければなりません。」そして，学校と教育の役割の変化に対応させて，新しい評価システムを導入することを提案している。

　白書の中でビンクレー（Binkley, M.）らは，21世紀型スキルを，10のスキルに整理し，それらを大きく4つに分類した。それらは，①思考の方法（1.創造性とイノベーション，2.批判的思考，問題解決，意思決定，3.学び方の学習，メタ認知），②働く方法（4.コミュニケーション，5.コラボレーション〔チームワーク〕），③働くためのツール（6.情報リテラシー，7. ICT リテラシー），④世界の中で生きる（8.地域とグローバルの良い市民であること〔シチズンシップ〕，9.人生とキャリア発達，10.個人の責任と社会的責任〔異文化理解と

異文化適応能力を含む〕）である。これらのスキルは，アメリカだけではなく，イギリス，ドイツ，ノルウェー，シンガポール，オーストラリアでも教育制度の中に位置づけられている。

　これら10のスキルを眺めてみると，わが国の経済産業省（2007）が示した社会人基礎力や，中央教育審議会（2008）が示した学士力と，ほぼ合致していることに気づく。21世紀を生き抜く若者や子どもたちに，20世紀から生きてきた大人たちが育成してあげられるのは，どんな力なのか，またそれをどのようにして育成するのかの模索は，21世紀を通して考え続ける必要がある。

2．21世紀市民リテラシーとしての批判的思考

　図7-3に戻ろう。21世紀市民リテラシーの基盤に，楠見（2011）は，批判的思考を位置づけた。ここでは，批判的思考とは何か，これを育てるためにどのような研究や取り組みがなされてきているのかを紹介する。

（1）批判的思考とは

　批判的思考には様々なとらえ方がある（道田，2003；平山・楠見，2011；沖林ら，2012参照）。ここでは概念の理解しやすさを念頭に置き，図式化されたものを2つ紹介する。その1つは図7-4に示す道田（2008）による概念図である。この図では問題の発見から解決に至るまでの道筋で，批判的思考の知識，技術，態度がどのように活用されるかが示されている。例えば，見かけに惑わされないという批判的思考の態度は，問題の発見，解の探索，解の評価に関わっている。

　もう1つは，楠見（2013）が批判的思考が働くプロセスを示したものである（図7-5）。まず，①情報を明確化する際に批判的思考が働く。発言や記述からその主張や根拠を正しくとらえることである。次に，②推論するための土台を検討する際に批判的思考が働く。隠れた前提の有無や根拠の信頼性を検討することである。続いて，③推論を行う時に働く。適切な推論を行うことで，偏りのない結論を導くことである。そして，④これらに基づいて行動が決定される。意思決定や問題解決がなされるということである。これらの4つのプロセスに批判的思考は働く。

　またこれらに加えて，これらが適切に行われているかどうかの判断にメタ認

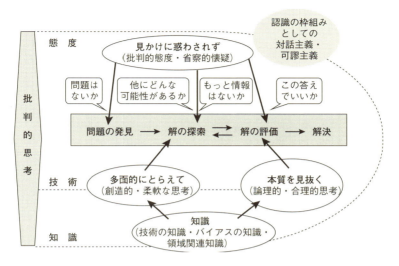

図7-4　批判的思考の概念図（道田，2008）

知が働くが，このメタ認知に対しても批判的思考が働く。さらに，これら4つのプロセスを支えるものとして，批判的に考える態度がある。(a) から (e) の思考態度は，批判的思考にほかならない。

(2) 批判的思考を育てるための研究や取り組み

批判的思考の研究は，大きく2つに分けられる。理論的研究と実践的研究である（道田，2013）。理論的研究は，図7-5に示したような批判的思考のプロセスや批判的思考の仕組みそのものに焦点を当てている。例えば，平山・楠見（2010）は批判的思考尺度を利用して，認識論的信念の尺度を作成した。平山ら（2010）は批判的思考能力尺度を開発し，批判的思考態度尺度と比較した。後藤（2011）は簡易版批判的思考尺度を開発した。これらの研究は，21世紀市民リテラシーとは直接関係しない。

実践的研究は，図7-4に示したような批判的思考の概念を活用し，21世紀市民リテラシーを育てる実践に焦点を当てている。例えば，情報やメディアに関する市民リテラシーに関しては後藤（2012, 2013, 2014）が精力的に批判的思考と結びつけている。中西（2012）は情報教育，末吉・三浦（2013）は政治意

第Ⅲ部　大人の学び

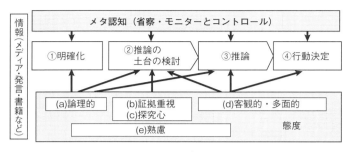

図7-5　批判的思考のプロセス（楠見，2013）

識に対するマスメディアの効果にメディア・リテラシーと批判的思考が影響を与えることを示した。

　初年次教育（中山ら，2010；武田ら，2010；向居，2012），大学生が経験したり，獲得することが望まれる質問経験や学士力などの技能（山田・森，2010；道田，2011），英語のリーディング（峯島，2011），日本語を書く力（大島，2010；林・山田，2012；平柳，2012）が批判的思考を鍛えるという実践が報告されている。またこれまでのものは大学生を対象とした研究であったが，幼稚園で保育者が行う保育カンファレンスが批判的思考に関係すること（中坪ら，2012）や20代から60代の一般人の食品に関するリスクリテラシーに批判的思考が関係することを示した報告（楠見・平山，2013）もある。

　これらの研究は，批判的思考を鍛えることで，21世紀市民リテラシーが育てられることを示唆するものである。

3. 批判的読解力が拓くリテラシー

　筆者は，学術論文読解の中で，大学生の批判的思考を育てる取り組みを研究・実践してきた。本節の最後にそれを紹介する。筆者が論文の批判的読解に着目した理由は3つある。1つ目は読むことが新しい情報の入力という学びの最初の段階にあたるからである。最初の段階にうまく取り組まないと，その後の取り組みが積み重ならない。この段階を適切に越えることで，よいスタートが切れる。2つ目は，論文を批判的に読む行為が大学生になって初めて経験できることだからである。高等学校までは教科書に沿った授業が展開される。教科書

は検定を受けていることもあり，批判的に読むことは抵抗がある。そしてこの初めての経験は，すべての大学生に当てはまる。3つ目は，学術論文を批判的に読む力は，論文を書くときにも役立つと考えたからである。これは図7-5のプロセスではメタ認知に当たる。うまくメタ認知を働かせて読むことができれば，書くときにもそのメタ認知が使えるはずである。

　一連の研究では，一貫して，心理学の学術論文の一部を改変し，初めての者でも批判的な視点で読みやすい文章を作成した。得られた結果は次の通りであった。

① 心理学専攻の大学院生，教育学専攻の大学院生，心理学専攻の学部生を比較したところ，文章の専門領域に熟達している心理学専攻の大学院生は，他の学生よりも，批判的読みが可能であった。また批判の種類にも同様の差が見られた（沖林，2003）。

② 学部生を対象に，改変したところを例として示すガイダンスと，別の論文の善し悪しを判断するという目的をもったグループディスカッションが批判的読解に及ぼす効果を検討したところ，グループディスカッションの効果が認められた。ガイダンスは単独では効果がなかった（沖林，2004a，2004b）。

③ 学部生を対象に，2つの総会発表論文のどちらが内容的に優れているかを3名のグループで話し合う協同的読解活動が，批判的読解の成績を高めた（沖林，2006）。

④ 批判的読解の指導には，②や③のような対面的な指導に加えて，CSCL（Computer Supported Colaborative Learning）などの自己調整学習を促進するツールを使う授業が有効であった（沖林，2011）。

　批判的読解力は，社会人基礎力の課題発見力，学士力では問題解決力につながるものである。図7-3のリテラシーの構造に位置づけるなら研究・学問リテラシーであるが，基板となる批判的思考の育成にも貢献することは言うまでもない。21世紀型スキルでは，「思考の方法の1つ」（p.143参照）である。このように，批判的読解力を鍛えることで，21世紀市民リテラシーを高めることが可能である。

　ところで，本吉（2011）は，批判的思考に優れた者は，ＥＱが高い者と比べ

て，「すごい人だけれど，友達にはなりたくない」存在であるという調査結果を報告している。この調査結果は，批判的思考を鍛えることが，共同体の成員として受容されることに必ずしも結びつかないことを示唆している。しかしながら，本稿で紹介したグループディスカッションや協同的読解が批判的読解の指導に役立つという結果は，協同学習と批判的思考の指導が相容れないものではないことを示すものである。批判的読解力の指導を通して，21世紀市民リテラシーを高める取り組みが，多くの大学等で実施されることを期待している。

2節 外国語教育における文章理解の認知心理学的背景

本節では外国語の学習について3つ検討する。はじめに読解の学習場面を検討する。読解場面における認知的プロセスがどのようなものであるのかを概観し，理論と実践研究の両面から考察する。次に聴解の学習場面における学習者の心理状況を検討する。聴解に関する特定の学習方法を用いた場面で，学習者はどのような心理状況にあるのか，自己効力感などいくつかの尺度を採用して学習者の心理状況を調査する。最後に聴解の学習場面において認知心理学の理論に基づき考案した学習法は，聴解を促進するのかを調査・検討する。

1. 外国語教育における文章理解の認知心理学的背景
(1) はじめに

文あるいは文章として記された情報が，読み手の知識体系に組み込まれる心的過程はどのようなものであろうか。本項では認知心理学における文章理解の研究を最初に概観し，そうした文章理解の研究で得られた知見に基づいて行った外国語教育に関する研究を3つ紹介することで，外国語教育における文章理解の認知心理学的背景を示す。

(2) 認知心理学における文章理解研究
①文の理解とリーディングスパンテスト

認知心理学において，文の理解とは，読み手が文に記された情報を処理し，

第7章 高等教育における学び

それを記憶保持しながら新たな情報を処理して相互に関連づけ，整合性のある心的表象を構築することととらえられている（van Dijk & Kintsch, 1983）。すなわち文を理解する認知的活動はある情報を処理し，その情報を保持したまま他の新たな情報を処理するという，情報の処理と保持の繰り返しといえる。

　この情報の処理と保持の繰り返しの活動を測定する方法としてリーディングスパンテスト（RST）がある（苧阪，2002）。RSTはワーキングメモリの個人差を測定するために開発されたテストである（Daneman & Carpenter, 1980）。RSTでは，処理と保持のトレードオフが読みの過程において起こると想定されている。処理にかかる負荷が重いとき，その分だけ少ない資源しか保持に投入できないことになる。つまり読み手がもつ一定の認知資源を，処理と保持にどのように配分するのか，資源配分を要求するテストである。

　デーネマンとカーペンター（Daneman & Carpenter, 1980）が開発したRSTを簡単に説明する。このテストではカードに提示される短文を音読しながら意味を理解し，赤い下線が引かれている単語の記憶を読み手に要求する（図7-6参照）。読み手は，提示された情報の意味を理解しながら音読することで，処理にワーキングメモリの認知資源を割く状態を作り，もう一方で指定された単語を覚えるという保持にも認知資源を配分する必要がある。与えられた文を理解しているかどうかは，読み方が自然なイントネーションや区切りをしているかで判断される。指定された単語を記憶保持するために，不自然なイントネーションや区切り方で音読した場合，文を適切に処理していないと判断されて加点されない。課題は2文条件から5文条件まであり，1文条件では1文を音読し終わった段階（白紙カード）で指定された1つの単語を実験者に口頭で

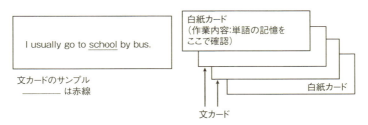

図7-6　リーディングスパンテスト・カードの提示例：2文条件の場合（苧阪，1998より）

伝える。同じように5文条件では，5文を音読し終わった段階で5つの単語を口頭で伝える。RSTが個々人の文章理解の程度と相関することが多くの実験から明らかになっているが，それは単語を処理した上で保持をし，さらに新しい情報を処理させるという課題の性質が大きな意味をもつ（Turner & Engle, 1989）。RSTは外国語の一般能力測定テストとの相関も確認されている。バークィスト（Berquist, 1997）は被験者にとって第二言語である英語のRSTを実施し，TOEICリーディングセクションとRST得点との相関関係を報告している。さらにハリントンとソイヤー（Harrington & Sawyer, 1992）もTOEFLのリーディングセクション得点とRST得点とのあいだに有意な相関関係を発見しており，外国語の文章理解との関係が実証的に確認されている。

②文章理解と3つの記憶表象

　認知心理学の分野で行われてきた研究では，1つひとつの「文」ではなく，複数の文によって構成される「文章」の記憶表象は，どのように構築されるととらえられてきたのであろうか。認知心理学の分野においては，文章理解を読み手が文章に即して構築する記憶表象ととらえる点で，多くの研究者が一致している。読み手がある文章を読んでその内容を理解する，という文章理解の過程は，読み手がある文章の意味の表象を文間を越えて心内に構築していき，それを記憶保持しながら読み進めて新たな情報を処理していくものであると考えられている（Bransford et al., 1972；Mani & Johnson-Laird, 1982）。すなわち，文章の理解とは読み手が与えられた文章に即して，読み手のなかで整合性のある一貫した記憶表象を構築した状態と定義することができる。こうしたことから，認知心理学の実験パラダイムで用いられる文章理解の測定課題は，刺激となる文章についての読み手がもつ様々な形態の記憶を測定する課題となっている。

　認知心理学における文章理解の理論では，このような記憶表象も3つに分けることができると主張されている。第1の記憶表象は，表層形式とも言える文章そのものの記憶表象で逐語的表層とよばれている。第2の記憶表象は，文章そのものの正確な言い回しや統語構造を保存しない命題ネットワーク形式の記憶表象で，命題的テキストベースとよばれている。第3の記憶表象は，文章で書かれている情報を読み手自らの既有知識と統合した記憶表象で，状況モデル

第 7 章　高等教育における学び

とよばれている（Kintsch et al., 1990；van Dijk & Kintsch, 1983）。ここで1つ例をあげて考えてみよう。次の文章を読んでもらいたい。

　「ホッキョクグマの身体は厚い脂肪によって覆われている。そのために断熱構造は非常に優れたものである。この断熱構造のおかげで北極という厳しい気候において，エネルギーを体内に蓄えることができる。」

　いま読んだ文章について，読み手が一貫した記憶表象を構築するためには，初めに個々の単語の逐語的な情報を入力し処理していく必要がある。この逐語的な記憶痕跡が逐語的表層である。この記憶は文章中で使われた表現形態の記憶であり，文章についての意味の記憶ではない。例文についていえば，「ホッキョクグマ」という表現形式の記憶で，「北極熊」という表現形式とは異なる記憶痕跡といえる。したがって，文章の意味の理解に相当するのは，次に述べる命題的テキストベースと状況モデルにおける記憶表象ということになる。この逐語的な記憶痕跡はワーキングメモリ内で短時間のうちに消失してしまうと考えられている。

　入力された情報の中で，互いに関連のある情報は命題という単位でまとめられ，文章中での命題間の関係に応じてネットワーク表象として構成され，記憶保持される。このように命題が互いに関係づけられ，意味のあるネットワークとして表現された記憶が命題的テキストベースである。例文の第一文における命題のネットワーク表象は，覆われている［ホッキョクグマの身体，厚い脂肪］，と表現でき，さらに第一文は第二文と因果関係で関連づけられる。この記憶表象を測定する課題としてよく使われるのが，直後再認判定課題である。直後再認判定課題では刺激文の半分の文を元の内容に反するように書き換えて誤内容文を作成する。この誤内容文を含む全文をランダムな順序で一文ずつ分けて書き，刺激文にあった文かどうかを5段階（1：見たことがない〜 5：見たことがある）で被験者に評定させる。なお，この課題において表現形態のみが原文と異なる場合は，誤内容として扱わないことが明示される。

　この命題的テキストベースが表す内容に，文章に対する自らの既有知識を結合したり，あるいは文章読解の過程で行われた推論を統合したりすることで，文章全体が表す「状況」の記憶表象が状況モデルである（Kintsch, 1988, 1994, 1998）。状況モデルの記憶表象を測定する課題でよく使われるのが推論

課題である。例文について考えてみる。冬場に着込むと断熱性が高くなる，という読み手がもつ既有知識と刺激文で記された情報とが統合されれば，「ホッキョクグマの優れた断熱性の弱点にはどのようなものがあるか」という推論課題に正しく解答できると考えられる。このように推論課題は，刺激文中に明示がされていないが，適切に読み手の背景知識と統合がされた場合に，解答が導ける課題となっている。状況モデルの記憶表象は読み手の既有知識と統合されるため，長期記憶に保存されると考えられるので，時間が経過しても忘却はゆっくりと進んでいくことが数々の実験により示されている（例えば Kintsch et al., 1990）。

　この状況モデルそれ自体にも，5つの異なる次元が存在するということが判明している。その5つの次元とは，時間，空間，因果関係，意図，そして行為主体である（Zwaan & Radvansky, 1998）。こうした5つの次元の中でも空間的状況モデルには，空間に配置された場所やランドマーク，外界の事物，そして行為主体などの登場人物が移動するにつれて更新される人の位置など，多様な情報が含まれるとされている（川﨑, 2005）。

　上で紹介した3つの記憶表象はそれぞれに対応した文章理解課題によって測定される。課題依存性が高い構成概念であると言えるだろう。したがって，それぞれの記憶表象が，具体的にどのような課題によって測定されるのかを知っておくことは，3つの記憶表象を知るために重要である。以下に空間的状況モデルについて行われた研究をもとに，具体的な課題を紹介する。

　空間的状況モデルを扱った研究としてモローら（Morrow et al., 1987, 1989）が行った研究を紹介する。この2つの研究では，登場人物が次々と場所を移動する文章を刺激材料に用いて，読み手がどのように空間的状況モデルを更新していくのか検証している。実験の内容を以下に詳しく見ていく。

　モローら（Morrow et al., 1987, 1989）の実験では，まず被験者は文章中に現れる，10室からなる建物の見取り図を記憶した。各部屋にはそれぞれ「応接間」などの名前がつけられており，また各部屋にはそれぞれ「コピー機」などの名前のついた4つの事物が置かれていた。この部屋の見取り図を記憶した後，被験者は行為主体が建物内のある部屋から別の部屋へと移動する様子を表した文章を読むことを求められた。この文章はコンピュータ画面上に1文ずつ

提示される。文章の中で行為主体は起点となる部屋から、通過点となる部屋を通り、目標地点となる部屋に到着する。1文ずつ提示される文章読解中に、被験者は2つの事物名（例えば、コピー機－ランプ）を対提示され、この2項目が同じ部屋にあるかどうかをできるだけ素早く判断するように求められ、その反応潜時が比較された。

　実験の結果、同じ部屋の2項目に対する反応時間に関して、行為主体が存在すべき目標地点と事物が同じ部屋にある場合、反応時間が最も速かった。通過点、起点の順に反応時間はそれぞれ遅くなっていった。この実験結果が示すように、事物の情報検索にかかる時間は移動する行為主体と事物が置かれている場所との、物理的な距離により変化することが判明した。このように、読み手は空間に関わる状況モデルを焦点の移動（この実験では行為主体の移動）とともに更新していることと、空間的状況モデルでは部屋の間仕切り、事物の位置や距離、といった空間の複雑な物理的状況を記憶表象として構築される可能性も示唆された。

　ここまで述べたように、文章理解の記憶表象の中でも、読み手がその文章を「あたかも眼前にその状況が現れる」かのように理解する段階が一番深い記憶表象であると考えられる。ただし、このような研究は母語を用いて行われたものであり、言語が第二言語、あるいは外国語の場合に、母語と同じような記憶表象が形成されるかどうかについて、十分な研究がなされているとは言い難い。特に空間的状況モデルの構築は認知的に要求度の高い行為であり、第二言語話者としての習熟度が上級ではない学習者はワーキングメモリの容量に制限があり、命題的テキストベースの理解に認知資源を用いる（大石, 2006）ため、次から次へと場面が展開する英文を読むうちに、状況モデル構築に必要な認知資源が減少すると考えられる。

(3) 認知心理学の知見に基づいた英文読解の実証的研究

　ここまで概観した文章理解研究の知見をもとに、日本人の英語学習者に対して3つの実験を行った。3つの実験は母語や統語構造の理解が、命題的テキストベースならびに状況モデルの記憶表象の構築に、どのような影響を与えるのかを調べたものである。3つの実験における参与者のTOEICテスト得点は

221点から470点の間にあり，レベルAからレベルEまでの5段階中のレベルDと判別される（国際ビジネスコミュニケーション協会，2012）。レベルDの学習者は，「語彙・文法・構文とも不十分なところは多い」とされ「通常会話で最低限のコミュニケーションができる」と判断される（国際ビジネスコミュニケーション協会，2012）ことから，3つの実験の参与者は英語初級学習者と位置づけることができる。こうした英語の読解力をもつ学習者が，命題的テキストベースと状況モデルの心的表象を構築する際に，どのように母語が介入し，さらに統語構造の知識がどのような働きをするのかみてみよう。

①空間的状況モデル構築における母語が果たす役割

鈴木・粟津（2013）は空間的状況モデルの構築において，母語が果たす役割を38名の大学生を対象に調査した。はじめに参与者に図7-7に示す部屋の見取り図を記憶してもらう。次に例えばHe made sure that the library was being cleaned and then left to check whether he could welcome them in a good condition.という英文をパワーポイントで提示し，直後に「この時点で次の2つが同じ部屋にあるかどうか答えなさい」と20秒以内で，登場人物とlump, table, couch, radioなどのモノが空間上同じ場所にあるかどうか尋ねる項目一致課題を被験者に課した。これが空間的状況モデルを測定する課題で

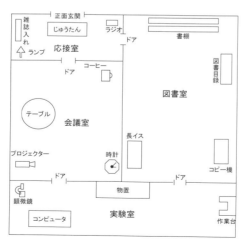

図7-7　本実験で使われた部屋の見取り図（各名称は本実験では英語で表記）

ある。このように登場人物が移動する英文を読み，課題に答える作業をすべて終えたあと，直後再認判定課題を課した。この直後再認判定課題が命題的テキストベースを測定する課題である。こうした2つの課題と，実験の最後に実施した刺激文の和訳の正誤判定得点との相関を分析した。分析の結果，和訳の正誤判定得点は直後再認判定課題の得点とは有意な正の相関が認められたが，空間的状況モデルを測定する課題の得点とは有意な正の相関はみられなかった。この結果から母語は文章そのものの記憶である命題的テキストベース構築とは関係があるが，文章が指し示す空間の記憶表象の構築には直接関係していない可能性が示唆された。

②説明的文章の読解におけるパーズィング（parsing）が果たす役割

　鈴木（2015a）は英語で書かれた文章を英語の初学者が読解する際，読者のパーズィングの能力が命題的テキストベースならびに状況モデルの心的表象の構築にどのような影響を及ぼすのか検討した。パーズィングとは文中における単語を品詞分類に従って，主語や動詞など文の要素に分ける統語構造に関する活用知識と定義される（Richard & Schmidt, 2002）。Richard & Schmidt（2002）はパーズィングの例として次の英文を取り上げている。The noisy frogs disturbed us. この英文の個々の単語は左から順に冠詞，形容詞，名詞，動詞，そして代名詞とそれぞれ品詞の区別ができ，この品詞の区別をもとにThe noisy frogs を主語，disturbed を動詞，us を目的語としてそれぞれ文の要素に分けることができる（Richard & Schmidt, 2002）。このように，文をいくつか特定のまとまりに分ける，統語構造に関する活用知識がパーズィングである。

　以下に実験の概要を紹介する。独立変数に文章の提示方法（Well-Parsing群 × Ill-Parsing群），従属変数に命題的テキストベースならびに状況モデルの記憶表象の構築を測定する文章理解課題をそれぞれ設定した。21名の大学生が本実験に参加した。参加者21名のうち，10名が適切な文の区切りごとにパワーポイントによって提示される英文を読解するWell-Parsing群に，残り11名が不適切な区切りごとに提示される英文を読解するIll-Parsing群に割り振られた。刺激文のIt turns out that a scientist can see the future by watching four-year-olds interact with a marshmallow. という原文につい

て，Well-Parsing 群では It turns out/that a scientist can see the future/by watching four-year-olds interact with a marshmallow. という区切り方で3枚のスライドショーにより提示した。その一方 Ill-Parsing 群では，It turns out that a scientist can/see the future by watching four-year-olds/interact with a marshmallow. という区切り方で3枚のスライドショーにより提示した。

刺激文の読解後に行われた文章理解課題の結果，命題的テキストベースに関して，Well-Parsing 群は Ill-Parsing 群よりも有意に優れた成績を示した。有意傾向に留まったものの，状況モデルに関しても Well-Parsing 群のほうが Ill-Parsing 群よりも高得点をあげた。

③説明的文章の読解における訳読の効果

鈴木（2015b）は英文を読解する際に，指示代名詞を明示する和訳を作成させる訳読の指導方法は，まったく同一内容をもつ異なる複数の英文を短い時間で多く読む速読の指導方法に比べ，命題的テキストベースならびに状況モデルの2つの記憶表象それぞれについて，効果的に文章理解を促進するかどうかを調査した。44名の大学生が本実験に参加し，19名が訳読群，25名が速読群にそれぞれ割り振られた。訳読群においては45分かけて刺激文を和訳し，その際に指示代名詞の they, it, this などが何を指すのか明示するように求めた。速読群においては，訳読群が読解したのと同一の文章に加えて，内容はまったく同一ではあるが異なる8名の著者によって書かれた刺激文を8つ，合計9つの英文を訳読群と同じく45分かけて読解することを求めた。この8つの英文は実験者が訳読群に使用した刺激文を日本語に翻訳し，その翻訳を中等教育で英語を教えている教員に英語に翻訳を求め，業者に英文校正を依頼して作成したものである。同一内容の異なる表現形式をもつ9つの英文を，45分間で読解することを求めることから，速読群として設定をした。

実験の結果，訳読群は速読群に比べ，命題的テキストベースの記憶表象のみならず，状況モデルの記憶表象の構築についても，効果的に文章理解を促進することが判明した。この実験結果から特定の語学レベルの学習者には「指示代名詞を明示すること」など適切かつ具体的な教示を伴った訳読の活動をさせることで，英文そのものの学習だけでなく，「テキストからの学習」とよばれる文章の深い理解が促進されることが示唆された。

(4) 本項のまとめ

　本項では文章理解が認知心理学の枠組みでどのようにとらえられているか，先行研究を概観し，3つの異なる記憶表象を紹介した。さらに外国語教育に関して，そうした知見に基づいて行った実証的研究を3つ紹介した。3つの実験すべてにおいて，参与者は英語の初級学習者であった。こうした研究の結果から，外国語教育においては，ある特定のレベルの語学力をもつ学習者に対して，適切に母語を利用しながら指導することにより，より効果的な文章理解に結びつくことになると結論づけることができる。

2．聴解力の促進時における学習者心理
(1) はじめに

　初めて海外に行ったおよそ十数年前，方向感覚のない私は，サンフランシスコで誤った電車に乗ってしまい，迷ってしまった。駅員に帰り道を訪ねるも，初めて触れる生の英語を，何度聞いても理解できない。仕方なく，目の前に停止していた電車に乗り，たまたま居合わせた老人に事情を話した。ゆっくりと話してくれたその老人のおかげで，ようやく英語が理解でき，なんとか帰ることができた。しかし，あの時の不安感は今でも鮮明に覚えている。

　私がその際パニックになってしまった理由を振り返ると，それは「速すぎて聞き取れない」こととそれを助長する「不安と恐怖」のサイクルである。聞き取れないため，理解できない，そしてコミュニケーションがうまくとれないため不安感と恐怖でいっぱいになるというサイクルである。

　その後，高校教員を経て大学教員になった私だが，受験対策中に何度も高校生から相談されたことは「速すぎて聞き取れない」ということであり，現在，大学生から頻繁に聞くリスニングに対する率直な感想は「最初はなんとかついていっても，聞き取れないところが多くなって，焦ってさらに聞こえなくなって聞くことを諦める」ということである。

　つまり，リスニングにおいて，学習者として私が経験してきたことと，現在高校生・大学生が経験していることは一致しており，「速さ」と「不安」が二大要因である。そこで，この点に焦点を当て，聴解力の促進における学習者心理に目を向け，議論を展開する。

(2) 聴解時における音声知覚の難しさ

人は，リスニングをする際，トップダウン処理とボトムアップ処理（詳細は次項 3. 参照）のバランスを保ち情報の理解を試みるが，英語学習者が英語を聞く際に問題となるのは，聞こえてくる音を知覚してその音が何であるかを認識する能力（ボトムアップ処理）が十分でないことである。そもそも日本語と英語は言語間の距離（ある言語と言語の類似性）が遠く，日本語の音声に慣れている日本人にとっては，英語の音声の聞き取りが難しい。ボトムアップ処理の弱さを補うために，トップダウン処理をフル活用して理解しようと努めるため，トップダウン処理に頼ってしまい，結果としていつまでもボトムアップ処理が育成されないのである（Rost, 2011）。

そこで，聴解におけるボトムアップ処理を鍛えることができる，シャドーイングという教授法・学習法が注目されている。シャドーイングとは，聞こえてきた音声をそのまま同時に繰り返す（玉井, 1997）行為であるが，元来，通訳の初級者育成のトレーニング方法として用いられてきた。日本では，シャドーイングの聴解力伸長への効果が玉井（1992）によって報告されてから，現在まで研究が行われている（次項 3. も参照）。

シャドーイングの最も代表的な効果は，音声知覚の向上であると言われている（門田, 2007）。聞こえてきた音声をできるだけ忠実に即座に復唱しようとする行為を重ねることで，音声を知覚・認識する力が向上する。すなわち，知覚・認識できる音声が増えることで，短期記憶内で処理できる情報量が増えるため，トレーニング前と比較するとリスニング力は向上するのである（Hamada, in press）。短期記憶とシャドーイングの関係についての説明は次項 3. を参照されたい。シャドーイング訓練を継続することで，自分の知っている音声と実際に聞こえてくる音声が結びつき，今まで聞こえなかった単語が聞こえるようになるのである。つまり，音声知覚の問題を解決することで焦りと不安感も軽減され，理論上は，解決に向かうのである。

(3) シャドーイング訓練の際の学習者心理

上記（2）では，シャドーイング訓練を「継続することで」と記述したが，外国語でシャドーイングを繰り返すという行為は，容易ではない。その理由は，

第7章　高等教育における学び

音声知覚が自動化されている第一言語と異なり，シャドーイングをするためには，聞こえてくる音声の知覚・認識に注意資源（認知的タスクに消費できるエネルギーのこと）の大半を向け続けるため，継続するためには，持続的かつ膨大な集中力が必要となるからである。そこで，ここでは，シャドーイング時の学習者心理を調査した研究（Hamada, 2011a）とシャドーイング訓練時の学習心理を緩和する方法を検討した研究（濱田，2011b）をもとに，認知負荷の高いシャドーイング訓練を，学習者の心理に配慮しながら，どのように工夫して行うことが望ましいかを議論する。

日本国内では，シャドーイングの聴解力向上への研究が進み，ある程度の効果は検証されてきている（Hamada, 2011c；Mochizuki, 2006；玉井, 1997, 2005）。一方，数字として測定しづらい，シャドーイングにおける学習者の心理についての研究はいまだ進んでいない。シャドーイングは，比較的即効性があるため，学習者自身の「進歩の実感」や「達成感」という心理側面に焦点を当てることで，さらなる学習の促進が期待できると考えた。そこで着目したのが学習者の「自信」の側面である。

外国語習得分野における動機づけ研究は古くから盛んであり，学習者動機における，自信の重要な役割に関しては誰もが納得するところであろう（Clement et al., 1994）。また，自信の要因は，動機減退というマイナスの視点からも大きな影響力をもつとも述べられている（Tsuchiya, 2006）。

一般的に，外国語学習の分野では，自信はself-confidenceと表現されることが多いが，心理学的知見に基づき，バンデューラ（Bandura, 1993）は，自己効力感（self-efficacy）の観点から，その学習者動機への影響力を述べている。認知的動機づけには，帰属（casual attributions），結果予測（outcome expectancies），目標設定（cognized goals）の3種類があり，自己効力感はそのどれにも影響を及ぼす不可欠なものである。高い自己効力感をもつ学習者は，失敗した際自らの努力不足にその理由を起因させるが，自己効力感の低い学習者は，能力の低さに理由づけをする。

そこで，バンデューラ（1977）の自己効力感理論に基づく動機理論をシャドーイングプロセスにあてはめると，シャドーイングを重ねることによって，聴解力が向上するため，リスニングに対する自己効力感（以下，リスニング自己

効力感)が促進される。その結果,各学習者は自ら目的を設定することができ,努力の幅を広げることができ,難しい状況においても耐えうるようになり,仮に失敗しても克服し,強い信念をもって,努力できるようになるだろう,という理想的状態が仮定できる。

ただ,この仮説は,理論的な仮説であり,実際のシャドーイング訓練における応用の可能性を検証する必要性がある。また,シャドーイングに対する学習者の印象を探索的に検証することで,今後学習者心理のどの面に着目して指導をするべきかという方向性が明確になる。そこで,(1) リスニング自己効力感は伸長するか,(2) 聴解力の伸長,リスニング自己効力感の伸長,シャドーイング方法に対するコスト感(ある活動を行う際に伴う精神的・肉体的負担あるいは学習者が必要とする努力〔塩谷,1995〕)の相関は存在するか,(3) シャドーイングはどのように認識されているか,について実験を行った。

①研究の内容

参加者は,国立大学に所属し,必修の教養英語を履修している教育系・保健系の1年生のうち,プレイスメントテストで分けられたintermediate(中級コース)の上位の学習者32名(男性13名,女性19名)で,定期試験の結果や筆者の観察によると,リスニング力が高くはない大学生である。

テキストは,シャドーイング訓練用に作成された『決定版シャドーイング』(門田・玉井,2004)で,聴解力を測定するため,事前テストには英検2級(2005年度)のリスニング問題の6月版を,事後テストには10月版を,それぞれ15問用いた。20〜25秒の文章を聞き,質問に答える選択肢問題である。また,自己効力感測定尺度は,松沼(2006)がピントリッチとデグルート(Pintrich & De Groot, 1990)をもとに作成した英語自己効力感尺度を修正し,6件法の8項目を用い,シャドーイングに対するコスト感(どれだけ心理的負担がかかるか)測定尺度としては,塩谷(1995)の作成した6件法の10項目を用いた。さらに,学習者のシャドーイングに対する印象評定をするために,26項目からなるSD法を実施した。

上記の計画で,週2回,毎回90分の授業の中の25分程度を使って計8回,門田・玉井(2004)の推奨する手順を用いて実践授業を行った。

②シャドーイング訓練に対する学習者の心理

結果のまとめを表7-1に示す。この研究から、シャドーイングを用いた授業をすることで、学生の聴解力およびリスニング自己効力感が伸びる可能性が高いことがわかった。シャドーイングを繰り返すことで、少しずつ音声の認識力が向上し、聞くことに対する自信がついてくる。また、毎回の負担のかかるトレーニングをこなすことでの達成感が感じられたことによると思われる。

また、授業参加者のシャドーイングに対する印象には、「取り組みやすさ」というプラスの印象と「味気なさ」「不要感」というマイナスの印象が混在していた。つまり、シャドーイングに対して、好き・軽い・面白い・楽しい（取り組みやすさ）と感じられることもある一方で、動きがなく、静的で、生き生きとした活動とは思われないことや（味気なさ）、役立たない・古いなどといった不要感が感じられる場合もあるということである。つまり、シャドーイングは、タスクの明確性ゆえに気軽に取り組みやすい一方、味気なさや単純さによる、使いにくさなども感じられるということであろう。

シャドーイングの取り組み中は、脳内の活動が活発になり、その行為自体がすでに「複雑」であるため、授業で取り扱う際は、極度なアレンジや複雑な手順は、学習者の負担を考えると、避けるべきである。その一方、あまりに単調になっても、学習者心理に対するマイナスの影響が考えられるため、ある程度の負荷をかけながら、余分な部分は取り除くなどのバランスが必要になってくる。

注目すべき点は、予想に反して、リスニング自己効力感伸長と聴解力伸長に相関が見られなかった。つまり、シャドーイングの効果を全員が十分に実感することはできなかったという、感覚と実際の「ずれ」が生じているのである。自己効

表7-1　各分野の測定結果

測定面	結果	分析方法	統計
聴解力	伸長あり	t検定	$t(31) = 5.71, p < .001$
リスニング自己効力感	伸長あり	t検定	$t(31) = 4.16, p < .001$
聴解力伸長・リスニング自己効力感伸長	相関なし	偏相関	$r = .023, p > .05$
コスト感・リスニング自己効力感伸長	マイナス相関	偏相関	$r = -.62, p < .01$
印象評定	3因子（取り組みやすさ、味気なさ、不要感）	プロマックス回転探索的因子分析（因子負荷量.40を基準・スクリープロットを使用）

力感を育成するためには，個人内での進歩比較と達成感は重要であり（Bandura, 1993），事後テストを受けて初めて聴解力伸長に気づいた参加者もいた一方で，そのテストだけでは効果を実感するには不十分であったと考えられる。

　加えて，リスニング自己効力感とコスト感の間にマイナスの相関があったのは，自己効力感が高かったため，シャドーイングをそこまでコスト感が高いものと感じなかったこと，あるいは，コスト感を低く感じたため，自己効力感が上昇したということである。この研究からは，因果関係を示すことができないが，シャドーイングは認知負荷の高い活動であるため，コスト感要因を無視することができない。コスト感が低すぎても高すぎても望ましい効果は得られないであろう。この点は，今後，さらに研究すべき領域であるため，次の（4）に示す研究で深めることとした。

(4) シャドーイングの際の学習者心理の工夫
①背景

　先の研究では，シャドーイング訓練によって聴解力・リスニング自己効力感ともに伸長することは確認できたが，シャドーイングに対する学習者のマイナスの印象（味気なさや不要感）も確認された。そこで，具体的に学習者の心理負担を考慮してシャドーイングを取り入れた授業をするためには，どのような方法が考えられるかを，濱田（2011b）をもとに考えたい。取り組みやすい方法を検証するうえでは，コスト感による影響を考慮する必要があるため，「聴解力への効果」を維持しつつ，「リスニング自己効力感」を育成し，「コスト感」を抑制するような方向性が必要となる。そこで，自己効力感育成のために，毎時間，学習者が成果を確認できるように「穴埋め形式のリスニングチェック」と「選択式内容理解問題」を取り入れ，それらが聴解力・リスニング自己効力感・コスト感に与える影響を検証する。

②研究の内容

　（3）の研究と同様に，参加者は，国立大学に所属する教育系・保健系の1年生55名（A群：選択式内容理解問題25名，B群：穴埋め式チェック問題30名）で，中級のレベルの学生が対象であった。事前確認において聴解力，リスニング自己効力感，コスト感において差のないことを統計上確認した。授業は前

回と同じく8回行い，今回は聴解力測定に，『TOEIC新公式問題集vol. 3』（国際ビジネスコミュニケーション協会，2008）のPart 1, Part 2, Part 3, Part 4からそれぞれ2題材を抜粋し使用した。事前・事後の聴解力測定には，『TOEIC新公式問題集vol. 4』（Educational Testing Service, 2009）のサンプル問題を使用した。リスニング自己効力感測定アンケートとコスト感測定尺度は，前回と同じものを用いた。

　自己効力感育成とコスト感抑制の対策として，A群には，毎回の訓練の前と後に同一の選択式内容理解問題を使用し，B群には本文のスクリプト内の機能語を一部空所補充箇所にした穴埋め式チェック問題を使用し，時間内での進歩を確認できるようにした。

　週2回，毎回90分の授業の中の25分程度を使って，前回と同様に，門田・玉井（2004）の推奨する手順で8回シャドーイング訓練を行った。

③わかったこと

　結果を統計的に分析したところ，どちらの群も先の研究と同様に，聴解力の向上は見られた。また，シャドーイング訓練を，聴解力とリスニング自己効力感の伸長を図りながら行う場合，毎回の訓練前後に，その日の学習箇所の「穴埋め式チェック問題」を用いるよりも「選択式内容理解問題」の方がコスト感を抑制できる可能性があるということである。穴埋め式チェック問題は，リスニングにおけるボトムアップ処理を反映する問題であるが，選択式内容理解問題は，トップダウン処理を用いて解くため，単純に穴埋めをするよりも達成感や満足感をその場で感じることができる可能性がある。また，単調であるボトムアップ処理力向上のためのシャドーイング訓練との相性がよいと言えるかも

表7-2　2つの群の平均と標準偏差（A群25名；B群30名）

項目	A群（選択式内容理解問題）		B群（穴埋め式チェック問題）	
	平均	標準偏差	平均	標準偏差
リスニング事前テスト	7.04	1.31	6.13	2.18
リスニング事後テスト	8.04	1.67	6.90	1.86
自己効力感事前	21.64	6.36	19.23	5.92
自己効力感事後	24.72	4.51	23.83	6.28
コスト感事前	24.40	8.89	23.80	7.82
コスト感事後	23.49	7.20	26.90	8.05

表 7-3　シャドーイング奨励手順

手順	タスク	教師の留意点
1	ターゲット内容を聞く	
2	選択式内容理解問題を解く	
3	小声でシャドーイング2回	音にのみ集中するという目的を確認する
4	スクリプトを見ながらシャドーイング1回	この手順がなぜ手順3の後なのかを説明する
5	各自内容理解	個人差を考慮し，自分のペースということを強調する
6	シャドーイング3回	なぜ3回繰り返すのかを説明する
7	各自内容理解	
8	意味を考えながらシャドーイング	タスクの意味の確認
9	再びリスニング	意義（聞こえ方の向上を確認する）の確認
10	選択式内容理解問題を解く	

しれない。

④シャドーイング具体的指導法

　以上を踏まえ，表7-3に，シャドーイング奨励手順を示す。シャドーイングは，決して簡単な「道具」ではないため，授業で用いる際は，学習者の心理を教師がしっかりと「つかんで」用いることが重要である。そのため，手順3などで繰り返し「なぜシャドーイングをするのか」という理由・目的については学習者に納得させる必要がある。手順1，2，9，10では「なぜ内容問題を解くのか」を説明し，手順6では「なぜ3回繰り返すのか」を説明する必要がある。3回繰り返すのは，3回繰り返してもつまずく点を確認させる意図がある。また，スクリプトを見るのは手順4だけであることも繰り返し強調する必要がある。スクリプトを見ては注意資源が文字にも分配されてしまい，音のみに集中できなくなるため他のステップでは厳禁なのである。

(5) まとめ

　本節では，聴解力の促進時における学習者心理について，現在聴解力伸長の方法として注目されているシャドーイングに焦点を当てた。日本人学習者のリスニングにおける問題点としては，音声知覚力が弱く，トップダウンスキルに頼りがちになり，そこで，限られた認知資源が消費されるため，結果として途

中からついていけなくなり，その影響でリスニングに対する不安感をもつ。そこで，根本的な音声知覚力の向上をシャドーイング訓練により促進することで，リスニング全体をスムーズにすることを提唱している。その際，シャドーイング自体も単純な作業ゆえ，認知負荷が高いため，学習者に満足感や達成感を感じさせることで，コスト感を抑制する工夫が必要である。その1つの提言として，毎回の訓練の前後で，選択式内容理解問題を用いることをあげた。

3. 読解過程の原理を利用した聴解学習の方法
(1) はじめに

　世界はグローバル化の時代を迎えている。グローバル化社会における共通言語は言うまでもなく英語である。グローバル社会では，様々な国々が必要な英語力とは何かを独自に定義し，国民に「最低限の英語力」を保障しようとする動きが高まっている。例えば，ヨーロッパ連合（EU）では，英語を母語とする国の文化と切り離して，共同体の中で通用する独自の英語の枠組みを作る動きが活発化している。また，シンガポールやマレーシアなど多民族国家では，民族独自の言語や文化を尊重しながら，英語を多民族間の共通の言語として位置づけ，EU 同様，英語を母語とする国の文化と切り離した独自の英語が展開されている。このような取り組みのなかで，コミュニケーションの障害となる問題点は，英語の発音の違いであるとされる（Jenkins, 1998, 2003；Seidlhofer 2004）。言い換えれば，「文字」で示されれば理解できるが，「音声」で示されると理解できない特定の単語が存在するということになる。日本の英語教育現場においても同様のことが指摘されている。例えば，日本人学習者の場合，"I won't leave this room." という文は，読解条件では理解できる（「私はこの部屋を離れるつもりはない」）が，聴解条件では，誤解する（"I want to leave this room." ＝「私はこの部屋を離れたい」）傾向があることが指摘されている（Nakayama & Iwata, 2012）。このような問題を引き起こす背景には様々な要因が考えられるが，読解過程の原理を聴解過程の原理に利用できれば，この問題を解決する糸口になる可能性が示唆されているともいえる。このグローバル化社会で生き抜くための英語力を育成するためには，このような問題を解決する効果的な聴解指導法の開発が急務である。そこで，本節では，読解過程の原

(2) 聴解のプロセス

聴解は，音素，語，フレーズそして文というように入力される音声を順に詳細に処理を行うボトムアップ処理（bottom-up processing）と，既有知識の活性化によるトップダウン処理（top-down processing）を並行して行う高度な認知活動である（Rumelhart et al., 1986；Lynch, 1998；Mendelssohn, 1998；Tsui & Fullilove, 1998；O'Malley et al., 1989；Hirai, 1999）。認知活動を支える認知資源は有限であるため，聴解のようにいくつかの高度な認知活動を同時に行うためには，それぞれの活動を効率化しながら，認知資源をうまく配分する必要がある。つまり，聴解を促進するためには，ボトムアップ処理とトップダウン処理のバランスをうまくとる必要がある。しかし，外国語の聴解を行う際，母語との音韻体系の違いから，トップダウン処理よりもボトムアップ処理に認知資源を多く費やさなければならず，外国語の聴解は読解条件と比較して文章全体の理解が促進されない事例が多く報告されている（例えば，Favreau & Segalowitz, 1983；O'Malley et al., 1989；Richards, 1983；Hirai, 1999；Field, 2003；門田，2007）。ここで，ボトムアップ処理の重要な役割の1つに，「文字」や「音声」で示される単語を意味に関連づけるという作業があると仮定して，外国語の聴解は読解条件と比較して促進されない事例を次に整理してみる。

(3) 問題点の整理

「文字」で示されれば理解できるが，「音声」で示されると理解できないという現象を，「文字」「音声」「意味」という3つの観点から検討してみたい。図7-8 ①の通り，文字と意味は関連づけられているため，文字で示されれば意味が理解できるが，音声と意味は関連づけられていないため，同一の情報が音声で提示されると，意味理解に到達できないのである。ではどうしたら，音声と意味を関連づけることができるであろうか。1つの方法は，音声と意味を直接関連づける方法を開発することである。すなわち，様々な英語に触れる機会を増やすことである。しかしながら，冒頭にも述べたように，英語は多様化し様々

第7章 高等教育における学び

図7-8　介入による音声と意味の関連づけのフロー

な発音体系が存在すること，外国語として英語を学習する日本人英語学習者は英語の音声に接する機会が極端に少ないことなどを考慮すると別の方法を検討する必要があるといえる。そこで，「音声」を「意味」に関連づけるのではなく，図7-8②に示すように，「音声」を「文字」と何らかの介入により関連づけ，「文字」を媒介として「音声」と「意味」を関連づける方法を開発することで，図7-8③のように，「文字」を通じて「音声」と意味が関連づけられ聴解力を促進できるのではないかと考える。

　ところで，人間は音声や文字をどのように，心内で処理し，意味理解を行っているのであろうか。この点を明らかにすることで，「文字」を媒介として「音声」と「意味」を関連づける方法の開発の手掛かりとなる可能性がある。そこで次に音声と文字の心内における処理過程を検討する。

(4)「文字」と「音声」の心内における共通の処理——音韻符号化

　人間は，図7-9に示されているように，「文字」や「音声」を，心内で自分の音声に変換して処理することが知られている（Baddely, 1986）。この処理は，音韻符号化（phonological encoding）あるいは構音リハーサル（articulatory rehearsal）とよばれ，文章理解における重要な処理の1つと位置づけられている（Baddeley, 1986；Logie, 1995）。例えば，次の文を読んで，2つの意味に読み取れることを確認してほしい。

　「その侍は刀を振りかざしながら走る敵を追いかけた。」

　この文は，刀を振りかざしているのが侍なのか，敵なのかがあいまいなため，2つの意味に読みとれることがわかる。さて，この文の意味を理解する過程で，読者はどのような処理を行ったのだろうか。心の中あるいは実際に声に

第Ⅲ部　大人の学び

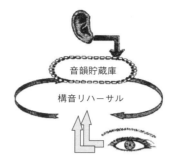

図 7-9　構音リハーサルのモデル（Logie, 1995）

出し，繰り返しながら，意味を確認したのではないであろうか。このように人間は「文字」や「音声」を，文章理解の過程で，音韻符号化処理を行っている。すなわち「文字」の音韻符号化処理を，「音声」の音韻符号化処理に援用するトレーニングを施すことができれば，問題を解決できる可能性があるといえる。では，どのようなトレーニングを行うと効果的なのであろうか。

(5) 音読とシャドーイング

　文字や音声の音韻符号化処理は，通常音声に出さずに実行される。しかしながら，あえて音韻符号化処理を声に出して行うことがある。音読や，シャドーイングがこれにあたる。門田 (2007) によれば，音読は通常心内で行われる文字の音韻符号化処理を声に出して行うもので，音読を繰り返すと読解力が向上すると指摘している。一方，シャドーイングとは，提示される音声を即時に自分の音声で繰り返す行為を指し，玉井 (2005) は，シャドーイングは，通常心内で行われる音声の音韻符号化を声に出して行う方法であり，英語の音声に対してシャドーイングを繰り返すと，英語の聴解力が向上すると主張している。中山ら (2011) は，私立大学の 1 年生 56 名 (男性 33 名，女性 23 名) を対象に，日本の一般的な聴解指導法とシャドーイング法を比較した。しかしながら，シャドーイング法は一般的指導法と比較して，聴解力が向上する可能性が一部示されたが，十分な結果とはいえなかった（詳細は中山ら，2011 を参照されたい）。つまりシャドーイングのみを繰り返す聴解指導法には限界があり，一般的聴解

指導法として普及させるためには，何らかの工夫が必要であることが示唆されたのである。

　ここで確認しておきたいことは，音読やシャドーイングは，文字や音声の心内における処理の一部を声に出して行う方法であるということである。つまり，シャドーイングだけでなく音読をうまく組み合わせれば，効果的な聴解指導法が開発できる可能性がある。次にこの手がかりとなる音読とシャドーイングの条件の違いについて検討してみる。

(6) 音読とシャドーイングの処理条件の相違点

　音読やシャドーイングは，心内における言語処理の一部を声に出して行う行為であることは先に述べた。ここでは，音読とシャドーイングは処理の「条件」がどう異なるかを検討してみたい。

　音読とシャドーイングの処理条件の相違点について表7-4にまとめた。まず，媒体の違いであるが，シャドーイングでは「音声」，音読では「文字」となる。この媒体の性質の違いから，心内での音韻符号化の際に要求される処理方法が，シャドーイングと音読では大きく異なる。シャドーイング条件では，音声はすぐに消えてなくなってしまうため，提示される速度に合わせて瞬時に処理を行わなくてはならないことから，オンライン処理とよばれる。その一方で，音読条件では，媒体は文字であるため，通常は学習者のペースで処理でき，必要に応じて前に戻って処理も可能なことから，オフライン処理とよばれる。

　シャドーイングは，提示される媒体の速度で処理を要求されるオンライン処理である一方，音読は学習者のペースに合わせて処理速度を調節できるオフライン処理であることを述べた。では，音読をどのように条件づければ，シャドーイングを促進し，さらには聴解力を向上することができるのであろうか。次に検討してみる。

表7-4　読解条件と聴解条件の相違点

	聴解条件	読解条件
媒体	音声	文字
処理方法	オンライン処理	オフライン処理
トレーニング方法	シャドーイング	黙読・音読

(7) 音読とシャドーイングを組み合わせたビジュアル・オーディトリー・シャドーイング法とは

　心理学における知見の1つにプライミング効果がある。プライミング効果とは，先行する刺激に対する処理が，後続する刺激に対する処理を促進させたり，阻害したりするという現象である（Meyer & Schvaneveldt, 1971；Posner & Snyder, 1975；McDonough & Trofimovich, 2009；Trofimovich & McDonough, 2011）。先行する刺激に対する処理条件を同一あるいは，類似した条件にすると，後続する刺激に対する処理が促進されるという（Meyer & Schvaneveldt, 1971）。

　この知見に基づけば，オフライン処理である音読の条件を，シャドーイングのようにオンラインに処理できる条件に設定し，これら2つを繰り返すことができれば,「音声」に対する音韻符号化処理を促進できる可能性があるといえる。中山（2011）および中山・森（Nakayama & Mori, 2012）は，音読をオンライン処理できるビジュアル・シャドーイングという方法を開発し，シャドーイングと組み合わせてビジュアル・オーディトリー・シャドーイング法（Visual-Auditory Shadowing Method）を開発した。次にビジュアル・オーディトリー・シャドーイング法とはどのような聴解指導法であるのかを述べる。

(8) ビジュアル・オーディトリー・シャドーイング法の開発

　シャドーイングは音声を聴きながら即座に処理を行うという，いわばオンライン処理である。一方音読は，文字を声に出して読む作業であるが，シャドーイング条件と異なり，読み戻りが可能なオフライン処理といえる。先行課題と後続課題が類似あるいは同一であると後続課題に対する処理が促進されることがプライミング効果の1つとして知られている。この知見に基づけば，音読とシャドーイングにおける処理条件をできるだけ同一に近づけるとシャドーイングが促進される可能性がある。そこで，音読条件をできるだけシャドーイング条件に近づけるため，文字情報をオンライン処理する方法として，ビジュアル・シャドーイングという方法を開発した。

　ビジュアル・シャドーイングとは，音声なしでかつ音声と同じ速さで次々に画面上に提示される英文を，できるだけ遅れずに口頭で再生する行為である。

第 7 章　高等教育における学び

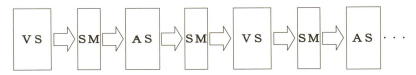

VS：ビジュアル・シャドーイング　　**SM**：自己モニタリング　　**AS**：シャドーイング

図 7-10　ビジュアル・オーディトリー・シャドーイング法の手順

　この方法だと音声と同様の速度で提示される英文は消えることから読み戻りはできない。また提示されるのは文字化された英文のみであるため，学習者は提示される英文を自分の音声で再生することに集中できる。すなわち学習者は音声で行うシャドーイングとほぼ同様の条件で，課題を遂行することになる。

　ビジュアル・シャドーイングと音声によるシャドーイングを交互に繰り返すことにより，学習者は意識的に文字と音声を結びつけることで，シャドーイングを促進することができると考える。この方法では，ビジュアル・シャドーイングとシャドーイングを繰り返して行うが，図 7-10 に示されているように，それぞれの間に学習者自身が課題の進捗状況を確認できるように自己モニタリングという作業をはさむ。自己モニタリングとは，ビジュアル・シャドーイングやシャドーイングを行う際に，自分の音声を IC レコーダー録音し，課題終了直後に，学習者自身が音声を聞き，トランスクリプト（課題を文字で示したもの）と照らし合わせて，どの単語が音声にできなかったのかを確認する作業である。

　中山・森（2012）は，この手順に基づいて，大学生を対象に 1 か月間（週 1 回 60 分）にわたって，ビジュアル・オーディトリー・シャドーイング法は，従来のシャドーイング法と比較して，聴解力のどの側面に効果的なのか，さらにどのように異なるのかを検証した。以下にどのような方法で行ったのかを具体的に述べる。

　シャドーイングを行ったことのない大学 1 年生で，リスニング力に差がない 2 クラス（67 名：男性 57 名，女性 10 名）を対象とした。そのうち 1 クラスをビジュアル・オーディトリー・シャドーイング法群（33 名：男性 25 名　女性 8 名），もう一方を音声のみのシャドーイングを繰り返すシャドーイング法群（34 名：男性 32 名，女性 2 名）として設定した。各群とも 1 か月間週 1 回 60

表7-5 TOEIC 練習テストの結果

	VAS group (*n* = 33)			AS group (*n* = 34)			t test result
	Pre	Post	Gain	Pre	Post	Gain	
M	36.63	41.85	5.21	35.89	37.12	1.24	2.23**
SD	7.31	7.1	6.5	6.49	7.48	8.03	

注：**$p < .01$.
VAS group = ビジュアル・オーディトリー・シャドーイング法群
AS group = シャドーイング法群

分のトレーニングを5回行った。トレーニングの事前・事後に総合的聴解力テスト（TOEIC リスニング練習テスト）を実施し，変化量の比較検討を行った。表7-5に結果が示されているように，ビジュアル・オーディトリー・シャドーイング法群の変化量が，シャドーイング法群の変化量と比較して有意に多いことが明らかになった。ビジュアル・オーディトリー・シャドーイング法は，シャドーイング法と比較して，聴解力向上に効果があることが示されたのである。

(9) まとめ

本項では，読解過程の原理を利用した聴解学習の方法を検討した。人間は，文字や音声の処理を行う過程で，文字や音声を心内で自分の音声に変換する音韻符号化という共通の処理を行っている。文章を理解する過程では，入力される情報について逐次処理を行うボトムアップ処理と既有知識の活性化によるトップダウン処理を必要に応じて行うが，音韻符号化はこのうちボトムアップ処理を促進すると考えられている。音読は文字の音韻符号化処理を声に出して行う行為である一方，シャドーイングは音声の音韻符号化処理を声に出して行う行為であることを述べた。しかし，音読とシャドーイングでは，心内での処理条件が異なる。プライミング効果の知見により，音読を，シャドーイングと同様の条件下で実行し，これら2つを繰り返し行うことで，音声の音韻符号化を活性化できる可能性が示唆された。以上を踏まえて，本節ではオンライン音読と従来のシャドーイング法を組み合わせたビジュアル・オーディトリー・シャドーイング法を紹介した。ビジュアル・オーディトリー・シャドーイング法は，他の方法よりも，音声の音韻符号化処理を促進し，さらに，聴解をも促進する方法である。つまり，ビジュアル・オーディトリー・シャドーイング法は，読

解における処理を利用した効果的な聴解指導法となりうる可能性を示した。

今回紹介した論文の実験協力者は大学生のみである。ビジュアル・オーディトリー・シャドーイング法を一般的な聴解指導法として確立するためには，対象を大学生だけでなく，中学生や高校生などに広げ，実証的な研究が必要であることを最後に触れておきたい。

3節　社会の期待に応える高等教育—保育者を育てる

1. はじめに

日本の高等教育や社会人に求められる資質・能力をみると，内閣府による「人間力」，厚生労働省による「就職基礎能力」，経済産業省による「社会人基礎力」，文部科学省による「学士力」など，近年になるほど，基礎学力や専門的な知識・技能だけでなく，より汎用的な認知・社会スキルが求められていることが見て取れる（勝野，2013）。

こうした動きには，経済協力開発機構（OECD：Organisation for Economic Co-operation and Development）の「コンピテンシーの定義と選択（DeSeCo：Definition and Selection of Competencies）プロジェクト」や，21世紀型スキルの普及と教育改革のために作られた国際組織による，「21世紀型スキルの学びと評価（ATC21s：Assessment and Teaching of 21st Century Skills）プロジェクト」といった，世界的プロジェクトも大きく影響している。

勝野（2013）は，21世紀に求められる資質・能力を各国が精力的に検討してきた結果を概観し，国内外の教育目標は，いずれも汎用的な資質・能力を強く意識したものとなっていること，特に，「社会的な関係の中で学び，考え，社会に役立つ解を提案できる力」が求められていることを指摘する。

こうした力を，社会とのつなぎ目に位置する高等教育において育むには，どのような学びが有効だろうか。本節では，「保育者養成」を取り上げ，社会の期待に応える，「21世紀型の保育者養成のあり方」について考えていく。なお，「保育者」とは，幼稚園教諭と保育士を指す言葉である。

2. 保育者養成の現状分析
(1) 保育現場の現状

上述した,「社会的な関係の中で学び,考え,社会に役立つ解を提案できる力」は,保育者にとって,具体的にはどのような力だろうか。

2008（平成20）年に告示された「幼稚園教育要領」及び「保育所保育指針」において,幼児教育が担う役割や機能の深化・拡大というねらいのもとで,保育者自身のあり方がこれまで以上に重視された。例えば,保育所保育指針「第4章 保育の計画及び評価」には,「自らの保育実践の振り返りや職員相互の話し合い等を通じて,専門性の向上及び保育の質の向上のための課題を明確にするとともに,保育所全体の保育の内容に関する認識を深めること。」という記述が見られる。保育者が自己の保育を省み,よりよい保育のあり方を探るためには,何よりも保育者集団の同僚性や協働性の中で他者と交流し,新たな視点を見いだすことが重要（安藤,2008）とされる。保育者には,特に「保育者集団の中で学び,考え,よりよい保育へつなげていく力」が求められているようである。

ところが,保育現場では,従来から保育者集団内における人間関係の難しさが課題とされてきた。仕事をやめたいと思う理由のトップに人間関係があがり（高見ら,1994）,園内の人間関係の問題が精神的健康に影響する（西坂,2002）状況がある。保育現場から保育者養成校へ出される要望も,基礎的専門知識や技術に関するものよりも,人間関係に関するものが目立つ。今井ら（2013）は,「新採者指導で苦労を感じること」のトップがコミュニケーション能力の低下,保育者養成校に要望することとして多くあげられたのは「コミュニケーション能力」と「社会人としての一般常識やモラル」であったと報告している。保育現場では,保育者集団の中で学ぶ以前の問題でSOSが出ている現状がある。

(2) 保育者養成校の現状

では,保育現場からのSOSへ,保育者養成校は応えることができているのだろうか。学びの要となる授業を見てみよう。表7-6は,カリキュラム編成の基準となる資格要件の一覧である。保育者集団内での学びに特化したもの,また,その基礎となる「コミュニケーション能力」に関して学ぶものはあるだろ

第 7 章 高等教育における学び

表7-6 幼稚園教諭免許状と保育士資格の資格要件（厚生労働省, 2013）

【幼稚園教諭免許状】

			専修	一種	二種
基礎資格			修士	学士	短期大学士
	修業年限		2年	4年	2年
	卒業要件単位		30単位（※1）	124単位	62単位

			専修	一種	二種
一般教養		日本国憲法、体育、外国語コミュニケーション、情報機器の操作（各2単位）	8	8	8
教科に関する科目		国語、算数、生活、音楽、図画工作及び体育の教科に関する科目（これらに含まれる内容を合わせた内容に係る科目その他これらに準ずる内容の科目を含む。（※2））のうち、1以上の科目	6	6	4
教職に関する科目	教職の意義等に関する科目	教職の意義及び教員の役割	2	2	2
		教員の職務内容（研修、服務及び身分保障等を含む。）			
		進路選択に資する各種の機会の提供等			
	教育の基礎理論に関する科目	教育の理念並びに教育に関する歴史及び思想	6	6	4
		幼児、児童及び生徒の心身の発達及び学習の過程（障害のある幼児、児童及び生徒の心身の発達及び学習の過程を含む。）			
		教育に関する社会的、制度的又は経営的事項			
	教育課程及び指導法に関する科目	教育課程の意義及び編成の方法	18	18	12
		保育内容の指導法			
		教育の方法及び技術（情報機器及び教材の活用を含む。）			
	生徒指導、教育相談及び進路指導等に関する科目	幼児理解の理論及び方法	2	2	2
		教育相談（カウンセリングに関する基礎的な知識を含む。）の理論及び方法			
	教育実習		5	5	5
	教職実践演習		2	2	2
教科又は教職に関する科目			34	10	0
大学としての独自の科目					
免許法上必要とされる単位数（※3）			83	59	39
大学を卒業するために必要とされる最低単位数			30	124	62

【保育士資格】

			なし
基礎資格	修業年限		2年以上
	卒業要件単位		—

教養科目	必修	体育（講義・体育実技）	2
	選択必修	外国語　その他	6以上
保育の表現技術	必修	（例　音楽、図画工作、体育）	4
保育の本質・目的に関する科目	必修	保育者論	2
保育の本質・目的に関する科目	必修	教育原理	2
		保育原理	2
保育の対象の理解に関する科目	必修	保育の心理学Ⅰ	2
		保育の心理学Ⅱ	1
保育の内容・方法の理解に関する科目	必修	保育課程論	2
	必修	保育内容総論	1
	必修	保育内容演習	5
保育実習	必修	保育実習Ⅰ	6
		保育実習指導Ⅰ	
保育実践演習	必修	保育実践演習	2
保育の本質・目的に関する科目	必修	児童家庭福祉	2
	必修	社会福祉	2
	必修	相談援助	1
	必修	社会的養護	2
保育の対象の理解に関する科目	必修	子どもの保健Ⅰ	4
	必修	子どもの保健Ⅱ	1
	必修	子どもの食と栄養	2
	必修	家庭支援論	2
保育の内容・方法に関する科目	必修	乳児保育	2
	必修	障害児保育	2
	必修	社会的養護内容	1
	必修	保育相談支援	1
保育の本質・目的に関する科目	選択必修	左記系列から6単位分選択必修	6
保育の対象の理解に関する科目			
保育の内容・方法に関する科目			
保育の表現技術			
総合演習			
保育実習	選択必修	保育実習Ⅱ又はⅢを2単位、保育実習指導Ⅱ又はⅢを1単位	3
平成13年告示第198号上必要とされる単位数			68（※4）

※1：修士課程を修了するためには、大学院に2年以上在学し、30単位以上を修得し、かつ、必要な研究指導を受けた上、当該修士課程の目的に応じ、当該大学院の行う修士論文又は特定の課題についての研究の成果の審査及び試験に合格することが必要。

※2：「これらに含まれる内容を合わせた内容に係る科目その他これらに準ずる内容」とは、幼稚園教育要領で定める「健康」、「人間関係」、「環境」、「音楽」及び「表現」に関する科目である。（平成10年6月29日付教免第10号教職員課長通知）

※3：専修免許状又は一種免許状を取得しようとする場合は、一種免許状又は二種免許状取得の際に修得した単位数を差し引くことが可能。

※4：教養科目8単位、必修51単位、選択必修9単位

第Ⅲ部　大人の学び

うか。

　教科目名や内容を見る限りでは，そうした学びが中心となりそうなものは見当たらない。保育者論と名のつくものでも，教授内容の標準的事項を見ると，保育者集団内での学びについて触れられる可能性がうかがえるものは，全16項目中1項目程度であった。したがって，現状では，表7-6をもとに，各養成校側で付加価値をつけたカリキュラムを工夫するしかない。しかし，保育士資格については，保育者養成を行う大学，短期大学，専門学校のカリキュラムを分析した結果，どの養成校でもカリキュラムにほぼ差がなかったことが報告されている（川俣，2012）。

　保育士資格は，最低取得単位数である68単位のうち，必修が51単位，選択必修9単位，教養科目8単位と，必修の占める割合が大きい。その上，各教科目の教授内容には標準的事項が定められており，差をつける余地がない。

　一方，幼稚園教諭については，専修83単位，一種59単位，二種39単位と，免許状の種類によって必要とされる単位数が異なる。そのため，保育士資格のように，教科目名や教授内容に関する詳細な定めはされておらず，工夫の余地がある。川俣（2012）は，カリキュラム分析の結果，学校種によって，一般教養重視の「一般教養型保育者養成」と専門性重視の「専門型保育者養成」とに大別されること，ただし，後者は保育内容等のコマ数の増加によるものであったため，コミュニケーション能力等，昨今求められている専門性へとつながるものであると言い切れないと指摘する。

　カリキュラム分析の結果から，「保育者養成校における学びの多くは，一般的には基礎的専門知識や技術の習得となっている」（上村ら，2014）と指摘されても仕方のない現状が浮かび上がってきた。一方で，カリキュラムに，基礎的専門知識や技術以上のものを加えることが難しい現状もある。上田・富田（2010）は，保育者養成校は，保育士資格，幼稚園教諭免許状だけではなく，その他の免許・資格を出していることが多く，また，保育士資格については，過密な実習スケジュールの中，15回の講義を必ず行うといういわゆる15コマ問題等も加わり，養成校のカリキュラムが非常に切迫していることを指摘する。

　保育者養成校の現状をふまえると，「21世紀型の保育者養成」は，「現在のカリキュラムの中で実行可能な工夫」であることが一要件になりそうである。

第7章 高等教育における学び

次は，こうした視点から，「保育者集団の中で学び，考え，よりよい保育へつなげていく力」につながる学びが含まれると考えた実践を3種類紹介する。

3. 実践紹介
(1) 保育実習中の課題をグループで検討

上村ら（2014）は，「保育実習中の指導者との関係性における非達成（失敗）課題の検証と解決策の作成」というテーマで，問題解決型学習の手法を用いて授業を行った。授業は，「保育実践演習」の6コマ分を使用して行われた。

問題解決型学習とは，身近な問題や事例を素材としながら，具体的な問題解決に向けてチーム学習を行っていく，少人数でのグループによる学習方法である（実践手順は図7-11参照）。この学習方法は，近年，実践的教育手法として注目が高まっており，すでに取り組まれていた医学系，情報系のみならず，教

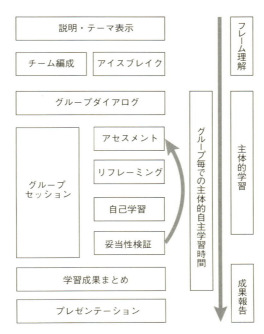

図7-11　問題解決型学習に関する実践手順（上村ら，2014）

員・保育者養成においても取り組まれ始めている。

　授業において、「入所利用児との関わり場面において、実習生が受け入れ難いと感じた職員からの指導（突然大きな声と厳しい口調で指導された）」の問題解決に取り組んだグループでは、実習生の行動がそもそも適切なものであったのか、指導者との関わりに対して感じた不信感や恐さなどが実習を進めるうえで適切であったのか、など様々な論点が出された。こうした論点についてグループで検討を行った結果、学生からは、「同じ場面でも立場によってとらえ方や見方、感じ方が異なること」をはじめ、「同僚間での情報の非共有が問題を生む危険性」「恐いという感情は子どもへの支援の質を低下させる可能性が高い（本来的な関わり方について指導を受ける必要があった）」、といった、解決策のポイントが報告されている。

　学生の報告から、本取り組みは、①保育者集団の中で他者と交流する難しさを知り、その解決策について具体的に学ぶ機会となっている、②対話による集合的知識生成の力を得ることで、「保育者集団の中で学び、考え、よりよい保育へつなげていく力」の効果を疑似体験している、という点で評価できると考える。

(2) 熟練者と間接的に関わる

　森脇ら（2013）は、学習に対する主体性、問題解決、集団性の3点を特色とする、教員養成型PBL教育（Problem-based Learningだけでなく、Project-based Learningも取り入れている）において、対話型事例シナリオを用いた授業を考案した。

　対話型事例シナリオとは、次の3つの性格をもつものとされる。①目的は正解に至ることではない。多角的に問題をとらえ、問題の所在を確定し、問題の探究のために必要な情報や知識を得ることが目的である。②専門家の知識（見識）を参照しながら、自らの感情や行為をリフレクションできるように構成される。③授業者は、事例シナリオと学習者が対話できるように支援を行う。

　では、1つの事例シナリオ（新任教師の直面した問題状況をもとに作成されたもの）が授業でどのように用いられたか、学生の反応とともに見てみよう。授業は、「教職入門」の1コマ分を使用して行われた。

第7章 高等教育における学び

(1) 図7-12は，ある小学校の2年生のA君の国語テスト（6月）の答案用紙である。
学生：授業の場が一瞬シーンとなる。学生からは，呻き声に似た声が出された。
(2)「もしあなたが教師だったとしたら，A君の答案を見たときに感じること，考えることを述べなさい」という最初の問いを出す。
学生：「悲しい」「ショック」「驚く」「腹が立つ」といった感情的な表現。
(3)「この答案用紙からA君のできているところを見つけてみよう」というガイディングクエスチョン（知の探検にいざなう質問，具体的には特別支援の経験が深いベテラン教師の冷静で専門的な見方を体験する質問）を出す。
学生：4人グループで一生懸命探し始める。授業者への質問を通して事象との対話も広がる。
(4) 2人のベテラン教師がこの答案用紙をどのように見たか（音という字をきちんと書いている，塗りつぶす作業を最後までやりぬいている）を紹介する。
(5) 全体の感想
学生：答案用紙を黒く塗りつぶした子のお話で……教員歴の長い先生方の

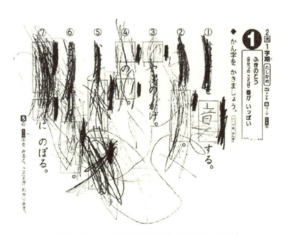

図7-12　A君の答案用紙（森脇ら，2013）

見解に驚き感動しました。私は叱責ではなく暖かく接すると答えましたが，この答案から彼が「できていること」を見つけ，そこからわかることを見つけるなどということはまったく考えませんでした。本当に感動です。こんな教師になりたい，目指したいと思いました。

*****

学生の反応からは，森脇ら（2013）が意図した目的（個別的な文脈の中で，熟練教師がどのように思考・判断し，働きかけを行うか，ということを自分の思考・判断と対照させながら理解・鑑賞し，事象への問い方を学ぶ）の達成度がうかがえる。本取り組みは，「保育者集団の中で学び，考え，よりよい保育へつなげていく力」の中でも，経験値が異なる他者からの学びが自らの考えを高めることを，驚きとともに学んでいる点で評価できると考える。

(3) 日常的な取り組みとして

森野ら（2009）は，「異世代交流力をもつ保育者育成プログラム：IT 活用で在学生・卒業生間の学び合いを展開させる取り組み」において，一授業にとどまらない日常的な養成のあり方を検討した。これは，カリキュラム全体やこれまで行ってきた行事に，「保育現場との関わり」という新たな教育軸を加えて考案されたプログラムである（尚絅大学短期大学部幼児教育学科，2011）。

図 7-13 にあるように，Step1：物理的制約や心理的距離をあまり感じずにできるインターネット交流「Yokyo-net（幼児教育学科在学生，卒業生，教職員の WEB 上のネットワーク，授業や実習等の学びについて交流する）」での基礎力育成，次に，Step2：幼教ネットワーク内（幼児教育学科在学生，卒業生，教職員のネットワーク）における実習や就職指導での直接交流による基礎力育成，最後に，より主体的な実践として，Step 3：公開講座（サマーセミナー），学外実習，学園祭等の機会を利用した実践力育成，の３つのステップによって，異世代交流力の増強をねらうプログラムとなっている。Step1 と Step2 は，学生個々の育ちによって，始まりの順を入れ替えられる柔軟なものとされている。

プログラムのおもな成果として，１年後期から取り組みに関わった学生のデータ（以下 A）と，入学時から取り組みに関わった学生のデータ（以下 B）を比較した際，①実習における自身の異世代交流力の評価を見ると，全実習で B

第 7 章　高等教育における学び

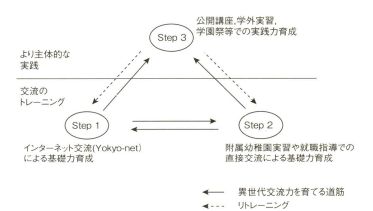

図 7-13　プログラム構想（森野ら，2009；尚絅大学短期大学部幼児教育学科，2011 より筆者作成）

のほうが数値が高い。②他者（保育者）による異世代交流力の評価も B のほうが高い。③就職前，自主実習など何らかの形で園と関わりをもち，それが就職につながった学生の割合が，取り組み前は 64％，A は 73％，B は 85％と徐々に高くなってきた。また，④日頃よりコミュニケーション能力で不安視されていた学生が Yokyo-net へ頻繁にアクセスする姿があった。Yokyo-net で他者の考えにふれ，直接交流における課題が改善されたり，卒業後も職場の悩みを書き込みながら離職をふみとどまったりする姿も見られた。という 4 点が報告されている。

　本取り組みは，異世代交流力を，「保育者集団の中で学び，考え，よりよい保育へつなげていく力」と同等のものとして位置づけ，自他評価を通じて，学生が自身の人と関わる力を意識しながら日常の学びを進めていく点に特徴がある。現時点では，本取り組みと，(1) や (2) のように，ある授業における到達目標達成のため，人と関わる活動が鍵となる取り組みと，どちらが効果的であるかはわからない。しかし，3 種類の取り組みの成果を見る限り，21 世紀型保育者養成に欠かせない視点として，現在の保育者養成校での学びへ，「人と関わることで自らの考えが高まる体験」を付加することが提案できると考える。

4. おわりに

「学習科学」研究の課題として，成果を出した実践がどの程度広範に他の教科や学校に展開できるかを確かめること，協調でなぜ人が学ぶかについてのメカニズムを精緻に解明することが指摘されている（勝野, 2013）。本稿で紹介した実践も，今後の検証が必要である。

森（2014）は，「学習科学」の学習観について，文化を「継承」しつつ「共有」し，さらに「創造」へとつなげる「知識創造モデル」であるとする。また，筆者が所属していた，「学習科学」の流れを汲むゼミでは，「シェアブレイン」という言葉をよく耳にした。これからの時代は，各々が得意なことを持ち寄って（他の人の脳を借りながら）問題解決にあたり，物事を進めていくことが求められる時代となる（そうでないと対応できない），という文脈で使われていた記憶がある。大学から社会へ出た後，確かに独力で対応できない案件に遭遇することが数多くあった。そのたび，周囲の人と関わり，知恵を絞り合いながら最適解を見つけていくことの重要性を痛感し，「シェアブレイン」という言葉を思い出した。「シェアブレイン」こそ，「知識創造」の学習観を定着させるための１つの有効な方法であると思われる。

本節で紹介した，「保育者集団の中で学び，考え，よりよい保育へつなげていく力」に焦点を当てた21世紀型保育者養成も，そのあり方を検証する研究も，独力では展開できない。他者との関わりが要となる，「シェアブレイン」の枠組みでとらえると，より可能性を秘めたものとなるだろう。

4節　教員養成段階における学生の学び

教員養成における学生の学びとはいったいどのようなものだろうか。教員を志望する学生の多くは教育学部や教員養成系大学に進学し，教員免許状を取得していくのが一般的であろう（もちろん，教育学部以外の学部に進学してそこで教員免許状を取得し教師を目指すという道もあるが）。そして，学生は大学のカリキュラムの中で学んでいくのである。

では，教育学部生にとっての専門性とは何だろうか。一般に誰もがほぼ同じ

ように学校で教育を受けてきていることもあり，教育学部生に限らず多くの人々が教師や教育といったことがらに関心や思い，知識をもっていることが予想される。そのようななかで，教育学部に進学した学生たちは，教育学部以外の学生や教育と直接的に関係ない人々とは異なる専門性や教師になるうえでの素地を身につけていくことが必要であるし，求められていると考えられる。

1. 大学における教員養成と開放制の原則

　現在，わが国において教員養成は，2つの原則に基づいて行われている。1つ目は「大学における教員養成」である。これは，教師は大学で養成することを原則としていることであり，大学における専門教育を受けた者に教職への道を開くというものである。2つ目は，「開放制」である。これは，例えば教員養成を教育学部のみで行うといった閉鎖的なものにするのではなく，教育学部以外の学部も含め，教員免許状取得のための単位に関する科目を開設し，学生に履修させることで，特定の学部や国立・公立・私立にかかわらず等しく教員養成に携われるようにしているものである。

　このように教師は大学で養成されることが原則となっており，教員養成のためのカリキュラムが組まれている。おもな内容としては，教職課程における講義や演習，さらには学校現場における教育実習等である。もちろん，アルバイトやサークル活動などカリキュラム外での学びもあるだろうが，基本的には大学で用意された教員養成カリキュラムをとおして教師は養成される。

　では，教員養成カリキュラムにはどのようなことが求められているのだろうか。わが国においては近年，教育を取り巻く課題の多様化や複雑化もあり，即戦力をもった教師を求める声や，教員養成にかける期待も大きくなっているという現状がある。そして教員養成の質の保証がいっそう求められるようになってきている。すなわち，単に大学において必要な単位を取得していけば自動的に教員免許が取得できるような教員養成ではなく，大学において育成したい教員像を掲げ，それを実質的に備えた教員を育成することがますます求められるようになったといえる。2010（平成22）年度の入学者より教員免許状取得のための必修科目として新設された教職実践演習は，原則4年次後期に実施されるが，これは教員養成の質の保証をより確実にするために設置された。教職実

第Ⅲ部　大人の学び

践演習は，教員としての資質能力の形成及び学部4年間で積み上げてきた学びの最終確認を目的とされている。そして，授業方法について．役割演技，グループ討議，事例研究，現地調査，模擬授業等の演習形式で実施することが望ましいとされている。

2. 教育実習における実習生の学び

　先述のように学生は，大学の教員養成カリキュラムをとおして学んでいくが，実践的で効果的な学びの場の1つとして注目されているものに教育実習がある。教育実習の重要性は従来から指摘されているところではあるが，わが国における教育実習に関する先行研究を概観したものに米沢（2008b）がある。米沢（2008b）によると，1990年代以降，教育実習の改善・充実を意図した施策が提言され，教員養成カリキュラムにおいて教育実習改革が促進される中，その動向に積極的に応える形で，教師としての力量の基礎を形成するものとして教員養成カリキュラムにおける教育実習の重要性を指摘した研究や，教育実習及び体験的授業科目における教職意識と教師としての力量の変容に焦点を当てた研究が行われてきたという。また，黒﨑（2001）は，教育実習の意義として「学校教育の実際を総合的・体験的に学ぶこと」「教職への意欲の喚起と使命感の自覚」「理論と実践の統合を図り，実践的指導力の基礎を形成すること」「基本的な教育技術の習得」「今後の大学での自己の研究課題の発見と探究活動への動機づけ」の5点をあげている。さらに，小学校教員としての力量を身につけるのに役立ったことがらとして学生が教育実習を最も高く評価しているという神山ら（2005）の知見も見られる。このように教育実習は学生にとって意義深いものであり，実習の具体的な効果として以下のように数多くのことが見いだされている。

　教育実習をとおして，実習生の教職志望度が変容するという知見がこれまで多く指摘されている。児玉（2012）は教育実習前後の教職志望度の変化を調査した研究結果を概観する中で，教育実習によって教職志望度が向上する学生も，低下する学生も，変化しない学生もいることを述べている。筆者も実習後に教職志望を強めた学生や逆に教職志望を弱めた学生を数多く見てきた。なかでも，特に印象に残っている学生がいる。その学生は，実習前は教師になるつもりが

なく，就職活動に力を入れていた。そのこと自体は珍しいことでもなかったのだが，実習後に会った時に，その学生は満面の笑みで筆者に「教師を目指します」と語ってくれた。話を聞くと「教育実習がよかった」「先生先生と言って寄ってくる子どもたちがかわいくて仕方がなかった」と言うのだ。教師になるつもりがない学生をここまで変える教育実習のすごさに私は感心したものだった。このように教職志望の変化の仕方は多様であり変化の理由も様々であると考えられるが，教育実習をとおして実習生は自らの卒業後の進路を決定づけていると考えられる。こういった意味で，実習はある種の教師になるための登竜門であると考えることができる。

また，教師効力感が教育実習経験をとおして高まることも春原（2007），西松（2008）らによって報告されているほか，授業や教師，子どもなどに対するイメージが実習をとおして変容することも知られている。例えば，深見・木原（2004）は，実習生のイメージ変容を事例的に検討している。その中で，実習生の教師イメージや授業イメージが変容していることや，指導教員の授業や教師イメージに近づいていることが見いだされている。また，三島（2007）は，実習生の授業・教師・子どもイメージの変容を量的に検討する中で，肯定的，主体的な授業イメージに変容したり，子どもをポジティブ・ネガティブの両面でとらえられるようになることを示唆している。

実習による変容としては，その他に，実習生の授業観察力が実習後に高まることが三島（2008）によって明らかにされている。三島（2008）は授業観察力のおもな指標として問題指摘数（授業中の問題点を的確に指摘できること），代案生起数（代案を生起すること）の2点に着目し，実習生に授業ビデオを視聴させ，ワークシートへの記述や授業評価の理由の自由記述の分析をもとに実習生の授業観察力の変容を検討している。その中で，実習後，全体的に授業観察力が上昇することが示唆されている。筆者はこれまで何年か実習前後での実習生の授業観察力を測定してきた。実習前は教師の発言や子どもの反応など事実のみや無批判な記述が多かったものに対して，実習後は授業内容に関する批判的な書き込みや代案が多くみられるようになっているワークシートを目にしてきた。例えば，算数の時間に子どもたちが自力解決をし，その後に教師が代表者を3名指名して集団解決していく場面において，実習前では事実のみを記

述し，特に批判や代案も書いていなかった学生が，実習後には児童の意見に対する教師の対応の仕方を批判したり，よりよい対応の仕方を案として出したりする記述が見られた。このことから，学生は実習後に，授業を受け手としてではなく，自分が授業者になった時にどうするかという視点でよりとらえられるようになってくることがわかる。つまり，導入，展開，まとめという授業の展開や形式といった表面的な部分だけでなく，各活動や場面の必然性や子どもにとっての意義に一歩踏み込んだ授業観察ができるようになってくることがわかる。

　以上のことを踏まえると，教育実習において学生は，自身の適性や教職への思いを再確認し将来の進路を決定づけていくとともに，教師としての力量を形成していると考えられる。そして，実習前まではどこか他人事のようにとらえていたものが，実際に子どもを前にして授業を行ったり，学校現場で実習生でありながらも教師のようにふるまうことを求められる中で，自身を教師という軸に置いてものを見たり考えたりすることができるようになっていることがうかがえる。このことが，実習における最大の学びではないかと筆者は考える。

3．教育実習生の学びを取り巻く学習環境

　先述のように教育実習をとおして実習生が多くのことを学び成長しているのは事実である。しかし，一方で，実習に行けば実習生は無条件に学んでいるのかというとそうでもない。森下ら（2010）も指摘しているように，実習生の学びを検討する際，実習生を囲む教育現場の学習環境との社会的な関係の中で構成される学びに焦点を当てる必要性があるのである。ここで，実習生の学びを取り巻く学習環境を考えてみたい。例えば，実習校が大学附属か公立，私立なのか，どういった教育目標を掲げているのか，といった実習校の特徴や雰囲気で環境は異なってくる。また，例えば小学校において配属学年が低学年なのか高学年なのかということも影響があるだろう。さらには，実習先で扱う学習内容や実習校で出会う指導教員の指導方針や性格といったことも関係するかもしれない。とりわけ，実習先で出会う指導教員が実習生に与える影響は大きく，指導教員の指導的関わりを高く認識する学生ほど実習で成長したと認識すること（米沢，2008a）や，指導教員との継続的な関わりによって実習生の教師イ

メージが洗練されること（深見・木原，2004）などが指摘されている。このように教育実習では，学習環境が実習生の学びに影響を与え，それゆえに実習生を取り巻く環境を整えよりよい学びのできるものにしていくこと，すなわち学習環境のデザインが重要である。

　では，実習生の学びを取り巻く様々な学習環境のデザインはどこまで可能だろうか。例えば，実習校を変えるということや，学校行事や実習生が扱う授業の単元を変えるということは難しく現実的とはいえない。例えば，実習生に学校行事の1つである運動会を見せたり，運動会の企画や運営に携わらせたい，と実習生を送り出す側（大学）が思ったり，実習生が希望をしたりしても，受け入れ校に対して実習の時期に学校行事をわざわざ合わせてもらうということは現実的ではない。そもそも学習対象となるべきことがらが実習中になければ実習生は該当事項について学ぶことはできない。また，仮に学習対象となるべきことがらが実習中にあったとして，必ずしも該当事項について学べるとは限らない。例えば，学生が保護者対応について学びたいと考えており，たまたま実習中に配属学級に保護者からクレームが寄せられることがあったとする。その際，学校や指導教員が実習生に対応を任せるということはまずないであろう。つまり，学習機会があったとしても実習生に任せられない，と学校や指導教員が判断すれば，実習生に該当事項について学ぶ機会は得られないことになる。森下ら（2010）は教育実践の場における実習生が，学習の対象，範囲，時間を任意にコントロールすることができないといった学習の制約を受けていることを述べている。しかし，教育実践の場に存在する実習生の学習の制約は，教育実践を維持・継続するために必要なものであることもあわせて述べている。

　また，実習生の学びに高い影響を与える指導教員に，実習生が望む分だけ十分に指導を行ってもらうということも限界があると考えられる。磯﨑ら（2002）は，附属学校教員に教育実習生の指導教員としての心配事項について尋ねる中で，高い心配事項の1つとして「教育実習生の授業を援助するために十分な時間をとること」があることを見いだしている。このことからも実習校や指導教員の多忙が窺え，指導教員にさらなる実習生指導を求めることは，受け入れ側の負担感の側面からも厳しいことが予想される。つまり，実習生を取り巻く環境には，学校の特徴や実習の行われる時期，指導教員との関わり方や指導の時

間など様々あるのだが，その多くは，制約を受けており，容易にデザインできるものではないのである。

そこで以下に，実習における実習生を取り巻く学習環境の1つとして，実習生が実習校において配属される実習班に着目した研究（三島ら，2011）を紹介する。実習班は，実習に関する活動の多くをともにする小集団であり，実習生が関わる時間も実習で関わる他者のうちの多くを占めることが予想される。そして，実習班における居場所感に着目する。居場所の重要性は様々なところで指摘されており，石本（2010）は，教育臨床や心理臨床の領域で有用な貢献がみられる「ありのままでいられる」ことと「役に立っていると思える」ことから居場所感をとらえている。教育実習が実習生にとって学びの多い場である一方で，ストレスや不安が大きい場でもあることを考えると，実習班において良好な人間関係が築けているかは実習における学びを深めるうえで重要であると考えられる。

実習生を対象に調査を行った結果，実習班における居場所感は「本来感」（項目例：実習班では，ありのままの自分がだせると感じる），「役割感」（項目例：実習班では，自分が役に立っていると感じる），「共感性」（項目例：実習班では，悲しみやつらさを共有できると感じる）の3因子構造であることがわかった。さらに，居場所感そのものが実習をとおして高まることがわかった（表7-7）。

また，実習班における居場所感の高まりと，教職志望度や教師効力感の高まり，教師イメージの変容に関連があることが見いだされた。このことは，実習班における実習生の居場所感を高めることが教育実習における実習生の学びを深めることにつながる可能性があることを示しているだろう。

表7-7 実習生（男女別）の実習前後における居場所感の平均値と標準偏差（三島ら，2011のTable5より筆者作成）

	男性 ($N=51$)		女性 ($N=89$)	
	実習前	実習後	実習前	実習後
本来感	3.35 (0.85)	3.50 (1.19)	3.61 (1.19)	4.11 (1.11)
役割感	3.56 (0.78)	3.59 (1.13)	3.54 (0.99)	4.05 (1.01)
共感性	3.80 (0.91)	3.78 (1.24)	3.97 (1.03)	4.35 (1.09)

注：括弧内は標準偏差

では，居場所感を高めるためにはどうしたらよいのだろうか。実習中のどのような経験が居場所感を高めているのか検討したところ，実習中の「フォーマル場面での協力経験」（項目例："研究授業という共通目的に向かって協力して取り組んだ"，"指導案の作成を手伝ってもらった"），「インフォーマル場面での親和経験」（項目例："反省会後に雑談をした""くだらない話で笑い合うことができた"），がおもに関係していることが示唆された。これらの全体像を示したのが図7-14である。

　この結果は，あくまで実習の一側面に着目したものであるが，実習における学習環境をデザインするうえでの1つの示唆を与えるものであると考えられる。すなわち，実習班の居場所感を高めるための手立てを講じていくことで実習での実習生の学びを深めていける可能性があるのである。研究の結果により男女で居場所感を高める経験などに違いはみられるが，例えば，授業後の授業検討会の時に，指導教員の助言や講評だけにとどまらず，実習生が相互に意見を出

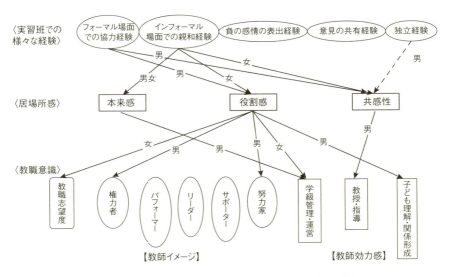

図7-14　実習班での様々な経験と居場所感の変容並びに居場所感の変容と教職意識の変容の関連（三島ら，2011より筆者作成）

し合い,よいところを認めたり,問題点を指摘し合ったりするようにすることも居場所感を高めることにつながるだろう。また,実習前の授業作りにおいて,班のメンバー全員で単元の理解を深めたり,指導内容を理解したりする機会を十分に設けたり,教材の作成や準備,予備実験,模擬授業を一緒に行ったりと,共同で行う作業の機会を増やすこと,実習開始前の段階で実習班を組み,班を意識させる,例えば教育実習の事前指導時に班のメンバー同士の交流の機会をもたせるといったことも居場所感を高めることに当てはまるだろう。このようなことは,自然と生じる可能性もあり,改めて意識するほどのことでもないかもしれないが,重要なのはこれらの視点を実習生を送り出す大学や受け入れる学校教員がもち,意図的に手立てを講じていくことではないかと考える。また,男女の過度な偏りをなくしたり,教職志望の高い学生とそうでない学生を混在させるといったメンバー構成の工夫も必要となるのではないだろうか。なかには実習生が少なく実習班が組めないことも生じるため,その場合は,別の学習環境に着目していく必要があるだろう。いずれにせよ,実習を効果的なものにするための学習環境にどのようなものがあるか,またその環境をどう構築していくのかを考えていくことが教育実習の充実,さらにはよりよい教員養成を検討するうえでの重要な視点の1つになると考えられる。

4. おわりに

教師は大学における養成段階をとおして学んでいくが,養成段階だけですべてを学ぶわけではなく,採用後も研修等をとおして長期的に学び続けると考えられる。養成段階における効果的な学びの場の1つとして,本節では教育実習という学習環境に焦点を当てたが,教育実習や教育実習も含めた養成段階で学生が何をどのように学んでいるのかを検討するとともに,学びを支援するうえで環境を学びの場としていかにデザインしていくのかを検討していくことが今後いっそう重要になってくるであろう。

第Ⅲ部 大人の学び

第8章
仕事と社会における学び

1節 熟達者のさらなる成長促進
―プロジェクトリーダーの擬似経験学習

1. 熟達者の学びが求められる背景

　日本では，バブル経済破綻後の平成不況以来，職能資格制度が撤廃され成果主義が導入される中で，職場でのOJT（On the Job Training）あるいは研修などのOff-JT（Off the Job Training）も減り続けた（原，2007）。また，リストラクチャリングによる人員解雇の影響で職場内の多様なロールモデルが消失し，職場では先輩らの言動に濃密に接しつつ学ぶ機会が減少するようになった。
　一方で，不確実性が増しグローバル化が進む産業界において，従業員が高い業務能力を獲得する必要性が増している。特に，特定領域の専門性を高めるだけではなく，組織横断的なプロジェクトの推進力及びマネジメント力が強く求められるようになってきた。言い換えれば，複数の部署や部門の協働あるいは共創をプロデュースするスキルの重要性が増してきた。
　高い業務能力の獲得については，職場のマネジャーやプロジェクトマネジャー（以降，PM）あるいはコンサルタントを対象として，自身を成長させた経験を調べた研究がある（金井，2002；松尾，2006）。共通する経験としては，修羅場と表現される状況への挑戦が求められる経験である。成長を引き起こす経験の調査研究とは別に，業務能力の高い従業員の実践的暗黙知を抽出する研究（Sternberg & Wagner, 1992）が進み，それらの知識や技能を共有して人と組織の知財を発展・創出させようとする理論（野中・竹内，1996）が提案さ

れるようになった。経験や暗黙知を解明する研究が進む一方で，熟達者をさらに成長させるための学びの開発に関する実証研究は，いまだ発展途上である。成長を引き起こした業務経験が解明されても，同様の経験を通常の従業員に与えることはリスクを伴う。卓越した人だからこそ当該経験を活かせた可能性があり，失敗すれば大きな損失を招きかねない。一方で，自身の実践法を確立した熟達者は，他者のベストプラクティスを受け入れない場合がある。アーギリス（Argyris, 1991）は，専門領域において成果をあげてきた人々は，新たな学びに対して防衛的であると指摘する。伊東ら（2007）の研究では，達成度の高いマネジャーの行動とは知らされずにその行動を与えられた場合，中堅マネジャーの半数はそれをリスクが高い不適切な行動と判断した。今日では，自身の実践法を確立させた熟達者をさらに成長させる学びの設計・開発・評価が，従来にも増して求められている。

2. 経験からの学び

業務能力の獲得には実践経験が必須である。しかし，経験を積み重ねるだけではなく，経験と省察を繰り返すことが問題状況に柔軟に対応できる知的成長を実現させる（Schön, 1983）。コルブ（Kolb, 1984）は人材開発について経験学習論を展開し，「具体的な実践経験」「経験の省察的観察」「経験の抽象化・概念化」「発見を実践現場で試す」の4プロセスが，省察による発見をうながし学びの持続的開発を可能にすると述べた（Kolb & Lewis, 1986）。

経験学習論が示す4プロセスは，長期にわたる実践上の成長を可能にするメカニズムである。しかし，4プロセスを研修に導入することにより，知識獲得を超える学習を引き起こす可能性があると考えられる。経験学習論では「経験の省察的観察」と「経験の抽象化・概念化」が重要な働きをもつ。その働きとは，実践者の信念や行為の拠り所である準拠枠にゆさぶりをかけることである（Mezirow & Associates, 1990）。研修において模擬的な実践課題を参加者に与え，それに対する自身の取り組み方とは異なるマネジメントスタイルの実践に遭遇させ，その経験を他者との議論を通して省察する機会を与えれば，準拠枠のゆさぶりと革新が期待できる。

本稿では，事業成果をあげてきたプロジェクトリーダーを対象に経験学習プ

ロセスを取り入れたケースメソッド研修を実施した伊東・河崎（2014）の研究を紹介する。研修の評価指標は，中原・金井（2009）が報告した経験学習が引き起こす内的変化に基づき，省察面：「自身の経験の内省」と「自身の経験の客観的理解」，発見面：「新たな視野の獲得」と「挑戦すべき方向性の発見」，動機づけ面：「将来への士気向上」とされた。

3．ケースメソッド研修
①参加者

大手製造会社において，中規模のシステム開発を所属部署のチームを率いて成功させてきたプロジェクトリーダー44名。31歳～45歳で平均35.6歳の男性である。彼らは今後大規模で複雑なプロジェクトを担当することが期待されている。1回の研修は15名程度とした。研修回数は4回であった。

②ケース材料

中堅地方都市X県の第n次情報化計画における既存情報インフラの再構築案件である。システム要件は，A4用紙3枚に記載され，別に登場人物の関係図も添付した。プロジェクト内容は，公共系情報システムの再構築案件で，主人公のPMが従来担当してきた顧客部門のシステム開発部分を含む複数部門を統合する大規模再構築案件である。顧客側の窓口も新規に設けられる。主人公が所属する事業部にとっては，従来の担当範囲の問い直しを迫られると共に，安定的歳入を失う危険性のある重要な案件である。当該案件が発生した背景とシステム要件の概要に加えて，1週間後に社内キックオフ・ミーティングがあることと，2週間後に顧客の新担当者との会合があることが記載されている。

③異なるPM像

ケース材料に加えて，異なるマネジメントスタイルをもつ上級PM2名（氏名と写真有り。写真は研修ごとに変更）の人物像とふるまいが作成された。彼らの考え方と行為については，本研修の課題と同じ課題に実際の上級マネジャー等が回答した結果（伊東ら，2007）を反映したものである。その2名は入社16年目（39歳）と17年目（40歳）のPMで，官庁系の業務システム開発を担当してきた経歴をもつ。ITスキル標準センターによるスキル水準は両者とも6程度（高水準）である。経歴特性は同様であるが，一方は大規模プロジ

ェクトを成功に導いてきた PM の典型的回答であり，他方はおもに中規模プロジェクトで実績を築いてきた PM の典型的回答である。前者を Very High Achiever：VHA，後者を Medium High Achiever：MHA と称す。

　VHA は，自身のチームを超える人材確保を含め企業組織内の体制構築に素早く動き，プロジェクト体制やスケジュールの概要設計を作成する。社内キックオフ・ミーティングにはシステム開発に直接携わるメンバーだけではなく，プロジェクトを間接的に支援する専門部署にも声をかけ，開発メンバーが気づかないリスクや困難を初期段階で協力して予測しようとする。その準備によって，顧客との会合における即応性と提案力をあげようとする。一方，MHA はプロジェクト案件の詳細に関する調査を行い，キックオフには直接開発に携わるメンバーのみを呼び，担当できる範囲を見きわめようとする。他の専門部署への相談に関しては，問題に直面した時に，当該専門部署に相談する方法をとる。

　VHA は企業の組織力を活かして不確実性が高く規模の大きいプロジェクトを顧客と形作ろうとし，MHA はチームで引き受けられる部分を見きわめて引き受けるか否かを判断しようとする。研修参加者が期待されているのは VHA 型のマネジメントへの成長である。

④研修手続

　以下の（1）と（2）は経験学習論の「実践経験」，（3）と（4）は「省察的観察」と「経験の抽象化・概念化」，（5）は「発見を実践現場で試す」に相当する。

（1）ケース材料の理解と課題遂行：参加者はケース材料を提供され理解のための時間が与えられた（10 〜 15 分）。次に，参加者はそのプロジェクトへの初期対応として自身が実施する行為とその目的（理由）を，20 分以内でできるだけ多く書き留めた。さらに，参加者はキックオフ・ミーティングに呼ぶメンバーを列挙し，そこでの議題内容を 25 分以内で書き留めた。

（2）2 名の PM 導入（30 分）：2 名の PM と彼らの回答資料が配布され，参加者は自身の回答と 2 名の PM の回答を比較しながら，自身の回答を再考した。

（3）PM 選択とグループ分け（10 分）：参加者は自身の回答に近い PM を申告した。その後，当該案件への対応としてより適切であると判断する PM を選び，そのグループに分かれた。この後，参加者は，両 PM とも十分

に実績ある PM であること，ただし，どちらが大規模プロジェクトで成果をあげている人物で，どちらが中規模プロジェクトで成果をあげている人物かについての説明を受けた。
(4) グループ内（50分）とグループ間の討議（50分）：VHA 選択と MHA 選択のグループ内で，両 PM の強みと弱みを議論した。彼らは PM のふるまいにのみに注目するのではなく，PM の任務や想定されるリスク，部署間のコミュニケーションの問題等も含めてふるまいの影響や意味を議論するよう指導された。グループ内討議終了後，グループ間討議を同様に行った。
(5) 学びの振り返りと発表（60分）：2名の PM のふるまいと議論からの学びや気づき，職場での実践に持ち帰って活かそうとする事項を各自まとめ，発表した。
(6) 学びの評価：評価項目は，省察：「良き振り返りの機会を得た」「行動を客観的にとらえることができた」，発見：「新たな視野をもてた」「挑戦すべき方向性を発見できた」，動機づけ：「将来への士気の向上」であり，6段階評定（6：かなりそうだ〜1：全くそうではない）であった。

4. 内的変化の分析

(1) 参加者のマネジメントスタイル

参加者の申告では，彼らの86％が MHA スタイルであった。PM 資料を読了後に適切なふるまいであるとして選ばれた PM は，MHA が39％，VHA が61％であった。MHA スタイルの参加者が VHA のふるまいに遭遇したとき，それを優れていると判断する確率は49％であり，この結果は研修ごと（4回）に同様であった。

(2) 省察，発見，動機づけ

質問紙による評定項目の評定値を図 8-1 に示した。4.0 以上が肯定的評定，3.0 以下が否定的評定である。VHA 選択者も MHA 選択者も，すべての項目で肯定的評定となった。MHA 選択者でも議論を通して VHA の優れた点を理解し，自身の成長への気づきを得ていることがわかる。ただし，動機づけ面に関

第Ⅲ部　大人の学び

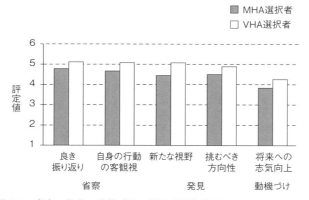

図 8-1　省察，発見，動機づけに関する評定値（伊東・河崎，2014 より）

表 8-1　PM2 名のふるまいと議論からの学びと気づき：省察面（伊東・河崎，2014 一部改変）

カテゴリー	概念	発表内容例
行動	リスクマネジメント	初期段階で他部門の協力を得てリスクを見通すよりは，急場の相談でしのぐやり方だった。
	人員確保	人員を考えるためには，自分が正確な情報を得て筋道を考えてから，確保へ動くという対応だった。
		脆弱な体制になって大変な目にあってきたが，体制構築に対する動きが遅かったと気づいた。
	情報共有	初期の会議での情報共有に関して，自部署の配下までは意識して共有していなかった。
認知	プロジェクトスコープ	自分（自チーム）のできる範囲を念頭に実施策を検討していた。
	プロジェクト設計	（プロジェクトそのものを構想し設計するという考えではなく）標準プロセスを遵守しつつ状況に合わせた対応が重要と考えていた。
	マネジメントスタイル	業務拡大の可能性はあるけれども実現性の低い（難度の高い）プロジェクトよりも，利益の出ている既存システムをいかに守るかという方針だった。
	顧客との関係	顧客第一と考える傾向があった。意向を調べ尊重するけれども，こちらから顧客に提案し舵取りをするという発想ではなかった。
	限界の認識	従来担当してきたプロジェクトは，経験から判断できる部分が多かったり，システムやユーザをわかっていたりでなんとかなったが，これ以上大きくなると同じやり方ではうまくいかないと感じていた。

第8章 仕事と社会における学び

しては，VHA 選択者は 4.0 以上の値であるが，MHA 選択者は 4.0 を超えておらず，研修の影響が相対的に弱いことがわかる。

量的分析に加えて，発表データの質的分析が行われた。2 名の PM と議論から得た学びと気づきの報告には参加者の省察内容が，職場に持ち帰って活かそうとする事項には省察から革新へ向かう内的変化が反映される。それらが木下（2003）の修正版グラウンデッドセオリーアプローチにより分析された。分析の妥当性検討は，当該企業のプロジェクトマネジメント本部の PM が実施している。

省察内容に関しては，15 個の分析ユニットを得た。表8-1 に示すように，8 個の概念と 2 個のカテゴリーが区別された。省察の対象として行動面と認知面（考え方）が区別され，行動面では，リスクマネジメント，人員確保，情報共有に関する気づきがあった。認知面では，プロジェクトスコープ，プロジェクト設計，マネジメントスタイル，顧客との関係，自身の限界の認識についての気づきがあった。これらは VHA 選択者も MHA 選択者も同様であった。

参加者が職場での実践に持ち帰って活かそうとする事項についても，同様の分析が行われた。この内容は参加者自身が自ら設定する最近接成長領域（最近接発達領域：zone of proximal development）(Vygotsky, 1978) である。この領域を自ら特定することは，自らの経験学習を推進させる働きをもつと期待される。

分析の結果，60 個の分析ユニットを得た。表8-2 に示すように，10 個の概念と 3 個のカテゴリーとして行動面，認知面，動機づけ面が区別された。行動面が最も多かった。プロジェクトを企業組織に位置づける，他部門との協働を促進するために信頼の構築やプロジェクト設計の視覚化を行う，初期の体制確保に素早く動く，などが認められた。顧客については，キーパーソンの探索が報告された。認知面では，チャレンジ性を高めるために為すべきことを見据え，積極的に他部署や顧客との関係構築を行うなどの意識改革が報告された。動機づけ面は，多様な経験を積んで自らプロジェクトの青写真が描けるようになるとの意欲が認められた。これらの報告は MHA 選択者にも VHA 選択者にも認められた。

表 8-2 職場に持ち帰って活かそうとする事項:革新面 (伊東・河崎, 2014 一部改変)

カテゴリー	概念	発表内容例
行動	企業組織の利活用	大規模, 不確定要素が大きい場合, 自分の経験を超える案件では, 情報が集まる関係組織を巻き込んで協力してもらうふるまいをする。
		必ずしもすべてを自分でやる必要なし。情報共有して専門部署, 関連部署に組織的に任せる, 信頼する。
		案件の内容の詳細がわからなくても, とにかく関連する人間と協力体制ができると楽になる。
		上司や幹部に適切なタイミングで報告することが重要。
		作業が必要だから人を集めるのではなく, 叡智が必要だから人を集める。叡智を引き出す事前準備を行う。
	他部門の理解とコミュニケーション	人脈をつくることや関係部署にパイプをもっている人を知ることが大事。
		リスク判断や情報集めには人とのコミュニケーションが必要なので, どんな人でも毛嫌いせず, コミュニケーションをとるようにしたい。
		考え方や実践法は所属組織の文化に依存するため, いろいろな組織文化に触れることが重要。
	プロジェクトの設計と視覚化	情報が不足している状況でも, 構想を視覚化することで, 不足している情報を理解したり, 効果的にヒアリングしたりできる。
		しっかりとストーリーを組み立てて上司と会話する (主張する)。
	初期のリスク洗い出し	リスク診断の早期実施とそのための関連部署への協力依頼を行う。
	キーパーソン探索	営業の情報や顧客の上位者ではなくキーマンを探す努力をする。
	初期に素早く動く	社内協力体制の整備を優先してスピード感をもって行う。
認知	事業拡張のためのプロジェクト設計	業績を拡大させるためには, やる/やらないの判断やそのための情報収集よりも, やる前提で成功させるための準備や体制を優先させるという考え方が大事。
	焦点の明確化	本質的にやるべきことは何かという視点で物事を考えるべき。
	コネクションの重要性認識	自ら社内の人にコンタクトをとり, 自分から顧客に接触していく意識が必要。
動機づけ	挑戦する姿勢	悩んで道を模索するために止まるくらいならとりあえず前に進めてみるのも必要。
		どう転んでも成功させるという取り組み方。
		いろんな経験を積んで視野を広げることが重要。そして精度の高い青写真を描けるようになり, ついてきてくれる人の信頼を失わないようにする。

5. おわりに

　伊東・河崎（2014）の研究では，経験学習論のプロセスを研修に取り入れることにより，すでに実践スタイルが確立した職業人の準拠枠にゆさぶりをかけ，さらなる成長に向けた挑戦事項を発見させることができた。日常の業務に追われる職場では，経験学習の4プロセスを個人が意識的にもつことは困難と思われる。この点の改善には，組織的な施策として対話的省察の場を職場に取り入れることが求められるであろう。

　従来，教育あるいは学習という言葉には，個人に外部知識を定着させることが目的としてあったと思われる。しかし，研修の場で研修参加者に新たな知識が定着し，成長の方向性が発見できたとしても，職場に戻ったときに獲得した知識や挑戦の方向を実行あるいは試行する場や機会がなければ，学習は目に見える形で仕事にも同僚にも影響を与えることはできない。個人内に埋没したままになる。したがって職場における学習の設計・開発に踏み出す研究が求められる。

　上記の課題に関しては，心理学者もその守備範囲を拡張させる必要がある。心理学は基本的に個人の変化をその研究対象として探究してきた。しかし，職業人の学びの開発のように，職場社会やより上位の企業社会に埋め込まれた人の学習を，分析に留まらず設計・開発・評価しようとするならば，個人の学びと組織の学びのインタフェースを探究することが求められる。これは心理学と社会学の接点領域でもある。心理学も「学びの設計・開発」を手がかりとして多様な領域を横断し，異分野がぶつかり合う領域で新たな知と実践を生み出す挑戦を続ける時期であろう。

2節　専門職の学習のあり方

1. 医療系養成校の課題

(1) 医療人養成の背景

　医療の目的を端的に表現すれば，患者のもつ問題を援助することといえるだろう。すなわち医療行為とは，その援助に関わる行為のすべてを指しており，

第Ⅲ部　大人の学び

具体的には，病歴聴取・理学的診察・検査・診断・治療などがあげられる。また，医療行為を評価する際には認知領域（以下，知識）や精神運動領域（以下，技術）の評価だけでなく，コミュニケーション能力に関わる情動領域（以下，態度）の評価も重要である。しかしながら，それを客観的に評価するのは困難であった。そうした社会的要請に応えて，1975（昭和50）年にOSCE（Objective Structured Clinical Examination：客観的臨床能力試験）が発表された（Harden et al., 1975）。OSCEは，ステーションとよばれる複数の部屋が用意され，それぞれのステーションで臨床能力を評価するための課題が用意される。例えば，医療面接，理学検査，診断などであり，患者を必要とするステーションでは模擬患者を相手に試験を受ける。すべての受験者が同一課題に同一条件で取り組み，さらにそれを同一評価観点によって複数の評価者が評価できるように標準化されている。

また，模擬患者の役割を学生に演じさせることで，患者の目線で医師を観察することができ，自分自身や医師役の学生の不十分な点に気づくきっかけとなる。

OSCEが日本で初めて導入されたのは1994（平成6）年である（伴ら，1994）。学生の学習意欲，臨床実習に取り組む態度の改善といった形成的評価として利用することも期待されている。

(2) 医療人養成の課題

これまで多くの医療系養成校でOSCEが実施されているが，次のような課題が指摘されている。

1つは，評価者の評価基準が不統一なことである（判，1995）。特にOSCEの中でも医療面接のステーション評価は評価者間の一致が低いことが報告されている（Brown et al., 1999；相澤ら，2003）。医療面接とは従来，問診とよばれていた領域である。的確に病歴をとり診断に役立てること，すなわち身体的状態を的確に把握するために実施される。患者が医療者を信頼して指示を受け入れるためには，信頼関係を築くことが不可欠であるが，問診だけで信頼関係を築くのは難しい。したがって，患者の精神心理的状態や社会的状態への配慮を含む医療面接が求められている。

医療面接はどの医療系養成校のOSCEでも，第1ステーションで取り扱われている重要度の高い試験である。しかしパフォーマンス評価であるため，どうしても印象評価となってしまう傾向がある。そのため，受験者に求められる技能の習得状況を実技試験において確認できる適切かつ明確な評価項目を作成し，信頼性と妥当性が検証された評価票を作成することが必要とされている。

もう1つの課題は，学習環境の改善であろう。大変重要な役割をもつ医療面接であるが，OSCEの各ステーション中で医療面接の評価得点が最も低いという報告がなされている（山路ら，2004）。

医療面接能力の習得には実習や実技による反復練習が必要となるが，知識の獲得が伴わない技術習得は考えにくく，また適切な医療の判断も行えない。したがって，授業で獲得した知識を技術や態度と融合させ臨床試験に活かせるように，学習の転移をもたらす学習方法の開発が必要である。しかし，医療面接の授業に関する報告はほとんどされていないのが現状である。

以上より本節では，医療系養成校の学習のあり方についてOSCE内の医療面接に焦点を当てて，2つの方面から考えてみたい。

①評価側の課題となる試験に使用する適切な評価票とはどのようなものであるか。

②受験者側の課題となる効果的な学習環境とはどのようなものであるか。

2. 試験に使用する適切な評価票
(1) 評価票作成の試み

医療面接のステーションではあらかじめ決められた時間内に模擬患者から病歴聴取を行い，その質問内容，医療人としての態度，情報の収集能力などが評価される。その際，患者の抱えている問題への心理的介入という要素が含まれている。

評価者間の不一致が高くなる原因の1つとして，受験者と模擬患者間で行われる対話を評価するために，評価票の項目の順番と実施している試験での対話の順序が異なることがあげられている。そのため評価者側のエラーとしての聞き逃しや行動の解釈の違いが生じやすいことが問題点として指摘されている（岩堀ら，2009；伊藤ら，2005）。また，評価票の項目にある「話を促進するこ

とができる」という「できる」あるいは「適切な」という言葉が評価基準の不統一の原因となるだけでなく，複数評価者の一致を低下させる可能性があるとの指摘もなされている（相澤ら，2005）。

これらの先行研究で明らかなように，医療面接の評価には，いまだ信頼性と妥当性を兼ね備えた評価票の確立が大変困難であるというのが現状である。また，作成された評価票の信頼性に関する報告では，評価者内での一致に関する報告はなく，評価者間の一致に関する報告のみである。さらに評価票の妥当性に関する研究報告も見つけるにいたらなかった。

そこで，他の医療系養成校での試みを参考に信頼性と妥当性の高い評価票の作成を試みた。

(2) 信頼性と妥当性ある評価票作成

医療面接というパフォーマンスを有する試験において，客観的な評価に改善するために，評価票の評価項目を精選し評価基準を明確にする必要がある。

そこで評価票の信頼性を高めることを目的として，2回の評価を実施しその一致はκ係数を指標として検討した。まず，協力者101名分の医療面接試験を録画した。評価者は，某養成校で医療面接試験の評価経験のある教員を対象に4校の教員6名で行った。評価者は，同一の録画内容を個別で評価を行い一定期間あけた後，再度同じ録画された医療面接試験の評価を行った（図8-2）。

評価票は，引用文献を参考としながら，本研究の評価者との打ち合わせで選

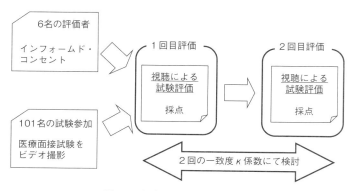

図8-2　評価票：信頼性の検討

定した項目に基づいて，25項目3段階の評価票を作成した（福本ら，2002；Hodges et al., 1999）。

評価項目中の言葉による混乱をさけるため，項目の用語を単語に絞り配布した（表8-3）。そのため項目は「どこが」といった単語となっているが，評価基準には「腰痛であること」「痛みには左右に差があること」など，その項目に沿った段階的基準が用意されている。項目の順番についてはこれまでの評価経験に基づき評価のしやすさを優先した順番となるように配列した。

その結果，すべての項目において0.41以上の中等度以上の一致が確認できた（金田・北田，2011）。

さらに，評価票の妥当性を確認するため，一致が確認された前述の評価票をもとに因子分析を行った。協力者58名に，評価票の評価基準を説明した後に録画した2名分の医療面接試験を評価してもらった（図8-3）。

その評価をもとに因子分析を行った結果，4因子20項目の評価票となった。それぞれ第1因子を「情報聴取」，第2因子を「相互協力」，第3因子を「場の雰囲気作り」，第4因子を「忘れ易い技術」とした。

表8-3 評価項目

1	挨拶 – 患者を確認，自己紹介する		16	どんな状況で & 影響する因子
2	面接することを説明し同意を得る		17	随伴症状
3	対人空間を配慮している		18	主訴をつかんでいる
4	視線をむける		19	既往歴・家族歴
5	最初は患者が話しやすいように質問		20	心理的・社会的側面の情報を得る
6	話を促進する		21	解釈モデルを尋ねる
7	共感的理解の態度を示す		22	受療行動を明らかにする
8	患者がリラックスをしやすいように配慮		23	東洋医学的面接を行っている
9	わかりやすい言葉を使っている		24	沈黙を上手に使う
10	要約を述べる		25	医療人として安心できる立ちふるまい
11	言い忘れたことがないか尋ねる			
12	いつから，経過			
13	どこが			
14	どのような性質			
15	どの程度			

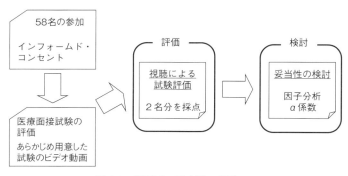

図8-3　評価票：妥当性の検討

　内的整合性の検討のため，クローンバックの α 係数を算出したところ（表8-4），各因子（下位尺度）の α 係数の値は 0.893 から 0.643 であり内的整合性が確認された（金田，2012）。

（3）評価票作成について

　田中は著書の中で学習評価を行うにあたり評価そのものを評価する視点の必要性を説いている。すなわち，「誤った評価結果をもとに判断すれば当然判断を誤る」とし，「評価という行為そのものが弊害をもたらす危険性」を指摘している（田中，2009）。学習評価を行うにあたって，評価基準そのものを評価する視点をもつことが必要といえる。

　今回，医療面接試験の評価を行う指標として信頼性と妥当性を兼ね備えた評価票を作成することができた。また，因子分析により4因子で構成されているため，因子ごとに習得状況の把握が可能となった。これまでは項目ごとに，習得状況を把握し指導を行ってきたため，得点が低い学生にとっては指導項目が多く，何を修正したらよいのか困惑することがあった。しかし，因子ごとに指導を行うのであれば，注目すべき箇所が以前よりも明確になると考えられ習得の向上に役立つものと考えられる。

　試験評価を行う際には，このような評価票を使用することで信頼性と妥当性が確保された客観的試験を行うことが重要となるだろう。

第8章 仕事と社会における学び

表8-4 因子分析の結果およびクローンバックのα係数の結果

評価項目	因子				因子名	クローンバックα係数
	1	2	3	4		各因子
増悪・軽減因子	.835	.212	.091	.143	情報聴取	0.893
経過・現在の程度	.744	.236	.094	.211		
既往歴・家族歴	.698	.287	.301	.136		
いつから，経過	.685	.241	.359	.066		
随伴症状	.671	.316	.100	.273		
要約を述べる	.623	.225	-.007	.103		
心理的・社会的側面の情報を得る	.572	.212	.374	.115		
言い忘れたことがないか尋ねる	.536	-.102	.074	.051		
話を促進する	.463	.378	.169	.361		
わかりやすい言葉を使っている	.117	.762	.395	.046	相互協力	0.788
最初は患者が話しやすいように質問	.213	.648	.208	.203		
東洋医学的面接を行っている	.449	.567	-.097	.030		
どこが	.264	.502	.258	.082		
患者がリラックスをしやすいよう配慮	-.030	.385	.667	.299	場の雰囲気作り	0.710
沈黙を上手に使う	.076	.342	.588	.066		
医療人として安心できる立ちふるまい	.288	.027	.531	.212		
挨拶－患者を確認，自己紹介する	.464	.058	.483	.198		
共感的理解の態度を示す	.140	.473	-.004	.736	忘れやすい技術	0.643
どのような性質	.141	.090	.207	.638		
面接することを説明し同意を得る	.243	-.091	.310	.584		
合計	4.610	2.671	2.141	1.838	因子抽出法：主因子法	
分散の %	23.048	13.357	10.707	9.188	回転法：バリマックス法	
累積 %	23.048	36.405	47.111	56.299	16回の反復で回転が収束	

3. 効果的な学習環境
(1) 学習環境の背景
　近年，医療人養成においてメディアを活用した実践の報告が増えている。ビデオ映像によって非言語的コミュニケーションを授業に取り入れることの有効性を調べたところ，通常の授業形式に比べて臨床を実感でき，また重要性に対する認識を深めることができたとしている（谷山ら，2005）。ここで述べられている通常の授業形式とは，従来行われている黒板への板書を中心とした，授業において最も使用されている形式（以下，対面型授業形式）をいう。医療面接の学習方法として，従来から取り入れられている対面型授業形式と新たに学習効果が期待されているメディア教育を取り入れた方法を比較することは今後の学習環境デザインを考えるうえで重要だと考える。

　そこで，対面型授業形式とメディア教育としてのビデオ教材を医療面接の学習に用い，医療面接試験への学習効果の転移状況を比較した。評価票は前述で作成した4因子20項目からなる評価票を用いた。

(2) 対面型授業形式とメディア教育の比較
　この比較には，医療面接の授業を受け医療面接試験の練習を行った51名の学生に協力を得た。協力者にはまず医療面接試験を受けてもらい，その後ランダムに対面型授業形式とメディア教育のどちらかを受講してもらった。その後に，再度医療面接試験を受けてもらい受講前後の試験評価を比較した（図8-4）。

　試験評価者は経験ある講師に依頼し，評価票はこれまでに作成したものを使用した。

　対面型授業形式において依頼した講師は，学生とは別の養成校の教員に協力をお願いして十分に授業内容を把握して望んだ。医療面接の開始時の対応から終了までの流れの説明を行い必要に合わせて板書を行った。メディア教育では，実践を想定して構成されたビデオ教材を用い，前半は医療従事者と模擬患者間で行われる医療面接のデモンストレーションが行われ，後半は要点をまとめた説明という形式になっている。

　結果，両授業後ともに総得点およびすべての因子で有意に試験得点が向上し

第 8 章　仕事と社会における学び

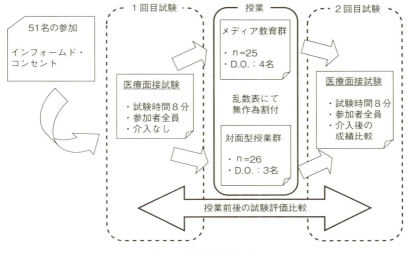

図 8-4　授業形式の比較

た。少なくとも選択した 2 つの授業内容に対しては十分な学習効果が期待できる授業形式であったと考える。両授業を比較すると，総得点に有意な差はなかった。しかし，各因子でみると第 2 因子に対して対面型授業形式の授業が有意に向上した。

　第 2 因子は因子名を「相互協力」とした項目群でもあり，他の項目と比べ患者の受け答えによって展開が大きく変化してくることが予測される。メディア教育と比べ双方性で行う対面型授業形式では，受講する学生の理解度を意識しながら進行することができる。そのため，受講者の学習効果を確認しながら授業が進行することで理解が深められ，試験において臨機応変な対応が行えたのではないかと思われる（金田，2012）。

(3) 自己評価を取り入れた学習の提案

　1 つの視点として自己評価を取り入れることを提案したい。自己評価の効果については，いくつか報告があり高い効果が報告されている（徳永・平野，2014；淺田ら，2014）。今日では対象者の実践場面（この場合は面接場面）を実際に撮影した映像を利用することで自己を客体化することが可能となり，自

己評価が行いやすくなったといえる。

　例えば，うなずきや傾聴の姿勢，さらには顔の表情にいたるまでの態度を試験で評価されるわけだが残念ながら緊張の中で試験を受けた学生に振り返ることは困難である。知識や技術だけではなく，態度を重要視する医療面接において他者からの指摘だけでは理解しがたい。

　そのため，自身の振り返りとして自己評価を行うことは気づきを得るうえで大変重要となってくる。しかし，自己評価により気づきを得た後，行動が変化するものと考えられるがそれは適切な変化なのだろうか。その課題を解決するためにも，今一度他者評価を行うことによって変化を判断する必要があるのではないだろうか。

　自己評価と他者評価を比較する報告はみられるものの，自己評価後にもう一度他者評価の変化を確認した報告を見つけるにいたらなかった。

　他者評価とは，臨床の場においては患者の視点といえるだろう。自己評価後に他者評価を確認することは，自己評価が単に自己満足で終わることなく適切な医療行為を行う医療従事者として患者との信頼関係が適切に結ばれる指標となりうる。自己評価後の他者評価の確認は大事な指標といえるだろう。

　そこで，対面型授業形式とメディア教育を比較した後，自己評価を加え学習効果にどのように影響するのかを検討した。

(4) 自己評価を取り入れた学習の効果

　研究の主旨を説明し同意を得た協力者を対象とした。学生に医療面接試験を行い，その様子を全員分ビデオに録画した。その後，前回と同様の対面型授業形式とメディア教育に分かれ受講した。さらに，録画したビデオを視聴し自己評価を行う群と行わない群に分け評価を行い，もう一度医療面接試験を受けた。用いた評価票は前述したものと同様である（図8-5）。

　結果，両授業後ともに総得点およびすべての因子で有意に試験結果が向上した。また，前述と同様に第2因子において対面型授業形式が自己評価の有無にかかわらず有意に向上した。自己評価の有無に関しては，第1因子において自己評価を行った群が有意に向上した。

　第1因子は因子名を「情報聴取」とした項目群でもあり他の項目と比べ従来

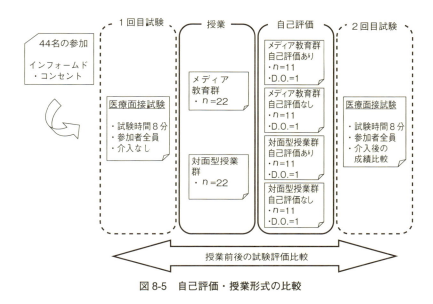

図 8-5　自己評価・授業形式の比較

問診といわれてきた治療に関する重要な質問が多い因子であり，第1因子で自己評価の有効性を示せたことは意義深い（金田，2013）。評価者からできてない項目に対する部分の指摘を受けるのではなく，自己評価によって全体から不足していることがらを理解したことで，具体的な行動目標の改善が可能となり，その後の到達目標が定まったのではないだろうか。

(5) まとめ

　学生は，授業の刺激を受けることで成績向上があるものと考える。ただし，学生は限られた期間の間に効率よく学習を終わらせ，その内容を発揮できなければならない。そうした意図をもてば最も効果のある学習方法を検討することは意義が大きいだろう。

　効果的な学習方法を検討するため，対面型授業形式とメディア教育を比較し，さらに自己評価を追加し行った。両授業ともに受講後の学習効果が有意に向上したことは十分な学習効果が期待できる。また，第2因子（相互協力）にて対面型授業形式がメディア教育と比較し有意に得点が向上したことは興味深い結果である。

さらに，自己評価を加えることにより第1因子（情報聴取）の得点向上を有意な差をもって確認することができた。第2因子（相互協力）においては自己評価の有無に限らず前回同様，対面型授業形式が得点向上につながった。対面型授業形式と自己評価の組み合わせは相乗効果が期待できると考えられる。

4. 今後の専門職の学習のあり方

現在，医療の現場では多職種連携によるチーム医療が求められている（花田ら，2007；岩田ら，2007）。チーム医療の活動を想定し，大学では学科連携によるチーム医療教育が取り組まれている（酒井ら，2008；川野ら，2009）。

本節は，OSCE内の医療面接をもとに学習成果の評価を主題として展開してきた。信頼性と妥当性を備えた評価票作成を試み，一定の成果を得たことは，医療系養成校に導入されている医療面接の試験評価の精度を向上させるものだと考える。さらに，授業による習得状況の違いや自己評価による学習効果を確認できたことは意義深い。特に自己評価の有用性は多職種連携により複雑化する医療業界で活動する際，自身を見つめ業界で活躍するためにも有用だろう。

臨床の場では，自身の活動を点検し，調整していくような学習が求められている。自己評価の確立は，生涯学習の観点をもつ医療系職種において，患者という他者評価を向上させることが可能となり，よりよい信頼関係を築く方法ととらえることができるだろう。

今後，多職種連携は福祉系職種などを含んだ地域包括ケアシステムへと発展していくことが予定されている。本節が人材育成の一助になればと期待する。

3節　教師の学習の契機としての小中一貫教育

1. 小中一貫教育とは

近年，小学校と中学校とが組織として一体化を図り，9か年のスパンで子どもの発達に応じたカリキュラムや学習環境の創出を目指す小中一貫教育が全国的に進行している。

小中一貫教育とは，「小・中学校が，互いに情報交換や交流を行うことを通

第8章　仕事と社会における学び

> ・小中一貫教育を実施中：211市町村（約1割）
> ・小中一貫教育を実施予定又は検討中：166市町村（約1割）
> ・国及び他市町村の状況を注視している市町村：450市町村（約3割）
> ・小中一貫教育の取組件数：1,130件（小学校2,284校，中学校1,140校）

図8-6　小中一貫教育の動向（中央教育審議会初等中等教育分科会小中一貫教育特別部会，2014）

じて，小学校教育から中学校教育への円滑な接続を目指す様々な教育」である小中連携教育のうち「小・中学校が目指す子供像を共有し，9年間を通じた教育課程を編成し，系統的な教育を目指す教育」である（中央教育審議会初等中等教育分科会小中一貫教育特別部会，2014）。中央教育審議会初等中等教育分科会小中一貫教育特別部会（2014）によれば，その広がりは図8-6の通りである。

　小中一貫教育は自治体単位で取り組まれている点に特色があり，その目的は，子どもが制度的，文化的，認知的な差異を有する小学校から中学校への環境移行を果たすことの支援（呉市教育委員会編，2011など），思春期の子どもに対する丁寧な関わりを基盤とする学習指導や生徒指導の実践，少子化による公立学校の小規模化への対処として一定規模の児童生徒数の確保や異学年交流の促進，9年間を通して子どもを育てるという教職員の意識改革，地域の実情を踏まえ保護者や地域と協働した教育の質保障までを視野に入れた学校づくり（宮崎大学小中一貫教育支援研究プロジェクト，2013など）もあり，多様化している。学校単位，自治体単位ではその成果が実践報告として報告されつつある（品川区立小中一貫校日野学園，2008；呉市教育委員会編，2011など）。

　地域の実情に合わせた教育改革としての小中一貫校設置は，子どもの発達に応じた実践を創出し，地域と連携しつつ子どもの学習や発達を支援していく新たな学校教育の可能性を有している。その場合，教師たちは校種を超えて協働し子どもの生活環境や学習環境を創出するだけではなく，保護者や地域コミュニティとも協働しながら地域に根ざした学校づくりに取り組むこととなる。他方で，小中一貫の取り組みに対しては，行政主導のトップダウンの教育政策である，導入により教師の負担がより大きくなっている，といった批判もある。この批判が示すように，小中一貫の取り組みは，現場の教師の必要感によってではなく，少子化に伴う学校規模の適正化などの学校教育行政の必要上導入される一方で，実践レベルの取り組みは各学校や中学校区に委ねられるといった

構造を有している場合が多い。その場合，設置に向けた準備や学校経営，カリキュラム開発など実践上の取り組みは各学校や地域に委ねられる。しかし教師自身がその意義や実践上の留意点について十分理解しないまま取り組まざるを得ないことに加え，保護者や地域住民，行政担当者からの期待や抵抗に対応しながら学校づくりを進めざるを得ない状況が生じうる。加えて，そもそも，学制や教員免許制度の変更を前提とせずに取り組まれている。そのため，教師個人にとっては，制度と実務との間，免許上の専門性と実践行為との間で生じる葛藤に基づくストレスから多忙感や自己効力感の低下を感じる危機的状況となるリスクを有している。

　小中一貫教育がどのような教育上の意義があり，課題を有しているのかを検討するにあたり，子どもの学習や発達に着目するだけではなく，教師にとってどのようなカリキュラム経験（藤原，2000）となっているのかまで含めてとらえる必要がある。そこで，本節では小中一貫校の教師へのインタビュー調査から得られたデータを検討することを通して，教師の側からみた小中一貫教育について考えていく。

2．小中一貫教育校における教師の語り

　対象となるのは，関西地方の公立施設一体型小中一貫教育校である。住宅地に位置し，もともとは道路を挟んで隣接して設置されていた小学校と中学校が統合されて開校した。全校生徒数は9学年合わせて350名程度と小規模である。もともと小学校が使用していた校舎に1年生から9年生（中学3年生）が入り学校生活を送る。職員室では小中の教師が机を並べ，校務分掌や職員会議など学校運営には常に合同で取り組む。7年生以上は完全に，5年生と6年生の一部の教科で教科担任制が導入されている。施設一体型小中一貫教育校では多く取り組まれている。

　筆者は，開校2年前から関わりをもった。月に2〜4回訪問して授業の様子や休み時間の子どもや教師の姿を観察したり，校長をはじめとする管理職の先生方と学校のあり方などについて協議した。小中一貫教育とはどのような教育であるのかを知るところから始まり，その意義や課題を理解し，課題を克服するための手立てを考え提案することも行ってきた。

表 8-5　調査対象の教師

	小学校	中学校	特別支援	栄養	校務支援	養護教諭	管理職	合計
1年目	11	11	2	1	1	2	3	31
2年目	11 (8)	11 (7)	2 (1)	1 (1)	1 (1)	2 (2)	3 (1)	31

注：（　）内は1年目から継続して勤務している教員の数

　このような関わりの中で，教師にとっての小中一貫教育の意味をとらえるために開校年度と開校2年目の年度の2回にわたり，管理職も含むほぼすべての教師への聞き取り調査を行った。第1回目の調査においては自由記述式による質問紙調査も併用した。対象教師の内訳は表8-5の通りである。

(1) 1年目の結果から

　開校から10か月ほど経った時期に実施した調査において多くの教師が言及したのが〔児童生徒理解〕に関することである。「校内に9学年の子どもがいることで，学習指導の見通しを立てられる（小学校教師：以下「小」）」，「小学校時代の様子を当時の担任から聞くことができる（中学校教師：以下「中」）」など，担当学年や校種を超えて子どもの姿をとらえられるようになったと感じている。他方で，「全校集会で話題や話し方の焦点を設定しづらい（小・中）」，「（行事において）小中一緒にすることで時間がかかり内容が薄れたり集中できない（中）」など年齢幅の広さに起因する子どもへの対応や組織化の難しさも語られた。学年による子どもの発達特性の差を目の当たりにし，発達に応じた対応の必要性を再認識したことの表れであるともいえる。

　次いで多かったのは，〔学習指導〕に関することである。従来の学校に比べると他校種の授業を観察する機会が増えた。また，中学校教師が小学校の授業の一部を担当することも始まった。「小学校の指導内容を中学校での学習指導に活かすことができる（中）」，「自らの指導の振り返りの契機となった（中）」，「中学校の教師から専門的なことを学ぶことができる（小）」など，担当授業の質の向上につながる知見を得られるようになったと感じている。他方で，小学校教師からは「学級担任のいないところでトラブルが発生したり，その授業が

息抜きになる可能性がある（小）」との危惧も示された。小学校の学習指導が学級経営と密接に関連していることが顕在化している。

さらに，異年齢が同じ校舎で過ごすことによる〔子どもの変容〕について，「幼い子どもへの思いが中学生のストレスマネジメントにつながっている（中養護教諭）」，「中学生の自尊心が高まる（中）」など，中学校籍の教師を中心に中学生の変化が肯定的に語られた。他方で，「中学生の力強さが感じられない（中）」，「6年生の最高学年としての自覚が低い（小）」など，小中の節目をなくしたことによって，従来みられた姿がみられなくなったことについて否定的に語られている。

そして，小中の教師が同じ職員室で過ごし，会議や行事を共有するようになったことで〔他校種教師文化への気づき〕が生じた。「中学校教師の大変さ（小）」，「小学校教師の指導のきめ細かさ（中）」がわかったなど相互の仕事のあり方について具体的な事例をもとに理解したり，「小学校は公平分散型，中学校は機能分散型（中）」，「小学校は基礎学力や態度の育成，中学校は長所，短所をみつけ伸ばす（中）」など小中双方を対比的に説明しようとする声が聞かれた。小中それぞれの実践のあり方を対象化しようと試みている。

開校年次の教師たちは，小中一貫校化に伴う変化については概ね好意的にとらえていた。しかし，従来みられた子どもの姿がみられなくなることに対しては違和感や実践上の危惧を示した。そのことへの対処として，双方の違いを対象化して整理し説明を試みたり，新たな学校像や子ども像を模索しているといえるだろう。

(2) 2年目の結果から

1年目の調査からほぼ1年後に2回目の聞き取り調査を実施した。昨年度から引き続き当該校に勤務している多くの教師からは〔組織の安定〕が語られた。教師集団として「小中一貫校に慣れ（小・中）」「なじんだ（小・中）」からであった。昨年度の〔異校種教師文化への気づき〕を基盤として「要領を覚えた（小）」のである。「幹の部分はしっかり話し合おうとするためには，枝葉は，ある程度誰かの意見に合わせる（小）」というように，小中一貫教育校として何を重視するのかを教師たちも理解しつつある。小中一貫教育には良い面と悪

い面あるが，良い面を伸ばしていく，という方針で実践を構成しようとする意思を読み取ることができる。

　また，昨年度に比べて〔異校種の教師や子どもへの理解深化〕がみられた。とりわけ教科担任として小学校の授業を担当している社会科，英語科，音楽科，保健体育科の教師を中心として小学生の様子をつぶさに観察していた。「わからんかったらふにゃっとなったりとか，わかったら非常にうれしそうな表情をしたり（中）」など，具体的な子どもの姿として語られた。「この子らを中学校でまた教えるつもり（中）」で担当学年から9年生までの長期スパンで教科指導をとらえている。中学校教師はまた小学校の学級における教師と子どもの関係性のあり方を間接的に経験し，子どもへの丁寧な関わり方や関係性形成のあり方などにおける密接さに気づいた。「職員室一個というのはすごい大きい（小・中）」というように，異校種の子どもや教師を間近に見ることができる施設一体型小中一貫教育校の物理的環境が観察の契機をもたらしたのだろう。

　さらに，〔具体的な実践のアイデア〕が語られた。例えば，6年生の担任教師は「6年生だからというのは基本的にはない」としつつ，今の学級の経営の方針であるとして，次のように語った。すなわち，子どもたちに「人生の別れ目の出会いのときには，それなりのシチュエーションをつくってあげる」ことをしている。そのために，教師自身が卒業を迎える雰囲気を創出し，学習指導だけではなく特別活動などにおいてもレベルの高い課題を用意したり，子どもが自分で意思決定をする場面をデザインしているという。小中一貫教育校は6年生を最上級生にするシステムではない。それゆえ，一般の学校と比べて6年生が幼かったりリーダーシップを獲得することができないことが課題として指摘されている。6年生の担任教師も「6年生に1つの節目として，その節目までに，これはできるようになってほしいとか，これはできるようにさせないといけないというのが，ぼやける」と語り，校種間移行がなくなることの問題を語った。しかし他方で「デメリットを減らしながら，メリットはもうちょっと出たら」とも語っているように，教師なりに小中一貫教育校という状況においてそのメリットを生かす方策を考えようとしている。このほか，5年生の担任教師は「どんな7年生になりたいかを考えさせる」ための「足跡帳」を導入し，なりたい7年生になるために行事などでどのようなことをがんばるか記入し振

第Ⅲ部　大人の学び

り返る活動に取り組んだ。教師たちが「発達」という観点から学級経営や子どもの活動，教科指導を構想し実践しており9年間の発達を視野に入れた実践の創出がみられた。

　加えて，〔成員性の獲得〕が語りに現れた。例えば，「小中一貫でしてきたことをもう少し校外に発信していかなければならない（中）」と，発信することの必要性が語られた。小中一貫教育校を経験した教師の社会的役割について言及しているともとれるし自らの実践に対する肯定的な評価が背後にあるともいえる。小中一貫教育校での経験を自らのキャリアに肯定的に位置づけるようになってきたといえる。また，「(次年度に中学校籍の別の教師が小学校の教科担任となるときに備えて)『小学校の5，6年にはこうやって授業をしたほうがいいねんな』という，何か目に見えるようなものがないと駄目なのかな（中）」と新たに着任した教師が実践を安定して進めることができるよう記録を残しておくことの必要性についても語られた。自ら，手探りで小学校の授業をデザインしてきた教師による語りには自らの経験を生かしていきたいという意思がみられる。同時に組織の維持や継承についての語りには，小中一貫教育校教師としての成員性の獲得が現れているといえるだろう。

　開校2年目の教師たちの語りは，「小でもない中でもない小中学校の文化（中）」と語られるように，小中それぞれの教師としてだけではなく「小中一貫校教師」としてのアイデンティティと成員性の獲得を示唆する。

　「これまでは損得勘定でお互いをみてきたが，職員室が1つになりお互いのしんどいところもみえてきた（小）」との語りにあるように，物理的環境による観察学習が相互の実践への事例的な理解をもたらす。その理解の過程で双方の実践の根拠への探究がなされ，「子どもの発達」という視点が獲得されたのではないだろうか。発達的視点の獲得により自分の実践を9年間の発達に位置づけることが試みられ，新たな実践の創出につながった。9年間の発達を意識した新たな実践とはすなわち小中一貫教育校に独自な実践のことである。小中一貫教育校ならではの実践を創出する過程で実践の意義を実感し社会への発信や実践についての語りを身につけていく。つまり，小中一貫教育校の教師としての談話スタイルを獲得していくことが成員性の獲得をうながしたのではないか。

3. 小中一貫教育はなぜ教師の学びの契機となるのか

　以上，小中一貫教育校の教師に対するインタビューデータを概観してきた。教師にとっての小中一貫教育はどのように意味づけることができるだろうか。

　先述のように，1年目の教師たちの語りには，異校種の教師文化や実践の様式，子どもの姿への戸惑い，また小中一貫校に求められる実践のありかたへの違和感が示されていた。それぞれ小学校の教師，中学校の教師としての「声」（Wertsch, 1991）で語っていた。同時に，小中一貫校の教師として実践しなくてはならないという制度的環境におかれ，保護者や地域，社会からの期待という社会的環境，一人の教師としてよりよい実践を創出したいという個人的意思により，自らの実践を意味づけ語ろうとしていた。筆者は以前，幼小連携に取り組む幼稚園と小学校の教師間の話し合い場面の談話分析から，校種に固有の文化に基づく発話からなる談話が，話し合いの進展につれて，複数の共同体に同時に属するという多重成員性（multimembership）（Wenger, 1999）を帯びた，幼小連携推進プロジェクトメンバーとしての文化に基づく発話からなる談話へと変容する過程を明らかにし，多重成員性を帯びた発話を獲得していく過程が教師の学習となっていることを指摘した（藤江，2007）。このことと同様に，小中一貫校においては，他校種の文化に接することを通した自校種の文化や実践の省察をうながされ，異なる教師文化，学校文化の結節点において双方の実践や子どもの学習や発達を語る新たな言語を獲得すること，子どもの学習を発達という視点で見通すこと，を可能にする学習の機会となるのではないか。

　そのことに加えて，多くの教師が「職員室が1つというのは（小中一貫校の実践において）とても大きなこと」と語っているように，小中一貫教育校においては小学校と中学校の教師が同じ校舎で仕事をし職員室で机を並べる。小中の教師が一緒に生活するという物理的環境によって可能となる観察学習は，双方の教師の授業や生徒指導などの実践という事例からの学習（Shulman, 2004）となり，認知的葛藤を超えて新たな実践の創出へとつながる。その基盤となっていると考えられるのは内部的協働性（倉本，2014）と結びついた「小中一貫教育校の文化」である。小中一貫教育校の文化は，小中一貫教育校ならではの実践の創出とその実践への肯定的な意味づけに基づく個々の教師のアイ

デンティティや成員性の獲得によって生成されるとともに，小中一貫教育校の文化によって成員性がより強固になるという相互関係がある。

　成員間の差異性を尊重し，より整合性の高い認識や合意形成へと向かう可能性を対話や相互作用に求める社会的構成主義の学習論に立てば，共同体の形成の過程で葛藤を経験することは，むしろ学習のための好機であるといえよう。さらに，小学校と中学校を別の校種とする既存の制度のもとで取り組むことによって感じる多忙感や教師としてのアイデンティティの危機は，教師にとっては実践への動機を低減させるリスクを有するものの，危機的状況への対応の方策を支援するシステムを構築することで教師のキャリア発達へとつなげることが可能であろう。

　謝辞：本研究は，科学研究費補助金（基盤研究（C））「小中連携，一貫の実践における教師の学習過程の分析と支援システムの開発」（研究課題番号：24530994）の助成を受けた。

4節　ヘルスプロモーション

1．ヘルスプロモーションの射程

　知識基盤経済社会を支える新しい学習科学への期待が高まっている。ヘルスプロモーションは，知識基盤経済社会や学習科学とどのように関わっているのであろうか。本節では，世界保健機構（WHO：World Health Organization）が提唱した健康の定義を原点に，国際的な取り組みとして展開されているヘルスプロモーションについて取り上げる。そして，社会心理学，医療社会学など複数の学問領域で創出されてきた理論を学問横断的に引用しながら，ヘルスプロモーションの実践について紹介する。最終的にヘルスプロモーションと学習科学の橋渡しのために，ヘルスプロモーションにおいて"いかに人は学ぶか"について示し，学習開発学における健康領域の展望につなげたい。

　1946（昭和21）年，戦後まもなく世界保健憲章が採択された。その前文には，"Health is a complete state of physical, mental and social well-being, and not merely the absence of disease or infirmity."と健康の定義が示されている。健康としてのwell-beingへの注目は熱い。しばしば，人々が生活に満足し，

第8章　仕事と社会における学び

幸福でポジティブな感情をもっていることが well-being の主観的指標とされており（Larsen & Eid, 2008），戦後の疾風怒濤の時代に誕生したこの定義には幸福な生活を導く国際平和への願いが込められているように感じる。では，人々が平和を希求し，健康に人生を送るための条件とは何か。経済的困窮が争いを引き起こしてきた人類の歴史を振り返ると，持続可能な経済社会の安定は重要な課題である。現在，その経済社会は，知識基盤経済社会として発展してきており，これを支える学習のあり方が学習科学として探究されている。つまり，学習科学は知識基盤経済社会の安定を図ることを通して，平和で豊かな社会の創造に貢献し健康に影響している。

先進国では，結核や肺炎などの感染症への対策が充実し，がん，心疾患，脳血管疾患などの生活習慣病の克服が大きな健康課題となっている。そこで，新たな公衆衛生の動向への期待に応えるために，1986（昭和61）年11月，カナダのオタワで第1回目のヘルスプロモーションに関する国際会議が開催された。これをふまえ，WHOはヘルスプロモーションを紹介している。ヘルスプロモーションでは，人々が自分自身の健康を管理し改善できるようになる自己制御の行動変容が目指されている。また，その行動変容を実現するために，個人および個人を取り巻く社会や環境が働きかけの射程とされている。では自分自身の健康を管理し，改善できるようになるためには，どのような学習環境でいかに学ぶことが目ざされているのであろうか。

Health promotion is the process of enabling people to increase control over, and to improve, their health. It moves beyond a focus on individual behaviour towards a wide range of social and environmental interventions. (http://www.who.int/topics/health_promotion/en/)

　ヘルスプロモーションとは，人々が自分自身の健康を管理し，改善できるようになるための取り組みである。そして，この取り組みは個人の行動に焦点をあて，さらには社会や環境への介入へと踏み込むものである。

(WHOホームページより　翻訳：加藤)

---

2. ヘルスプロモーションを支える2つのモデルを基盤とした学習

　WHOの提唱した健康の定義には，健康に関する2つのモデルを見いだすこ

とができる。1つは疾病生成モデル，もう1つは健康生成モデルである。この2つのモデルの構造を意識化し健康をより深く理解することは，ヘルスプロモーションを効果的に展開することにつながる。そこで，疾病生成モデルと健康生成モデルを紹介し，ヘルスプロモーションにおける学習について解説する。

(1) 疾病生成モデルを基盤とした学習
①疾病生成モデルとは

　疾病生成モデルは，"the absence of disease" つまり「病気ではない」状態を健康としてとらえたモデルである。病気と健康を二分法的にとらえたモデルであり，病気ではないことが健康であるとするとらえ方である。風邪をひき，熱が出て身体がつらい時にあらためて，健康であることのありがたさを実感する。このように，疾病と対極するものとして，健康を認識するスキーマは比較的容易に獲得することができる。そのため，疾病生成モデルでとらえられている健康の概念は，意識して学ぼうとしなくても潜在的学習（implicit learning）によって獲得される。

　疾病生成モデルでは，「疾病のメカニズム」を明らかにすることに焦点が置かれている。感染症をはじめとし多くの「疾病のメカニズム」が明らかにされ，病原を取り除いたり発病の経路を断つことにより，人は多くの疾病を克服してきた。新薬や医療技術などを開発し，病原の撲滅を図ることに焦点を絞る今日の先進医学では，疾病生成モデルは重要な概念である。

②知識の体系化

　疾病生成モデルに基づいた学習では，「疾病のメカニズム」に基づいて健康に関する知識を学ぶ教授主義的な学習が主体である。健康は遺伝と環境によって運命的に決定されるものであるととらえられ，情報手段が限られていた時代では，知識伝達主導型の教授主義的な学習であっても，疾病予防に一定の効果があった（吉田，1994）。情報を得ることが比較的容易となってきた現代社会では，知識をより有用なものとするために，重要な概念を中心とした知識の体系化が求められている（Griffin et al., 2012）。

　「疾病のメカニズム」に関する知識はきわめて応用的であり，伝統的な教科領域で学ぶ知識を体系的に理解していく必要がある。例えば，糖尿病のメカニ

ズムへの理解に到達するためには，次のような知識の体系化を行う必要がある。中心となる重要な概念は，体内の状態を一定に保とうとするホメオスタシスの原理である。その上で糖代謝をはじめとした代謝等に関する知識を学ぶ。血糖値を一定に保つよう私たちの体は機能しており，これが乱れることで糖尿病になることを知る。最終的に，血糖値の上昇がなぜ体によくないのか，血糖値の上昇を抑えるためにはどうすればよいかなどについて理解を深める。そして，糖尿病に対する具体的な対処法として，食事制限や薬物療法の意味を理解しそのスキルを身につける。

　このように，糖尿病に関する体系化された知識に基づいて具体的な対処法が伝えられる場合，対処法に関する知識は豊富に膨らみ，場面や状況に応じた柔軟な対処も期待できる。例えば，血糖値の上昇を抑えるための食事について学ぶ際，糖分の摂取を抑制するだけではなく，脂質の摂取にも合わせて注意を払うことや食物繊維を含む食品を摂取することの有効性に気づくなど，解答は1つに限定されることなく開かれた知識へとつながる。このように，「疾病のメカニズム」に対する体系化された知識を基本的なスキルセットとして，生きていく上で効率的に適用できるようになった人を手際のよい熟達者という(Griffin et al., 2012)。一方，「疾病のメカニズム」に対する知識の体系化を伴わず対処法のみを教授される場合，知識は個別的であり閉じた知識となり，場面や状況に応じた対応も困難となる。

　さらに，概念の複合化による概念の再構築が行われることで知識は更新され，有益な知識構築が行われる。例えば，かつては糖尿病，高血圧症，脂質異常症などは別個の疾病として見られていたが，近年ではこれらの疾病が別々に進行するのではなく，内臓脂肪型肥満が関わっていることが明らかにされた。そして，内臓脂肪型肥満に加え，高血糖，高血圧，脂質異常のうちいずれか2つ以上をあわせもった状態をメタボリックシンドローム（MetS：Metabolic Syndrome）として体系的に位置づけられるようになった（メタボリックシンドローム診断基準検討委員会，2005）。こうして糖尿病，高血圧症，脂質異常症などの概念が複合化され再構築され，MetSの概念が誕生した。MetSの状況は，生活習慣改善の必要性を示す指標として，保健指導における積極的な介入に使用されている。その結果，生活習慣病に対するより強固な予防策が講じ

られるようになった。つまり，概念と概念の複合による体系化とその再構築を行い，知識を更新することでさらに有益な知識構築が実現できる。

このように，知識や概念の体系化により MetS のメカニズムについて理解することができていれば，生活習慣の改善や薬物療法に対する意義を知ることができ，これに対する価値づけがなされる。しかし，知識が体系化されたものではなく単に食事制限が進められた場合，これに対する十分な価値づけは期待できない。では，価値づけはなぜ必要なのであろうか。

③知識の実働化：知識が行動につながる

健康によいとわかっていても，人はなかなかそれが実行できないことはよくある。そのため，健康教育の目的は知識の獲得よりも行動の変容であるととらえられるようなる。1950 年代にホックバウム（Hochbaum, G. M.）によって提案され，ベッカーら（Becker et al., 1974）によって作成された健康信念モデル（Health Belief Model：HBM）は，このような人の行動の特徴を説明する代表的なモデルである。HBM には修正が加えられ，今日でも HBM に基づいた介入の効果が報告されている（例えば，Wang et al., 2013；Montaro & Bryan, 2014）。HBM では人が健康行動を行うか否かは，主観的な利益と損失の比較の結果であるとされている。健康行動から生じる利益と損失を天秤にかけ，利益のほうが大きいと予測した場合，健康行動は発現するが，損失のほうが大きいと予測した場合，健康行動は発現しないとするモデルである。もしも食事制限に十分な価値づけがされていれば，食事制限による利益は強く認知される。しかし，食事制限は面倒，手間がかかるなど食事制限による損失のほうが強く認知されている場合，人は食事制限を行わない。

また，加藤ら（2014）は国民健康栄養調査のデータから，食生活改善に対する主観的態度が良好であると，MetS の状況も良好であることを確認している。このように，知識を行動につなげるためには，学習において人がいかに価値や態度を獲得するかが重要な鍵となる。

その後，社会心理学を中心に人との関わりが健康行動を規定していることが注目される。例えば，計画的行動理論や合理的行動理論では，重要な他者に代表されるコミュニティの規範が健康行動に影響するとされている（Ajzen 2012）。また，社会的認知理論ではモデリングによるコンピテンシー，動機づけ，

感情的な傾向への影響が示されており，ヘルスプロモーションでの活用も期待されている（Bandura, 2012）。人と人とがこのような相互関係をもつ実践コミュニティでは，学習者が直接的にも間接的にも何らかの社会的支援を得ることが期待でき，活動的に知識を構築し行動する。

(2) 健康生成モデルを基盤とした学習
①健康生成モデルとは

　医学が進歩を遂げ，感染症をはじめとした健康問題が解決される一方で，ストレスの健康への関与が示唆され始める。そして，もはや疾病生成モデルだけでは，健康の維持増進には限界があることが見いだされた。このような状況を背景に，アントノフスキー（Antonovsky, 1987）によって健康生成モデルが検討された。

　疾病生成モデルでは，中心的概念として健康と疾病が二分法的にとらえられているが，健康生成モデルでは，健康と健康破綻は連続的なものとしてとらえられている。そして，人は100％健康であるとか100％健康が破綻しているということはなく，健康と健康破綻との間のどこかに位置づいているとされている。もしも，ストレスに対して首尾よく対処することができれば，人はより健康となるが，ストレスへの対処に失敗すると健康破綻に近づく。このモデルでは「健康のメカニズム」を明らかにすることに焦点が置かれている。つまり，人はどのように健康を生成していくのかを明らかにすることによって健康の回復，維持そして増進を目指す。これが健康生成モデルである。

　健康生成モデルに基づいて「健康のメカニズム」を検討するためには，健康を生成する要因を見いだす必要がある。そして，見いだされた健康生成要因に積極的に働きかけることによって，健康の維持増進を図る。

　健康生成要因は人が健康であるための資源である。健康生成資源として，人は内的資源と外的資源をもっている。ストレスへの対処に注目したとき，内的資源として首尾一貫感覚（Sense of Coherence：SOC）という人の特性が見いだされている。SOCは，把握可能感，処理可能感，有意味感の3つの下位概念から構成されている。身の回りで起きる出来事には一貫性があり，その状況を把握しなんとか対処することが可能であるとともに，それらの出来事には何

第Ⅲ部　大人の学び

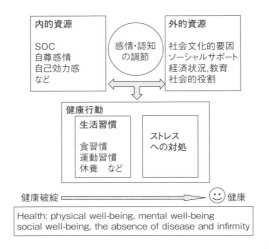

図 8-7　健康生成モデルに基づいたヘルスプロモーションのモデル図

らかの意味があるとする信念が強い傾向がその特性である。SOC は，良質な養育環境によって育まれるとされている。外的資源としては，ソーシャルサポートの他，経済状況，教育，社会的役割などの社会文化的要因がある。内的資源は，外的資源によって強化されるとともに，内的資源は外的資源を動員してストレスに対処するとされている（図 8-7）。さらに，これまでの研究からSOC はストレスと関連しているだけではなく，健康な生活習慣（Humphrey et al., 2013），ひいては MetS の状況とも関連していることが確認されている（Morita et al., 2014）。SOC と類似した概念であるハーディネスも健康な生活習慣と関連が示されている（Hannah, 2010）。よって，これらの特性はストレスに対する対処のみではなく，健康な生活習慣を送るための自己制御に影響を及ぼすものとして興味深い。要するに，内的資源や外的資源が健康行動の発現に関わる認知や感情に関与し，その結果，生活習慣としての健康行動が発現する。このようなメカニズムにより，健康生成資源は，がん，脳卒中，糖尿病，高血圧などこれまで疾病生成モデルにおける課題であるとされてきた生活習慣病の罹患を左右する（Morita et al., 2014）。以上のことから，健康生成モデルと疾病生成モデルは，まったく異なった特徴をもつモデルでありながら，ストレスおよび生活習慣の制御を接点に両者のメカニズムを統合的に体系化してと

② 健康を生成する内的資源の獲得

　ストレスへの首尾よい対処や生活習慣を制御する内的資源をいかに豊かにするかがヘルスプロモーションにおける1つの学習課題である。このような内的資源として，SOC，ハーディネスの他，生活習慣におけるリスク行動と関連する自尊感情が取り上げられることもある（Veselska et al., 2009）。そして，これらの要因を豊かにし積極的に健康を増進していく立場に立った研究が進められている。例えばポジティブ心理学では，感謝がSOCに影響することが明らかにされ（Lambert et al., 2009），これに基づいた実践プログラムも構築されている（Seligman, 2011/（訳書），2014）。わが国においても，道徳教育を中心に感謝に関する学習が展開されている。しかし，健康生成との関係性についての検証は十分ではない。今後はエビデンスを積み重ね，ヘルスプロモーションにおける学習に道徳教育がどのように関わるかを明らかにし，ヘルスプロモーションをいかに学ぶかを道徳教育の視点から明確にする必要がある。

③ 健康を生成する外的資源の獲得

　ヘルスプロモーションでは，社会や環境つまり外的要因への介入がもう1つの射程とされている。学習の視点からとらえると，外的要因は学習環境をいかにデザインするかにつながる。例えば，子どもに対して「人を傷つけたり乱暴するような行動」を予防することが，早世，疾病，傷害の予防につながることから，学校教育におけるいじめ問題の解決も，ヘルスプロモーションの取り組みの1つである。暴力，無視，仲間外れなどの危険行動の事実を明らかにし，いじめ行動そのものを撲滅していく取り組みは，よくないものを取り除くという観点から，どちらかというとネガティブアプローチであり疾病生成モデル的である。一方，積極的にいじめが起こらない状況を創出し強化していくことは，ポジティブアプローチであり健康生成モデル的である。例えば，アサーティブな関係性が受容できる雰囲気をクラスの中に積極的に作り出し，子どもの間で葛藤が生じたときに，葛藤に向き合い，葛藤を乗り越えることで葛藤に対処していくソーシャルネットワークを創出していくような学習環境をデザインする（加藤ら，2009）。これら両方のアプローチを活用することで，より効果的な取り組みを行うことができる。

(3) 適応的熟達化

　疾病構造の変化を背景に，健康生成モデルという概念を獲得し疾病生成モデルとの統合的体系化を図るために，疾病生成モデルという基本的な概念自体を変容させ，これを広げ深める必要が出てきている。しかし，疾病生成モデルはきわめて伝統的な概念であるうえに，意識して学ぼうとしなくても潜在的に獲得されるものである。そのため，これまで中心となっていた概念である疾病生成モデルをとらえ直し再構築することはきわめて困難である。また時には，概念を再構築する過程で混乱が生じ，よい対応につながらないこともある。しかし，結果的には多様な問題に対してより柔軟に対応できるようになる。

　例えば，インフルエンザが流行する季節，その予防法は人様々である。うがいや手洗い，予防接種や予防薬の服薬は疾病生成モデル的予防法である。その一方で，ストレスにうまく対処し疲れを溜めず生活習慣に気を配る。こうして，より健康な状態を保とうとする対策は，健康生成モデル的予防法である。これら両モデルに対する意識が不足しており，モデル理解に対する熟達度が十分ではない場合，「過度に薬に依存する」あるいは，「薬の使用を極端に避け，生活習慣への配慮のみで対応しようとする」など，偏った予防に陥ることもある。しかし，疾病生成モデル，健康生成モデルへの熟達的な理解がなされていれば，周囲や自分自身の状況に応じた予防法で柔軟に対処できる。

　このように大切な信念や習慣でさえも変える必要性に迫られながら，概念を再構築することを適応的熟達という（Griffin et al., 2012）。

(4) 動機づけ

　ところで，年齢階級別にわが国の肥満者の割合を見てみると，15歳〜19歳では5.2%の者がBMI値25以上の肥満であるのに対し，20歳代で11.3%，30歳代で19.4%，40歳代で25.5%と増加していき，その後横ばいとなる（厚生労働省，2014）。つまり，BMI値から推察すると，生活習慣改善のために必要な健康に関する体系化された知識は，中等教育においては約5%の者にとってただちに必要なものである。その後20年を経たところで約4分の1の者にとって，必要性が深刻化する。このような実態から，獲得した知識が一定期間，保持され活用されるものとして学習する必要がある。または，深刻な状況にな

らないように継続的に知識を活用し健康な生活習慣を送ることが望まれる。

しかし，20歳以降の朝食の欠食率等の増加（厚生労働省，2011）にも見られるように，子どもの頃の健康的な生活習慣は保護者からの働きかけに依存した他律的なものであり，自律的な側面が育まれていない可能性がある。自律的な動機づけによる健康行動は，よりよい成果や行動の継続につながることが報告されている（Pelletier et al., 2004）。そのため，自律的な健康行動を促進する要因を解明し，積極的にこれを強化していく必要がある。

加藤ら（2013）は，大学生の健康な食生活を送る動機づけが，子どもの頃のどのような食環境が影響しているかについて検討している。その結果，食生活に対するポジティブな感情や食事作りへの参加が，健康生活を送る自律的な動機づけと関連していることを見いだしている。つまり，対象に対するポジティブな感情を育てることや，体験的な学習は自律的な態度を育むうえで効果をもたらす。

— column 3 —
すべての人が，自ら学び，また学び続ける社会を目指して

　平成24年8月に中央教育審議会は，「教職生活の全体を通じた教員の資質能力の総合的な向上方策について（答申）」を発表した。この答申は，「Ⅰ 現状と課題」「Ⅱ 改革の方向性」，「Ⅲ 当面の改善方策～教育委員会・学校と大学の連携・協働による高度化」の3章で構成されていた。このうち，Ⅱ章には「教員免許制度の改革」の話，Ⅲ章には，教職生活全体を「養成段階」「採用段階」「初任段階」「現職段階」「管理職段階」に分け，教育委員会・学校と大学が連携・協働しつつ，教員の資質・能力の向上を保証・支援する仕組みづくり，具体的には，研修システムと魅力ある職場づくりの話が書かれていた。

　しかしながら，国や自治体，教育委員会が力を入れ，学校や大学が後押ししても，教員自身が望まなければ，研修を受けないかもしれない。受けたとしても，その場限りの受け身的な研修になる危険性がある。また教員に関しては，すでに免許法が確立され，免許に種類があり，研修の成果が比較的見えやすいが，多くの職種は，そうではない。例えば，幼稚園教員に近い保育士でも，免許（資格）に種類はなく，研修の成果は見えにくい，すなわち，研修が形になりにくい。また，職種の多様性を考えると，魅力ある職場づくりのために，大学が連携・協力できることは限られている。

　このような中で，「すべての人が，自ら学び，また学び続ける」ためには，①「学び」が何らかの形になること，②その形が「やりがい」につながること，すなわち業務の遂行や処遇に関係することが望ましいであろう。これら2つの条件を満たす社会づくりの1つの手段が，キャリアパスモデルを構築することであると筆者は考えている。ここで言うキャリアパスモデルとは，それぞれの職種，職場で求められる業務を難易度等を考慮して階層的に並べたもので，業務の遂行と処遇を結びつけるものである。

　具体例を紹介しよう。日本保育協会（2015）は，厚生労働省による国庫補助事業として「保育士のキャリアパスに関する調査研究」（右図参照）を行った。この調査では，保育所長に，図の上に示した様々な業務について，「実際に行っている保育士のおおむねの経験年数」と，「理想として任せたい保育士のおおむねの勤務年数」を，図の左の列の「1年未満」から「15年以上」の7つの選択肢からそれぞれ選んでもらった。また保育士には，各業務を「自信をもってできるようになるには，おおむね何年の経験年数が必要」と思うかを，同じ7つの選択肢から選んでもらった。

　図を詳しく見ていこう。一番上の行は，業務が難易度の順に並んでいる（右へ行くほど難しい）。これは，1から7の数字を間隔尺度と考えて，保育所長が判断した「実際に行っている保育士のおおむねの経験年数」に関して算出した平均値（表の数値）の小さい順に業務を並べたからである。この順番は，保育所長に同様にたずねた「理想として任せたい保育士のおおむねの勤務年数」や，保育士集団にたずねた「自信をもってできるようになるおおむねの経験年数」でも，ほぼ同じであった。

　次に，図の網掛けの意味を説明しよう。例えば，一番左の「環境整備」であれば，平

均値が2.9のため，おおむね3年以上5年未満の経験年数の者が実際に業務を行っていると考えられる。また，この業務に対して，保育所長が判断した「理想として任せたい保育士のおおむねの勤務年数」の平均値は2.7，保育士が判断した「自信をもってできるようになるおおむねの経験年数」の平均値は2.3であった。これらの結果から，「環境整備」に関しては，おおむね3年以上5年未満の勤務年数の者に，行うことが期待され，またこの経験年数の者であれば自信をもってできると考えられる。そこで，3年以上5年未満のところに網掛けをした。他の業務についても同様に平均値を算出したところ，3つの平均値は，ほぼ類似していた。このように網掛けは，各業務を行うことが期待されるおおむねの勤務年数である。そこで，この年数を目標に，各業務を行うことができるように資質を高めていくことが期待される。

このように，様々な業務を難易度の順に並べることは，あらゆる職種で，また各事業所のレベルでも可能である。そして，各事業所のレベルであれば，業務の遂行と処遇とを結びつけることも可能であろう。業務の遂行が処遇に結びつけば，「やりがい」につながる。この「やりがい」につなげることこそが，キャリアパスモデルをシステムとして機能させることになる。なお，各業務に対して，「教えてもらってできる」「自分自身でできる」「他の保育士を指導できる」「保育士の集団や組織，園全体をリードできる」などの自己評価を記入する欄を設けて，それぞれ次の段階を目指せば，さらに目標が目に見えやすくなり，「やりがい」を感じやすくなるであろう。

このようなモデルは，すべての人が，それぞれの職場で，業務を教え合い，高め合っていくのにも活用できる。研修を受けたり教え合ったりすることが，お互いの業務の遂行や処遇改善につながれば，「与えられる学び」から「学ぶ喜び」へ，「学ぶ喜び」から「学びを伝える喜び」，さらにそこから，新たな業務のやり方や業務そのものを「生み出す喜び」へとつながるであろう。一人ひとりが，自ら学び，また学び続ける社会の実現に，このようなキャリアパスモデルは役立つ。

（清水益治）

		環境整備	基本的生活習慣支援	興味関心をもった活動の提供	生命の保持	情緒の安定	指導計画作成	遊具の安全管理	保護者向け書類作成	障害児のある子どもの保育	3歳未満児クラス主担任	3歳以上児クラス主担任	乳児クラス主担任	病気やケガへの対応	研修会・学会での発表	新人保育士指導	実習生指導	職員間連絡調整	保護者相談	地域向け子育て支援	対応小学校との連携	指導計画確認・助言	新人以外の保育士指導	関連各所連絡調整	保護者苦情・クレーム対応	自己評価確認・助言
	平均値	2.9	3.1	3.4	3.9	3.9	3.9	4.0	4.3	4.6	4.7	4.8	5.1	5.1	5.2	5.4	5.4	5.5	5.5	5.6	5.6	5.7	5.8	5.9	6.1	6.1
1	1年未満																									
2	1年以上3年未満																									
3	3年以上5年未満																									
4	5年以上7年未満																									
5	7年以上10年未満																									
6	10年以上15年未満																									
7	15年以上																									

図　キャリアパスモデル

引用文献

● ● 第Ⅰ部
● 第1章

Barab, S. 2006 Design-based research: A methodological toolkit for the learning scientist. In R. K. Sawyer (Ed.), *The Cambridge handbook of the learning sciences*. New York: Cambridge University Press. pp.153-169. 森　敏昭・秋田喜代美（監訳）2009　デザインベース研究―学習科学者のための方法論的ツールキット　学習科学ハンドブック　培風館　pp.121-132.

National Research Council 2000 Bransford, J. D., Brown, A. L., & Cooking, R. R. (Eds.), *How people learn: Brain, mind, experience, and school*. Washiton DC: National Academy Press. 森　敏昭・秋田喜代美（監訳）2002　授業を変える―認知心理学のさらなる挑戦　北大路書房

Papert, S. 1993 *The children's machine: Rethinking school in the age of computer*. New York: Basic Books.

Sawyer, R. K. 2006 Introduction: The new science of learning. In R. K. Sawyer (Ed.), *The Cambridge handbook of the learning sciences*. New York: Cambridge University Press. pp.1-16. 森　敏昭・秋田喜代美（監訳）2009　イントロダクション―新しい学習科学　学習科学ハンドブック　培風館　pp.1-13.

Stokes, D. E. 1997 *Pasteur's quadrant: Basic science and technological innovation*. WashintonDC: Brookings Institution Press.

● 第2章

市川伸一　1998　認知カウンセリングから見た学習方法の相談と指導　ブレーン出版

● 第3章

Bransford, J. D., et al. 2006 Foudations and opportunities for interdisciplinary science of learning. In R. K. Sawyer(Ed.), *The Cambridge handbook of the learning sciences*. New York: Cambridge University Press. pp.19-34. 森　敏昭・秋田喜代美（監訳）2009　学際的学習科学の基礎と好機　学習科学ハンドブック　培風館　pp.16-29.

Collins, A., Brown, J. S., & Newman, S. E. 1989 Cognitive aprenticeship: Teaching the crafts of reading, writing and mathematics. In L. B. Resnic (Ed.), *Knowing, learning and instruction: Essays in honor of Robert Graser*. Hillsdale, NJ: Erlbaum. pp.453-494.

Hatano, G., & Inagaki, K. 1986 Two courses of expertise. In H. Stevenson, H. Azuma, & K. Hakuta (Eds.), *Child development and education in Japan*. New York: W. H. Freeman.

Lave, J., & Wenger, E. 1991 *Situated learning: Legitimate peripheral participation*. New York: Cambridge University Press. 佐伯　胖（訳）1993　状況に埋め込まれた学習―正統的周辺参加　産業図書

森　敏昭　1999　自ら学び自ら考える力とは何か―自ら学び自ら考える力の構成要素　北尾倫彦（編）自ら学び自ら考える力の実際　図書文化　pp.22-25.

● 第4章

三宅なほみ・益川弘如　2014　インターネットを活用した協調学習の未来へ向けて　児童心理学の進歩 2014 年版　金子書房　pp.189-213.

■ *column 1*

Albert, D., & Lukas, J. (Ed.) 1999 *Knowledge spaces: Theories, empirical research, applications*.

引用文献

Mahwah, NJ.: Lawrence Erlbaum Associates.
ALEKS www.aleks.com/（2015年3月26日現在）
Doignon, J. P., & Falmagne, J. C. 1999 *Knowledge Spaces*. Berlin: Springer.
Falmagne, J. C., Albert, D., Doble, C., Eppstein, D., & Hu, X. (Ed.) 2013 *Knowledge spaces: Application in education.* Berlin: Springer.

●● 第Ⅱ部
● 第5章
秋田喜代美 2012 「これからの時代に求められる子どもの育ち」への期待 幼児期から小学1年生の家庭教育調査報告書 ベネッセ次世代教育研究所 pp.13-15.
秋田喜代美 2013 幼児期の「家庭学習」―今子どもたちに必要なこと 児童心理, 82-87.
Anderson, D. R., Huston, A. C., Schmitt, K. L., Linebarger, D. L., & Wright, J. C. 2001 Early childhood television viewing and adolescent behavior: The recontact study. *Monographs of the Society for Research in Child Development*, **66**(1), vii, 36-66.
Bandura, A. 1965 Influence of models' reinforcement contingencies on the acquisition of imitative responses. *Journal of Personality and Social Psychology*, **1**, 589-595.
Bandura, A., Ross, D., & Ross, S. A. 1963 Imitation of film-mediated aggressive models. *The Journal of Abnormal and Social Psychology*, **66**, 3-11.
Barab, S. 2006 Design-based research: A methodological toolkit for the learning scientist. In R. K. Sawyer (Ed.), *The Cambridge handbook of the learning sciences*. New York: Cambridge University Press. pp.153-169. 森 敏昭・秋田喜代美（監訳）2009 デザインベース研究―学習科学者のための方法論的ツールキット 学習科学ハンドブック 培風館 pp.121-132.
Barab, S. 2006 Design-based research: A Methodological toolkit for the learning scientist. In R. K. Sawyer (Ed.) *The Cambridge handbook of the learning science*. Cambridge: Cambridge University Press. pp.153-169. 森 敏昭・秋田喜代美（監訳）2009 デザインベース研究―学習科学者のための方法論的ツールキット 学習科学ハンドブック 培風館 pp.121-132.
Barr, R., Zack, E., Garcia, A., & Muentener, P. 2008 Infants' attemtion and responsiveness to television increases with prior exposure and parental interaction. *Infancy*, **13**(1), 30-56.
ベネッセ教育総合研究所 1994 理科「モノグラフ中学生の世界48 教科観」 pp.47-56.
http://berd.benesse.jp/shotouchutou/research/detail1.php?id=3551（2014年10月28日現在）
旦 直子 2012 就学前児のテレビ視聴と母親の育児態度 帝京科学大学紀要, **8**, 47-56.
旦 直子 2013 メディアと子どもの発達 教育心理学年報, **52**, 140-152.
藤崎春代・木原久美子 2005 統合保育を支援する研修型コンサルテーション―保育者と心理の専門家の協働による互恵的研修 教育心理学研究, **53**(1), 133-145.
藤原逸樹 2009 描画活動における子どもの発話の聞き取りに関する一考察 美術教育学, **30**, 345-356.
福井県教育委員会 2012 福島県スタート・アプローチカリキュラム指針
Griffin, P., McGaw, B., & Care, E. 2012 *Assessment and teaching of 21st century skills*. Netherlands: Springer Netherlands. 三宅なほみ（監訳）益川弘如・望月俊男（編訳）2014 21世紀型スキル 学びと評価の新たなかたち 北大路書房
白山市保育士会 2013 生きいきとした白山っ子をめざして―子どもの育ちを支える環境を考える 第54回石川県保育研究大会 25-53.
原 孝成・白川佳子・無藤 隆・金沢 緑・奥村智人 2014 小学校1年生のリテラシーに及ぼす家庭の文字環境の影響（2）―幼児期の文字環境の検討 日本教育心理学会第54回総会発表論文集, p.342.
Harms, T., Clifford, R. M., & Cryer, D. 1998 *Early childhood environmental scale*, revised ed. New York: Teachers College Press. 埋橋玲子（訳）保育環境評価スケール①〈幼児版〉[改訳版]

法律文化社
平田智久　2011　毎日が造形あそび　0〜5歳児　学研教育みらい
Huesmann, L. R., Moise-Titus, J., Podolski, C. L., & Eron, L. D.　2003　Longitudinal relations between children's exposure to TV violence and their aggressive and violent behavior in young adulthood: 1977-1992. *Developmental Psychology*, **39**, 201-221.
磯部錦司　2013　子どもとアート　生活から生まれる新しい造形活動　小学館
Kanazawa, M., & Mori, T.　2012　How to bridge the gap between kindergarten education and elementary school education in Japan. *Proceedings of 22nd EECERA Conference*, **51**.
木村美奈子・加藤義信　2006　幼児のビデオ映像理解の発達―子どもは映像の表象性をどのように認識するか？　発達心理学研究, **17**, 126-137.
木村吉彦　2010　「スタートカリキュラム」のすべて―仙台市発信・幼少連携の新しい視点　ぎょうせい
木村吉彦　2012　生活科の理論と実践　日本文教出版
小平さち子　2010　乳幼児のメディアをめぐる海外の研究動向　放送研究と調査, **60**(1), 36-51.
小泉英明・秋田喜代美・山田敏之（編著）　2007　幼児期に育つ「科学する心」―すこやかで豊かな脳と心を育てる7つの視点　小学館
工藤俊二　2008　"考えながら見る"テレビ　幼児の教育, **107**(4), 24-28.
丸山（山本）愛子　2012　幼児のお稽古事をはじめるときの動機とお稽古事の種類や継続期間　日本教育心理学会第54回総会発表論文集, 398.
文部科学省　2001　文部科学白書
　　http://www.mext.go.jp/b_menu/hakusho/html/hpab200101/hpab200101_2_250.html（2014年10月28日現在）
文部科学省　2009　「新学習指導要領・生きる力 Q&A 6-5　生活に関すること」
　　http://www.mext.go.jp/a_menu/shotou/new-cs/qa/06.htm（2014年10月30日現在）
Mori, T., & Kanazawa, M. 2012 What is the gap between kindergarten education and elementary school education in Japan? *Proceedings of 22nd EECERA Conference*, **304**.
森田健宏　2007　幼児のテレビ視聴による手続き理解における再現順序の検討　日本教育工学会論文誌, **31**(Suppl.), 5-8.
無藤　隆　2003　協同するからだとことば　幼児の相互交渉の質的分析　金子書房
無藤　隆　2007　幼児教育の目的と領域　無藤　隆（監）・福元真由美・浜口順子・井口眞美（編）事例で学ぶ保育内容〈領域〉環境　萌文書林　pp.12-16.
無藤　隆　2008　ここが変わった NEW 幼稚園教育要領ガイドブック　ここが変わった NEW 幼稚園教育要領・保育所保育指針ガイドブック　無藤　隆・民秋　言（著）　フレーベル館　pp.5-70.
無藤　隆　2010　幼児教育の原則　ミネルヴァ書房
無藤　隆　2011　「学びの芽生え」が生涯の学びの出発点になる　ベネッセ教育総合研究所 HP
　　http://berd.benesse.jp/up_images/magazine/booklet（2014年10月30日現在）
内閣府　2014　「平成26年版子ども・若者白書」
　　http://www8.cao.go.jp/youth/whitepaper/h26honpen/pdf_index.html（2014年10月30日現在）
内藤まゆみ・髙比良美詠子　2008　テレビとテレビゲーム　平木典子・稲垣佳世子・斉藤こずゑ・高橋惠子・氏家達夫・湯川良三（編）　児童心理学の進歩2008年度版　金子書房　pp.168-191.
野佐知子　2013　幼児のテレビ視聴時間の減少とその背景―幼児生活時間調査2013の結果から　放送研究と調査, **59**(10), 48-63.
奈良県保育協議会　2013　保育実践講座　保育現場のこんな時の適切な対応とは―ロールプレイから学ぶ　第36回　奈良県保育研究大会, 12-15. 参考資料（第36回保育研究大会 H25.12.14）
奈良市六条幼稚園　菜の花の油を薬師寺に届けよう―「六条菜の花プロジェクト」
　　http://www.sony-ef.or.jp/sef/preschool/pdf/practice/vol009_202e.pdf（2015年3月20日現在）
Nathanson, A. I.　2004　Factual and evaluative approaches to modifying children's responses to violent television. *Journal of Communication*, **54**, 321-336.

引用文献

National Research Council 2000 Bransford, J. D., Brown, A. L., & Cooking, R. R. (Eds.). *How people learn: Brain, mind, experience, and school.* Washiton DC: National Academy Press. 森 敏昭・秋田喜代美（監訳）2002 授業を変える―認知心理学のさらなる挑戦 北大路書房
Neisser, U. 1976 *Cognition and reality.* London: W. H. Freeman and Company.
小川博久 2010 遊び保育論 萌文書林
大越和美・水野智美・徳田克己・西村実穂・安心院朗子・西館有沙 2011 幼児をもつ保護者が期待するテレビ視聴の効果 日本教育心理学会第53回総会発表論文集，412.
大阪府私立幼稚園連盟教育研究所 2014 研究紀要 第23次研究プロジェクト 保育の評価と質の向上―保育環境評価スケールを用いて
佐渡真紀子・鈴木佳苗・坂元 章 2004 テレビ番組における暴力及び好社会的行為描写の分析 日本教育工学論文誌，**28**(Suppl.)，77-80.
酒井 朗 2011 保幼小連携の原理的考察（4章） 保幼小連携の原理と実践―移行期の子どもへの支援 酒井 朗・横井紘子（著）ミネルヴァ書房 pp.63-77.
Sawyer, R. K. 2006 Preface. In R. K. Sawyer (Ed.), *The Cambridge handbook of the learning science.* Cambridge: Cambridge University Press. 森 敏昭・秋田喜代美（監訳）2009 学習科学ハンドブック 培風館 pp.v-vii（まえがき）．
志岐裕子 2006 子どものテレビ視聴への親の介入行動に関する研究 慶応大学大学院社会学研究科紀要，**62**，77-87.
清水益治・小椋たみ子・西村真実・石田慎二 2015 DVDを用いた子どもとの関わり記録作成の効果Ⅲ 帝塚山大学現代生活学部紀要，**11**，85-94.
品川区教育委員会 2013 「感じる・伝える・認め合う」―人とかかわる力の育成を目指した保幼小の連携 平成21・22年度品川区教育委員会研究指定校 幼保一体施設のびっこ園台場 品川区立台場小学校
白川佳子・東 ゆかり・西島大祐・荒松礼乃・秋本篤志・新井孝昇・美甘亜邪・伊藤由美・栗原由香・吉田彩花・上野高裕 2009 幼小連携のカリキュラムについての一考察―小学校1年生の「体育」「音楽」の授業観察を通して 鎌倉女子大学紀要，**16**，51-63.
白川佳子・東 ゆかり・西島大祐・荒松礼乃・中島朋紀 2010 幼小連携のカリキュラムについての一考察（その2）―小学校1年生の「朝の会」「体育」「音楽」の授業観察を通して 鎌倉女子大学紀要，**17**，103-111.
白川佳子・原 孝成・無藤 隆・金沢 緑・奥村智人 2014 小学校1年生のリテラシーに及ぼす家庭の文字環境の影響（2）―児童期の文字環境の検討 日本教育心理学会第54回総会発表論文集，p.343.
Shirakawa,Y., Hara, T., Muto, T., & Kanazawa, M. 2014 Study on preschool children's learning to read at home. *Proceedings of 24th EECERA Conference,* **251**.
ソニー教育財団 「ソニー幼児教育プログラム」 幼児教育保育実践サイト
http://www.sony-ef.or.jp/sef/preschool/index.html（2014年10月28日現在）
菅原ますみ 2006 乳幼児期のテレビ・ビデオ接触の実態および社会情緒的発達との関連―0歳・1歳・2歳の3時点調査から "子どもに良い放送" プロジェクトフォローアップ調査中間報告〈第3回調査報告〉 NHK放送文化研究所，61-81.
田口雅徳 2005 保育園児の夜間の睡眠習慣と園生活における「気になる」行動との関連―保育士の行動評定に基づく検討 マテシス・ウニウェルサリス，**7**(1)，53-62.
田口雅徳・桜田さおり・寺薗さおり・森野美央・野崎秀正・大谷哲朗 2006 幼児における睡眠習慣と攻撃的行動傾向との関連 保健の科学，**48**(3)，225-229.
東京学芸大学 2010 小1プロブレム研究による生活指導マニュアル作成と学習指導カリキュラムの開発（特別教育研究経費事業） 小1プロブレム研究推進プロジェクト報告書（代表：大伴 潔）
東京都北区教育委員会 2013 保幼小交流プログラム 保幼小接続期カリキュラム―接続期の教育の充実を目指して 東京都北区教育委員会
鶴岡森昭・永田敏夫・細川敏幸・小野寺彰 1996 大学・高校理科教育の危機―高校における理科離れ

の実状 高等教育ジャーナル，1，105-115.
若山育代 2011 自然物を使用した4歳児と5歳児の見立て絵活動の実践研究—他者との関係の中で獲得する素材に対する多様な見方に着目して 美術科教育学，32，465-477.
渡辺洋子 2014 幼児のテレビ視聴と録画番組・DVDの利用状況—2014年6月「幼児視聴率調査」から 放送研究と調査，64(10)，62-75.
山田有紀子・大伴 潔 2010 保幼・小接続期における実態と支援のあり方に関する検討—保幼5歳児担任・小1年生担任・保護者の意識からとらえる 東京学芸大学紀要総合教育科学系Ⅱ，61，97-108.
矢野 徹 2006 家庭教育における「幼少接続」の視点—小学校就学前の家庭教育に関する提言 BERD，5，42-47.
横浜市教育委員会 2012 横浜版接続期カリキュラム「育ちと学びをつなぐ」
全国社会福祉協議会 2009 機能面に着目した保育所の環境・空間に係る研究事業 総合報告書

● 第6章

阿彦翔太・梶井芳明 2012 話し上手・聞き上手に至る児童の発達過程の予測的知見（3）—教師の実態把握が児童の「話すこと・聞くこと」の発達に及ぼす影響 東京学芸大学紀要 総合教育科学系Ⅰ，63，145-157.
秋田喜代美・市川洋子・鈴木宏明 2002 授業における話し合い場面の記憶—参加スタイルと記憶 東京大学大学院教育学研究科紀要，42，257-273.
Australian Curriculum, Assessment and Reporting 2011 Authority General Capabilities Consultation Report.
http://www.acara.edu.au/verve/_resources/General_Capabilities_-_Consultation_Report_-_December__2011.pdf（2014年10月31日現在）
Burbank, M. P., & Riebe, D. (Eds.) 2002 *Promoting exercise and behavior change in older adults: Interventions with the transtheoretical model.* New York: Springer. 竹中晃二（監訳） 2005 高齢者の運動と行動変容—トランスセオレティカル・モデルを用いた介入 ブックハウス・エイチディ pp.iii-v.
http://www.bookhousehd.com/pdffile/koudou.pdf（2014年11月18日現在）
Edwards, Z., Edlefsen, M., Hillers, V., & McCurdy, S. M. 2005 Evaluation of a teaching kit for family and consumer sciences classrooms: motivating students to use a food thermometer with small cuts of meat. *Journal of Food Science Education,* 1, 47-52.
藤江康彦 2010 教室談話の特徴 秋田喜代美・藤江康彦 授業研究と学習過程 放送大学教育振興会 pp.93-109.
藤江康彦 2013 社会 清水益治・森 敏昭（編著） 0歳～12歳児の発達と学び—保幼小の連携と接続に向けて 北大路書房 pp.141-150.
藤川和也 2007 「聞くこと」の創造性を育む学習指導の条件—倉澤栄吉氏の「聞くこと」学習指導論を中心に 全国大学国語教育学会発表要旨集，112，67-70.
藤川和也 2010 倉澤栄吉の国語教育論における「聞き手主体」育成への視座 広島大学大学院教育学研究科紀要 第2部，59，187-194.
Griffin, P., McGaw, B., & Care, E. (Eds.) 2012 *Assessment and teaching of 21st century skills.* Springer. 三宅なほみ（監訳），益川弘如・望月俊男（編訳） 2014 21世紀型スキル—学びと評価の新たなかたち 北大路書房
堀内 聡・津田 彰・森田 徹 2010 ストレスマネジメントのためのTTM尺度短縮版の作成 久留米大学心理学研究，9，9-15.
一柳智紀 2009 児童による話し合いを中心とした授業における聴き方の特徴—学級と教科による相違の検討 教育心理学研究，57，361-372.
家田重晴・畑 栄一・高橋浩之 1981 保健行動モデルの検討—米国における研究を中心として 東京大学教育学部紀要，21，267-280.

引用文献

石井克枝　2012　家庭科教育における食育　日本食育学会誌，**6**(2)，157-162.
香川靖雄　1997　香川綾と栄養学の二十世紀　栄養と料理，**63**(8)，付録，17-47.
鹿毛雅治　2010　学習環境と授業　髙垣マユミ（編著）　授業デザインの最前線Ⅱ―理論と実践を創造する知のプロセス　北大路書房　pp.21-38.
梶井芳明　2011a　話し上手・聞き上手に至る発達の予測的知見―児童のスピーチ場面における考察　日本教育心理学会第53回総会発表論文集，345.
梶井芳明　2011b　話し上手・聞き上手に至る発達の予測的知見（2）―教師および児童のスピーチに対する評定・評価結果の内容に着目して　日本教科教育学会第37回全国大会論文集，208-209.
梶井芳明　2012　話し上手・聞き上手に至る児童の発達過程の予測的知見（2）―教師ならびに児童の評定・評価結果に基づく数量的・質的考察　日本教科教育学会誌，**35**，11-20.
笠原賀子（編）　2006　栄養教諭のための学校栄養教育論　医歯薬出版　p.22.
木下博義・松浦拓也・角屋重樹　2005　観察・実験活動における生徒のメタ認知の実態に関する研究―質問紙による調査を通して　理科教育学研究，**46**(1)，25-33.
国立教育政策研究所　2013　「社会の変化に対応する資質や能力を育成する教育課程編成の基本原理」http://www.nier.go.jp/kaihatsu/pdf/Houkokusho-5.pdf（2014年10月31日現在）
倉澤栄吉　1951　国語教育の問題　世界社
草場　実・角屋重樹・森　敏昭　2012　メタ認知を活性化する観察・実験活動が高校生の実験観の変容に及ぼす効果―高等学校化学「化学反応と量的関係」を事例として　日本教科教育学会誌，**34**(4)，29-38.
草場　実・木下博義・松浦拓也・角屋重樹　2009　観察・実験活動における高校生のメタ認知の実態に関する調査研究　日本教科教育学会誌，**32**(2) 11-20.
草場　実・湯澤正通・角屋重樹　2010　メタ認知を活性化する観察・実験活動が高校生の科学的知識の理解に及ぼす効果―高等学校化学「混合物の分離・同定」を事例として　理科教育学研究，**51**(1)，39-50.
Mead, P. S., Slutsker, L., Dietz, V., McCaig, L. F., Bresee, J. S., Shapiro, C., Griffin, P. M., & Tauxe, R. V.　1999　Food-related illness and death in the United States. *Emerging Infectious Diseases*, **5**(5), 607-625.
Medeiros, L. C., Hillers, V. N., Kendall, P. A., & Mason, A.　2001　Food safety education: What should we be teaching to consumers? *Journal of Nutrition Education*, **33**(2), 108-113.
光村図書　2002　体験したことを分かりやすく伝えよう―わたしたちの学校生活　「書く」ということ　国語5年（上）銀河　光村図書出版　pp.104-115.
文部科学省　2009　「子どもの心身の健康を守り，安全・安心を確保するために学校全体としての取組を進めるための方策について（答申）」（平成20年1月17日付）中央教育審議会
http://www.mext.go.jp/b_menu/shingi/chukyo/chukyo0/toushin/__icsFiles/afieldfile/2009/01/14/001_4.pdf（2014年11月18日現在）
文部科学省　2010　「食に関する指導の手引―第1次改訂版（平成22年3月付）第1章 学校における食育指導の必要性」
http://www.mext.go.jp/component/a_menu/education/detail/__icsFiles/afieldfile/2010/05/19/1292952_4.pdf（2015年3月10日現在）
文部科学省　2011a　「平成22年度文部科学省委託事業学校及び社会教育施設における情報通信機器・視聴覚教育設備等の状況調査報告書」
http://www.mext.go.jp/a_menu/shotou/zyouhou/__icsFiles/afieldfile/2011/07/22/1308646_1.pdf（2014年10月31日現在）
文部科学省　2011b　「教育の情報化ビジョン―21世紀にふさわしい学びと学校の創造を目指して」
http://www.mext.go.jp/b_menu/houdou/23/04/__icsFiles/afieldfile/2011/04/28/1305484_01_1.pdf（2014年10月31日現在）
文部科学省　2011c　「育成すべき資質・能力を踏まえた教育目標・内容と評価の在り方に関する検討会（論点整理）」

http://www.mext.go.jp/component/b_menu/shingi/toushin/__icsFiles/afieldfile/2014/07/22/1346335_02.pdf（2014年11月18日現在）
文部科学省　2013　「教育振興基本計画」
　　　http://www.mext.go.jp/a_menu/keikaku/detail/__icsFiles/afieldfile/2013/06/14/1336379_02_1.pdf（2014年10月31日現在）
文部科学省　2014　「平成25年度 学校における教育の情報化の実態等に関する調査結果」
　　　http://www.mext.go.jp/a_menu/shotou/zyouhou/__icsFiles/afieldfile/2014/09/25/1350411_01.pdf（2014年10月31日現在）
森田倫子　2004　食育の背景と経緯—「食育基本法案」に関連して　調査と情報，**457**, 1-10.
森谷　絜　2007　「健康のための行動変容」における「健康行動理論」の有用性の検討（総説）　天使大学紀要，**7**, 1-14.
内閣府（編）　2006　平成18年度版 食育白書　（社）時事画報社　p.120.
内閣府　2007「食育推進有識者懇談会　食育推進国民運動の重点事項」
　　　http://www8.cao.go.jp/syokuiku/more/pdf/point.pdf（2015年3月20日現在）
National Research Council　2000　Bransford, J. D., Brown, A. L., & Cooking, R. R. (Eds.), How people learn: Brain, mind, experience, and school. Washiton DC: National Academy Press.　森　敏昭・秋田喜代美（監訳）2002　授業を変える—認知心理学のさらなる挑戦　北大路書房
Nelson, T. O., & Narens, L.　1994　Why investigate metacognition? In J. Metcalfe, & A. P. Shimamura (Eds.), *Metacognition*. The MIT Press. pp.1-25.
日本教育情報化振興会（JAPET）　2014　「第9回 教育用コンピュータ等に関するアンケート調査 報告書」
　　　http://www2.japet.or.jp/info/japet/report/ICTReport9.pdf（2014年10月31日現在）
農林水産省　2014　「我が国の食生活の現状と食育の推進について」（2014年7月付）
　　　http://www.maff.go.jp/j/syokuiku/pdf/genjou_kadai3.pdf（2015年3月20日現在）
小野寺慎司　2006　地域の実情に応じた「食育推進計画」の策定を—食育推進基本計画のポイント　食育活動，**2**, 8-14.
Prochaska, J. O., DiClemente, C. C., & Norcross, J. C.　1992　In search of how people change: Applications to addictive behavior. *American Psychologist*, **47**, 1102-1114 .
Rychen, D. S., & Salganik, L. H.　2001　*Defining and selecting key competencies*. Ashland, OH, US: Hogrefe & Huber.　立田慶裕（監訳）　2006　キー・コンピテンシー　明石書店
三宮真智子　2008　メタ認知研究の背景と意義　三宮真智子（編）メタ認知—学習力を支える高次認知機能　北大路書房　pp. 1-16.
Sawyer, K.　2006　Introduction: The new science of learning. In R. K. Sawyer (Ed.), *The Cambridge handbook of the learning sciences*. New York: Cambridge University Press. pp.153-169.　森　敏昭・秋田喜代美（監訳）　2009　イントロダクション—新しい学習科学　学習科学ハンドブック　培風館　pp.1-13.
清野富久江　2012　「第2次食育推進基本計画」について　日本食育学会誌，**6**(3), 239-247.
柴　英里・菊地るみ子・山中　文・岡谷英明・吉岡一洋・中道一心・受田浩之・芝　京・山本哲治　2014　土佐の風土に根ざした地域教材開発研究　学習開発学研究，**7**, 59-67.
首藤久義　2010　倉澤栄吉国語教育論考察　千葉大学教育学部研究紀要，**58**, 137-147.
Slavin, E. R.　2006　Translating research into widespread practice: The case of success for all. In A. M. Constas, & J. R. Sternberg (Eds.), *Translating theory and research into educational practice: Developments in content domains, large scale reform, and intellectual capacity*. Lawrence Erlbaum Associates. pp.113-126.
水産庁　2012　「平成24年度 水産白書」
　　　http://www.jfa.maff.go.jp/e/annual_report/2012/pdf/04_1shou.pdf（2014年11月18日現在）
寺本貴啓・高垣マユミ・福地孝倫　2014　教具による学習効果の違いに関する研究—板書・実物投影機・デジタルペンの活用に関する検討　日本教育心理学会第56回総会発表論文集，401.

引用文献

USDA（米国農務省）「Kitchen Thermometers」
　　http://www.fsis.usda.gov/wps/wcm/connect/d8151061-bb50-46db-b87e-a3b9022c0c56/Kitchen_Thermometers.pdf?MOD=AJPERES（2015 年 3 月 20 日現在）
臼井　博・袋　佑加理・河内京子・高橋敏憲・氣田幸和　2005　小学校の国語の授業における児童の発言行動と仲間の発言の記憶―よく発言する子どもは他の子どもの発言もよく覚えているのだろうか？　北海道教育大学紀要 教育科学編，**56**, 157-171.
和田一郎・熊谷あすか・森本信也　2013　理科学習におけるメタ認知と表象機能との関連についての研究　理科教育学研究，**53**(3), 523-534.
Wright, J. A., Velicer, W. F., & Prochaska, J. O. 2009 Testing the predictive power of the transtheoretical model of behavior change applied to dietary fat intake. *Health Education Research*, **24**(2), 224-236.
山元悦子　2002　話すこと・聞くことの発達的研究の成果と展望　全国大学国語教育学会（編）　国語科教育学研究の成果と展望　明治図書出版　pp.133-144.
吉田英文　2012　パフォーマンス評価による教科学習観の変化―「覚える」社会科観から「説明する」社会科観へ　東京学芸大学教職大学院年報，Vol.1 55-66.
湯澤正通・山本泰昌　2002　理科と数学の関連づけ方の異なる授業が中学生の学習に及ぼす効果　教育心理学研究，**50**(3), 377-387.

■ *column 2*

Heckman, J. J., & Masterov, D. V. 2007 *The productivity argument for investing in young children*. NBER Working Paper, No.13016.
国立教育政策研究所　2015　スタートカリキュラム　スタートブック
　　https://www.nier.go.jp/kaihatsu/pdf/startcurriculum_mini.pdf（2015 年 4 月 4 日現在）

●● 第Ⅲ部
● 第 7 章

安藤節子　2008　保育の質の確保と保育内容の評価　『発達』No.13　特集 教育要領・保育指針の改訂と保育の実践　ミネルヴァ書房　pp.58-65.
Baddeley, A. D. 1986 *Working memory*. Oxford: Clarendon Press.
Bandura, A. 1977 Self-efficacy: Toward a unifying theory of behavioral change. *Psychological Review*, **84**, 191-215.
Bandura, A. 1993 Perceived self-efficacy in cognitive development and functioning. *Educational Psychologist*, **28**(2), 117-148.
Berquist, B. 1997 Memory models applied to L2 comprehension: A search for common ground. In G. Taillefer, & A. K. Pugh (Eds.), *Reading in the University: First, second and foreign languages*. Toulouse: Presses de l'Universite des Sciences Sociales d Toulouse. pp.29-44.
Bransford, J. D., Barclay, J. R., & Franks, J. J. 1972 The abstraction of linguistic ideas. *Cognitive Psychology*, **2**, 331-350.
中央教育審議会　2008　「学士課程教育の構築に向けて（答申）」
　　http://www.mext.go.jp/b_menu/shingi/chukyo/chukyo0/toushin/1217067.htm（2014 年 12 月 15 日現在）
Clement, R., Dörnyei, Z., & Noels, K. A. 1994 Motivation, self-confidence and group-cohesion in the foreign language classroom. *Language Learning*, **44**, 417-448.
Daneman, M., & Carpenter, P. A. 1980 Individual differences in working memory and reading. *Journal of Verbal Learning and Verbal Behavior*, **19**, 450-466.
Educational Testing Service　2009　TOEIC テスト新公式問題集 Vol.4　国際ビジネスコミュニケーション協会

引用文献

Favreau, M., & Segalowitz, N. 1983 Automatic and controlled processes in the first and second-language reading of fluent bilinguals. *Memory & Cognition*, **11**, 565-574.
Field, J. 2003 Promoting perception: Lexical segmentation in L2 listening. *ELT Journal*, **57**, 325-334.
深見俊崇・木原俊行 2004 他者との関わりによる教育実習生の実践イメージの変容 日本教育工学会論文誌, **28**, 69-78.
後藤康志 2011 簡易版批判的思考尺度の開発 日本教育メディア学会研究会論集, **31**, 7-10.
後藤康志 2012 メディア日記法を用いた省察とメディア活用の関係 日本教育工学会研究報告集, **1**, 139-144.
後藤康志 2013 批判的思考態度とメディア特性の理解の関係（新時代の学習評価／一般）日本教育工学会研究報告集, **4**, 89-92.
後藤康志 2014 メディア・リテラシー育成におけるメタ認知的知識—個人差へのアプローチ（教師教育と授業研究／一般）日本教育工学会研究報告集, **1**, 27-32.
Griffin, P., McGaw, B., & Care, E. (Eds.) 2012 *Assessment and teaching of 21st century skills*. Springer. 三宅なほみ（監訳），益川弘如・望月俊男（編訳）2014 21世紀型スキル—学びと評価の新たなかたち 北大路書房
Hamada, Y. (in press) Shadowing: Who benefits and how? Uncovering a booming EFL teaching technique for listening comprehension. *Language Teaching Research*.
Hamada, Y. 2011a Psychological aspects of shadowing training. リメディアル教育研究, **6** (2), 60-71.
濱田 陽 2011b 取り組みやすいシャドーイング法の開発 リメディアル教育研究, **6** (1), 71-78
Hamada, Y. 2011c Improvement of listening comprehension skills through shadowing with difficult materials. *The Journal of Asia TEFL*, **8** (1), 139-162.
Harrington, M., & Sawyer, M. 1992 L2 working memory capacity and L2 reading skill. *Studies in Second Language Acquisition*, **14,** 25-38.
春原淑雄 2007 教育学部生の教師効力感に関する研究—尺度の作成と教育実習にともなう変化 日本教師教育学会年報, **16**, 98-108.
林 創・山田剛史 2012 リサーチリテラシーの育成による批判的思考態度の向上 —「書く力」と「データ分析力」を中心に 京都大学高等教育研究, **18**, 41-51.
Hirai, A. 1999 The relationship between listening and reading rates of Japanese EFL learners. *The Modern Language Journal*, **83**, 367-382.
平山るみ・楠見 孝 2010 日本語版認識論的信念の尺度構成と批判的思考態度との関連性の検討 日本教育工学会論文誌, **34**, 157-160.
平山るみ・楠見 孝 2011 批判的思考の測定—どのように測定し評価できるか 楠見 孝・子安増生・道田泰司（編）批判的思考力を育む—学士力と社会人基礎力の基盤形成 有斐閣, pp.110-138.
平山るみ・田中優子・河崎美保・楠見 孝 2010 日本語版批判的思考能力尺度の構成と性質の検討—コーネル批判的思考テスト・レベルZを用いて 日本教育工学会論文誌, **33**(4), 441-448.
平柳行雄 2012 「クリティカルシンキング」という授業受講が「批判」力と論証文作成力に及ぼす効果 大阪女学院短期大学紀要, **42**, 35-47.
今井訓子・川村博子・漆澤恭子・黒田静江・松本和江・橋本三枝子・田中 幸 2013 卒業生への就業継続支援に関する調査研究 植草学園短期大学研究紀要, **14**, 21-25.
石本雄真 2010 青年期の居場所感が心理的適応，学校適応に与える影響 発達心理学研究, **21**, 278-286.
磯﨑哲夫・磯﨑尚子・木原成一郎 2002 教育実習に対する国立大学附属学校指導教官と教育実習生の意識調査—教育実習におけるメンタリングの可能性を探る 日本教科教育学会誌, **25** (2), 21-30.
Jenkins, J. 1998 Which pronunciation norms and models for English as an International Language? *ELT Journal*, **52**, 119-126.

引用文献

Jenkins, J. 2003 *World Englishes*. London: Routledge.
門田修平 2007 シャドーイングと音読の科学 コスモピア
門田修平・玉井 健 2004 決定版英語シャドーイング コスモピア
勝野頼彦（研究代表者） 2013 教育課程の編成に関する基礎的研究 報告書5 社会の変化に対応する資質や能力を育成する教育課程編成の基本原理（改訂版） 国立教育政策研究所
川俣美砂子 2012 保育者養成課程におけるカリキュラムの比較分析―大学・短期大学・専門学校に焦点をあてて 福岡女子短大紀要, **77**, 15-26.
川﨑惠理子 2005 ことばの実験室―心理言語学へのアプローチ ブレーン出版
経済産業省 2007 「社会人基礎力」
http://www.meti.go.jp/policy/kisoryoku/ （2014年12月15日現在）Kintsch, W. 1988 The role of knowledge in discourse comprehension: A construction-integration model. *Psychological Review*, **95**, 163-182.
Kintsch, W. 1994 Text comprehension, memory, and learning. *American Psychologist*, **49**, 294-303.
Kintsch, W. 1998 *Comprehension: A paradigm for cognition*. New York: Cambridge University Press.
Kintsch, W., Welsch, D., Schmalhofer, F., & Zimny, S. 1990 Sentence memory: A theoretical analysis. *Journal of Memory and Language*, **20**, 133-159.
児玉真樹子 2012 教職志望変化に及ぼす教育実習の影響過程における「職業的（進路）発達にかかわる諸能力」の働き―社会・認知的キャリア理論の視点から 教育心理学研究, **60**, 261-271.
国際ビジネスコミュニケーション協会（編） 2008 TOEICテスト新公式問題集 Vol.3 （財）国際ビジネスコミュニケーション協会
国際ビジネスコミュニケーション協会 2012 TOEIC Bridge 公式ガイド＆問題集 （財）国際ビジネスコミュニケーション協会 TOEIC運営委員会
国立教育政策研究所 2002 生きるための知識と技能 ぎょうせい
厚生労働省 2013 「第9回保育士養成課程等検討会（平成25年1月31日）の資料 参考資料2 幼稚園教諭免許状と保育士資格に関する資格要件の比較」
http://www.mhlw.go.jp/stf/shingi/2r9852000002ugji.html （2014年10月7日現在）
神山貴弥・栗原慎二・高橋 超・井上 弥・林 孝・鈴木由美子・山内規嗣・朝倉 淳・伊藤圭子・植田敦三・木原成一郎・木村博一・松本仁志・山崎敬人・中村和世・小林秀之・谷本忠明・若松昭彦 2005 臨床的な指導力育成のための初等教員養成カリキュラムの開発に関する基礎的研究 学校教育実践学研究, **11**, 25-35.
黒﨑東洋郎 2001 教育実習の目的と意義 有吉英樹・長澤憲保（編著） 教育実習の新たな展開 ミネルヴァ書房 pp.30-44.
楠見 孝 2011 批判的思考とは―市民リテラシーとジェネリックスキルの獲得 楠見 孝・子安増生・道田泰司（編）批判的思考力を育む―学士力と社会人基礎力の基盤形成 有斐閣 pp.2-24.
楠見 孝 2013 良き市民のための批判的思考（特集 批判的思考と心理学） 心理学ワールド, **61**, 5-8.
楠見 孝・平山るみ 2013 食品リスク認知を支えるリスクリテラシーの構造―批判的思考と科学リテラシーに基づく検討 日本リスク研究学会誌, **23** (3), 165-172.
Logie, R. H. 1995 *Visuo-spatial working memory*. Hove: Erlbaum.
Lynch, T. 1998 Theoretical perspectives on listening. *Annual Review of Applied Linguistics*, **18**, 3-19.
Mani, K., & Johnson-Laird, P. N. 1982 The mental representation of spatial descriptions. *Memory and Cognition*, **10**, 181-187.
松沼光泰 2006 英語自己効力感（ESE）尺度の作成 早稲田大学大学院教育学研究科紀要 別冊, **14** (1), 89-97.
McDonough, K., & Trofimovich, P. 2009 *Using priming methods in second language research*. New York: Routledge.

Mendelssohn, D. 1998 Teaching listening. *Annual Review of Applied Linguistics*, **18**, 81-101.
Meyer, D. E., & Schvaneveldt, R. W. 1971 Facilitation in recognizing pairs of words: evidence of a dependence between retrieval operations. *Journal of Experimental Psychology*, **90**, 227-234.
道田泰司　2003　批判的思考概念の多様性と根底イメージ　心理学評論, **46**(4), 617-639.
道田泰司　2008　メタ認知の働きで批判的思考が深まる　【内なる目】としてのメタ認知─自分を自分で振り返る─知的問題解決過程(個人の頭の中に閉じた知)でのメタ認知の働き　現代のエスプリ, **497**, 59-67.
道田泰司　2011　授業においてさまざまな質問経験をすることが質問態度と質問力に及ぼす効果　教育心理学研究, **59**(2), 193-205.
道田泰司　2013　批判的思考教育の展望　教育心理学年報, **52**, 128-139.
峯島道夫　2011　リーディング指導における読みの深化と批判的思考力伸長のための「評価型発問」の活用　リメディアル教育研究　**6**(2), 125-140. 三島知剛　2007　教育実習生の実習前後の授業・教師・子どもイメージの変容　日本教育工学会論文誌, **31**, 107-114.
三島知剛　2008　教育実習生の実習前後の授業観察力の変容─授業・教師・子どもイメージとの関連による検討　教育心理学研究, **56**, 341-352.
三島知剛・林　絵里・森　敏昭　2011　教育実習の実習班における実習生の居場所感と実習前後における教職意識の変容　教育心理学研究, **59**, 306-319.
Mochizuki, H. 2006 Application of shadowing to TEFL in Japan: The case of junior high school students. *Studies in English Language Teaching (KELES)*, **29**, 29-44.
森　敏昭　2014　巻頭言　学習開発学研究, **7**, 1.
森野美央・坂本　健・青木理子・横山博之・安川正雄　2009　異世代交流力をもつ保育者養成プログラムの開発─教育GPによる本学の取組　全国保育士養成協議会第48回研究大会研究発表論文集, 178-179.
森下　覚・尾出由佳・岡崎ちひろ・有元典文　2010　教育実習における学習はどのように構成されているのか─教育的デザインと実践の保持のデザインとのダイナミクス　教育心理学研究, **58**, 69-79.
森脇健夫・山田康彦・根津知佳子・中西康雄・赤木和重・守山紗弥加・前原裕樹　2013　対話型事例シナリオによる教員養成型PBL教育　京都大学高等教育研究, **19**, 13-24.
Morrow, D. G., Bower, G. H., & Greenspan, S. L. 1989 Updating situation models during narrative comprehension. *Journal of Memory and Language*, **28**, 292-312.
Morrow, D. G., Greenspan, S. L., & Bower, G. H. 1987 Accessibility and situation models in narrative comprehension. *Journal of Memory and Language*, **26**, 165-187.
元吉忠寛　2011　批判的思考の社会的側面─批判的思考と他者の存在　楠見　孝・子安増生・道田泰司（編）批判的思考力を育む─学士力と社会人基礎力の基盤形成　有斐閣　pp.45-65.
向居　暁　2012　大学のゼミナール活動における批判的思考の育成の試み　日本教育工学会論文誌, **36**, 113-116.
中西祥彦　2012　大学の一般教養における科目『情報』(ICT)の教育実践　四條畷学園大学リハビリテーション学部紀要, **8**, 31-38.
中坪史典・秋田喜代美・増田時枝・箕輪潤子・安見克夫　2012　保育カンファレンスにおける談話スタイルとその規定要因（第1部 自由論文）　保育学研究, **50**(1), 29-40.
中山留美子・長濱文与・中島　誠・中西良文・南　学　2010　大学教育目標の達成を目指す全学的初年次教育の導入　京都大学高等教育研究, **16**, 37-48.
中山誠一　2011　ビジュアル・シャドーイングの効果　リメディアル教育研究, **6**, 151-159.
中山誠一・鈴木明夫・松沼光泰　2011　シャドーイングはリスニングのどの段階に効果を及ぼすのか　日本教育心理学会総会発表論文集, **53**, 247.
Nakayama, T., & Iwata, A. 2012 Differences in comprehension: Visual stimulus vs. auditory stimulus. *The Language Education Center of Josai University Bulletin*, **6**, 1-8
Nakayama, T., & Mori, T. 2012 Efficacy of visual-auditory shadowing. *The Studies in English*

引用文献

　　　Language, Literature and Culture, 42, 55-68.
根間弘海　1996　英語の発音とリズム　開拓社 nishima 西松秀樹　2008　教師効力感，教育実習不安，教師志望度に及ぼす教育実習の効果　キャリア教育研究, 25, 89-96.
西坂小百合　2002　幼稚園教諭の精神的健康に及ぼすストレス，ハーディネス，保育者効力感の影響　教育心理学研究, 50, 283-290.
大石清美　2006　脳科学からの第2言語習得論　昭和堂
沖林洋平　2003　文章内容に対する熟達度が学術論文の批判的な読みに及ぼす影響　読書科学, 47(4), 150-160.
沖林洋平　2004a　ガイダンスとグループディスカッションが学術論文の批判的な読みに及ぼす影響　教育心理学研究, 52(3), 241-254.
沖林洋平　2004b　ガイダンスと目的性をもつグループ・ディスカッションが学術論文の批判的な読みに及ぼす影響　読書科学, 48(4), 134-144.
沖林洋平　2006　協同的読解活動における方略獲得の効果　読書科学, 50(1), 1-12.
沖林洋平　2011　育成事例⑨　多様なツールを複合的に利用する論文購読　楠見　孝・子安増生・道田泰司（編）　批判的思考力を育む―学士力と社会人基礎力の基盤形成　有斐閣　pp.220-224.
沖林洋平・藤木大介・楠見　孝　2012　特集「批判的思考」の編集にあたって　認知科学, 19(1), 3-8.
O'Malley, M., Chamot, A., & Kupper, S.　1989　Listening comprehension strategies in second language acquisition. *Applied Linguistics*, 10, 418-437.
苧阪満里子　2002　脳のメモ帳―ワーキングメモリ　新曜社
苧阪直行　1998　読み―脳と心の情報処理　朝倉書店
大島弥生　2010　大学生の文章に見る問題点の分類と文章表現能力育成の指標づくりの試み―ライティングのプロセスにおける協働学習の活用へ向けて　京都大学高等教育研究, 16, 25-36.
Pintrich, P. R., & De Groot, E. V.　1990　Motivational and self-regulated learning components of classroom performance. *Journal of Educational Psychology*, 82, 33-40.
Posner, M. I., & Snyder, C. R. R.　1975　Facilitation and inhibition in the processing of signals. In P. M. A. Rabbitt, & S. Dornic (Eds.), *Attention and performance V*. New York: Academic Press. pp.669-682.
Richards, J. C.　1983　Listening comprehension: Approach, design, procedure. *TESOL Quarterly*, 17, 219-240.
Richards, J. C., & Schmidt, R.　2002　*Dictionary of language teaching and applied linguistics*. London: Pearson Education.
Rost, M.　2011　*Teaching and researching listening, 2nd ed*. Edinburgh: Pearson Education Limited.
Rumelhart, D. E., Hinton, G. E., & Williams, R. J.　1986　Learning representations by back-propagating errors. *Nature*, 323, 533-536
Seidlhofer, B.　2004　Research perspectives on teaching English as a lingua franca. *Annual Review of Applied Linguistics*, 24, 209-239.
塩谷祥子　1995　高校生のテスト不安及び学習行動と認知的評価との関連　教育心理学研究, 43, 125-133.
尚絅大学短期大学部幼児教育学科　2011　平成20～22年度　質の高い大学教育推進プログラム（教育GP）報告書　尚絅大学短期大学部　教育GP推進委員会
末吉南美・三浦麻子　2013　政治意識へのマスメディア効果に対するメディア・リテラシーと批判的思考態度の影響　関西学院大学心理科学研究, 39, 81-88.
鈴木明夫　2015a　Parsingが文章理解に果たす役割　（投稿中）
鈴木明夫　2015b　英文和訳は文章理解を促進するか？　（投稿中）.
鈴木明夫・粟津俊二　2013　英文読解テストにおける和訳の役割と記憶表象　経営論集, 82, 89-99.
高見令英・桐原宏行・徳田克己・横山範子・横山さつき　1994　保育従事者の職場適応に関する研究（1）　日本保育学会第47回研究論文集, 638-639.

武田明典・村瀬公胤・中西良文・石岡克俊・山口美和　2010　高等教育におけるクリティカル・シンキング―初年次教育・法学・看護学における実践比較　神田外語大学紀要　**22**, 363-383.
玉井　健　1992　"follow-up"の聴解力向上に及ぼす効果及び"follow-up"能力と聴解力の関係　第4回「英検」研究助成報告, 48-62.
玉井　健　1997　シャドーイングの効果聴解プロセスにおける位置づけ　時事英語研究, **36**, 105-116.
玉井　健　2005　リスニング指導法としてのシャドーイングの効果に関する研究　風間書房
Trofimovich, P., & McDonough, K. 2011 *Applying priming methods to L2 learning, teaching and research.* Philadelphia: John Benjamins Publishing.
Tsuchiya, M. 2006 Profiling of lower achievement English learners at college in terms of demotivating factors. *Annual Review of English Language Education in Japan,* **17**, 171-180.
Tsui, A. B. M., & Fullilove, J. 1998 Bottom-up or top-down processing as a discriminator of L2 listening performance. *Applied Liniguistics,* **19**, 432-451.
Turner, M. L., & Engle, R. W. 1989 Is working memory capacity task dependent? *Journal of Memory and Language,* **28**, 127-154.
上田敏丈・富田昌平　2010　保育者養成校における入学前・初年次教育の現状に関する調査　中国学園紀要, **9**, 63-72.
上村裕樹・音山若穂・和田明人・利根川智子　2014　保育者養成学生の継続的学習意識の獲得に向けた問題解決型学習の試行　帯広大谷短期大学紀要, **51**, 17-26.
van Dijk, T. A., & Kintsch, W. 1983 *Strategies in discourse comprehension.* New York: Academic Press.
山田剛史・森　朋子　2010　学生の視点から捉えた汎用的技能獲得における正課・正課外の役割　日本教育工学会論文誌, **34**(1), 13-21.
米沢　崇　2008a　実習生の力量形成に関する一考察―実習校指導教員の指導的かかわりとの関連を中心に　日本教師教育学会年報, **17**, 94-104.
米沢　崇　2008b　我が国における教育実習研究の課題と展望　広島大学大学院教育学研究科紀要　第一部・学習開発関連領域, **57**, 51-58.
ユネスコ・アジア文化センター　2009　「アジア太平洋地域20カ国の識字状況の比較―アジア太平洋地域の非識字者数：約5億400万人」
　　http://www.accu.or.jp/shikiji/overview/ov03j.htm（2014年12月15日現在）
Zwaan, R. A., & Radvansky, G. A. 1998 Situation models in language comprehension memory. *Psychological Bulletin,* **123**, 162-185.

● 第8章
相澤文恵・岸　光男・熊谷敦史・石川義人・藤澤政紀・清野幸男・戸塚盛雄・米満正美　2003　OSCEにおける評価の妥当性に関する検討―第1報　複数評価者間の評価の一致度についての分析　日本歯科医学教育学会雑誌, **19**(1), 109-118.
相澤文恵・米満正美・水城春美　2005　OSCE評価の信頼性・妥当性と評価項目文に用いる「ことば」の関連性　日本歯科医学教育学会雑誌, **21**(2), 123-132.
Ajzen, I. 2012 The theory of planned behavior. In P. A. M. Lange, A. W. Kruglanski, & E. T. Higgins (Eds.). *The theories of social psychology.* Los Angeles: Sage. pp.438-459.
Antonovsky, A. 1987 *Understanding the mystery of health: How people manage stress and sty well.* San Francisco: Jossey Bass. 山崎喜比古・吉井清子（訳）2001　健康の謎を解く　ストレス対処と健康保持のメカニズム　有信堂
Argyris, C. 1991 Teaching smart people how to learn. *Harvard Business Review,* **69**(3), 99-109.
淺田義和・鈴木義彦・長谷川剛・河野龍太郎　2014　客観的臨床能力試験（OSCE）対策としてのiPadおよびeラーニング教材を活用した自主学習環境の効果と課題　Effectiveness and Future Tasks of Developing Self-Directed Learning Environment with iPad and e-Learning for Objective Structured Clinical Examination (OSCE). 教育システム情報学会誌, **31**(1), 81-86.

引用文献

伴 信太郎・津田　司・田坂佳千・佐々木宏起・葛西龍樹・沸波　満・東　理・青井一展・越智則晶・山本康博・伊藤克浩・Kachur, E. K.　1994　OSCEによる「臨床入門」実習の評価　医学教育, **25**, 327-335.

伴 信太郎　1995　客観的臨床能力試験―臨床能力の新しい評価法　医学教育, **26** (3), 157-163.

Bandura, A. 2012 Social cognitive theory. In P. A. M. Lange, A. W. Kruglanski, & E. T. Higgins (Eds.), *The theories of social psychology*. Los Angeles: Sage. pp.349-373.

Becker, M. H., Drachman, R. H., & Kirscht, J. P. A. 1974 New approach to explaining sick-role behavior in low-income population. *Explaining Sick-Role Behavior*, **64**, 205-216.

Brown, G., Manogue, M., & Martin, M. 1999 The validity and reliability of an OSCE in dentistry. *European Journal of Dental Education*, **3**, 117-125.

中央教育審議会初等中等教育分科会小中一貫教育特別部会　2014　子供の発達や学習者の意欲・能力等に応じた柔軟かつ効果的な教育システムの構築について（答申）（案）

藤江康彦　2007　幼小連携の話し合いと教師の学習　秋田喜代美・キャサリン・ルイス（編著）　授業の研究・教師の学習―レッスンスタディへのいざない　明石書店　pp.132-159.

藤原　顕　2000　教師のカリキュラム経験―実践的知識の形成と教師の成長　グループ・ディダクティカ（編）　学びのためのカリキュラム論　頸草書房

福本陽平・村上不二夫・今井一彰・小早川節・伊藤由香・河村由吏可・小野咲弥子・村上泰昭・立石彰男・川崎　勝　2002　客観的臨床能力試験での医療面接における評価の差の問題について　医学教育, **33**(4), 209-214.

Griffin, P., McGaw, B., & Care, E.（Ed.）2012 *Assesment and teaching of 21th century skills*. Netherlands: Springer.　三宅なおみ（監訳），益川弘如・望月俊男（編訳）2014　21世紀型スキル　学びと評価の新しいかたち　北大路書房

花田さゆり・田中千秋・井田奈緒子・竹中初美・越田　歩・坂尾雅子・小西千枝　2007　ストーマセルフケアクリティカルパス作成におけるチーム医療の推進と看護介入の検討　看護研究発表論文集録　**39**, 61-64.

Hannah, T. E. 2010 Hardiness and health behavior: The role of health concern as a moderator variable. *Behavioral Medicine*, **14**, 59-63.

原 ひろみ　2007　日本企業の能力開発―70年代前半～2000年代前半の経験から　日本労働研究雑誌, **563**, 84-100.

Harden, R. M., Stevenson, M., Downie, W. W., & Wilson, G. M. 1975 Assessment of clinical competence using objective structured examination. *British Medeical Journal*, **22**, 447-451.

Hodges, B., Regehr, G., McNaughton, N., Tiberius, R., & Hanson, M. 1999 OSCE checklists do not capture increasing levels of expertise. *Academic Medicine*, **74**, 1129-1134.

Humphrey, K., & McDowell, A. 2013 Sense of coherence as a predictor of risky health behaviours amongst teenage girls on a targeted youth development programme. *Journal of public mental health*, **12**, 146-152.

伊東昌子・河崎宜史　2014　若手マネジャーの省察的学びを促すペルソナ導入型ケースメソッド　プロジェクトマネジメント学会誌, **16** (2), 3-8.

伊東昌子・河崎宜史・平田謙次　2007　高達成度プロジェクトマネジャーは組織の知とどう関わるか　組織科学, **41** (2), 57-68.

伊藤孝訓・青木伸一郎・大峰浩隆・河相安彦・葛西一貴・金澤英作・大竹　繁　2005　OSCEでの医療面接における評価の差について―ヒューマンエラー分析による検討　日本歯科医学教育学会雑誌, **21** (1), 21-30.

岩堀正俊・小川雅之・広瀬　俊・米田博紀・住友伸一郎・村松泰徳・大森俊和・都尾元宣・藤原　周　2009　OSCEの評価者の違いによる評価の一致性に関する検討　岐阜歯科学会雑誌, **35** (3), 160-166.

岩田輝男・岩本謙荘・宮崎裕也・原山信也・長門　優・二瓶俊一・谷川隆久・相原啓二・蒲地正幸・中野良昭・宗前　匠・西澤　茂　2007　チーム医療を行い救命し得た頭蓋骨陥没を伴った多発外

傷の一例　産業医科大学雑誌, **29** (2), 203-208.
金井壽宏　2002　仕事で「一皮むける」―関経連「一皮むけた経験」に学ぶ　光文社新書
金田太吾・北田　覚　2011　鍼灸師養成校での医療面接の評価における信頼性の検討　医学教育, **42** (2), 113-117.
金田太吾　2012　鍼灸医療における面接技術の評価法の開発―面接技術の講義評価を手がかりとして　広島大学大学院教育学研究科紀要, **61**, 41-47.
金田太吾　2013　鍼灸医療における面接技術の評価法の開発―面接技術の自己評価を手がかりにして　広島大学博士学位論文
　http://www.hiroshima-u.ac.jp/upload/0/kyoiku/daigakuin/gakuironbun/h24_kou/k6042_1.pdf（2015年3月20日現在）
加藤佳子・濱嵜朋子・佐藤眞一・安藤雄一　2014　食習慣改善に対する態度とメタボリックシンドロームの関連　平成17年国民健康・栄養調査および国民基礎調査データによる解析　日本公衆衛生雑誌, **61**, 385-395.
加藤佳子・前田健一・西　敦子・江村里奈・目久田純一・森　敏昭　2009　家族成員の相互関係と児童の自尊感情との関係―家庭科「家庭生活と家族」の領域におけるアサーション・トレーニングの効果　学習開発研究, **2**, 39-49.
加藤佳子・西田真紀子・田中洋一・川畑徹朗　2013　大学生の健康な食生活を送る動機づけと子どもの頃の食生活に対する態度との関係　学校保健研究, **54**, 507-519.
川野道宏・高橋由紀・梶原祥子・関根聡子・浅川和美　2009　チーム医療学習を目的とした早期体験実習の学習効果と意義―看護学科学生の実習前後のアンケート調査から　茨城県立医療大学紀要, **14**, 123-133.
木下康仁　2003　グラウンデッド・セオリー・アプローチの実践―質的研究への誘い　弘文堂
Kolb, D. A. 1984 *Experiential learning.* Prentice-Hall.
Kolb, D. A., & Lewis, L. H. 1986 Facilitating experiential learning: Observation and reflections. *New Directions for Adult and Continuing Education, Issue.* **30**, 99-107.
厚生労働省　2011　「平成21年国民健康・栄養調査報告」
　http://www.mhlw.go.jp/bunya/kenkou/eiyou/dl/h21-houkoku-09.pdf（2015年1月10日現在）
厚生労働省　2014　「平成24年国民健康・栄養調査報告」
　http://www.mhlw.go.jp/bunya/kenkou/eiyou/dl/h24-houkoku-05.pdf（2015年1月10日現在）
倉本哲男　2014　校内研究と学校改善に関するアクションリサーチ―カリキュラムマネジメントとレッスンスタディの視点から　日本教育方法学会（編）　授業研究と校内研究―教師の成長と学校づくりのために　図書文化　pp.91-103.
呉市教育委員会（編）・天笠　茂（監修）　2011　小中一貫教育のマネジメント―呉市の教育改革　ぎょうせい
Lambert, N. M., Gragam, S. M., Fincham, F. D., & Stillman, T. F. 2009 A change perspective: How gratitude can affect sense of coherence through positive reframing. *The Journal of Positive Psychology,* **4**, 461-470.
Larsen, R. J., & Eid, M. 2008 Diener and the science of subjective well-being. In M. Eid, & R. J. Larsen (Eds.), *The science of subjective well-being.* New York: The Guilford Press. pp. 1-13.
松尾　睦　2006　経験からの学習―プロフェッショナルへの成長プロセス　同文舘出版
メタボリックシンドローム診断基準検討委員会　2005　メタボリックシンドロームの定義と診断基準　日本内科学会誌, **94**, 794-804.
Mezirow, J., & Associates 1990 *Fostering critical reflection in adulthood: A guide to transformative and emancipatory learning.* Jossey-Bass.
宮崎大学小中一貫教育支援研究プロジェクト　2013　小中一貫・連携教育の理念と実践―「美郷科カリキュラム」の実践　東洋館出版社
Montanaro E. A., & Bryan, A. D. 2014 Comparing theory-based condom interventions: health belief model versus theory of planned behavior. *Health Psychology,* **33**, 1251-1260.

引用文献

Morita, Y., Ohta, M., Inoue, T., Honda, T., Konno, Y., Eguchi, Y., & Yamamoto, H. 2014 Sense of coherence is significantly associated with both metabolic syndrome and lifestyle in Japanese computer software office workers. *International Journal of occupational Medicine and Environmental Health,* **27**, 967-979.

中原　淳・金井壽宏　2009　リフレクティヴ・マネジャー――一流はつねに内省する　光文社新書

野中郁次郎・竹内弘高　1996　知識創造企業　東洋経済新報社

Pelletier, L. G., Dion, S. C., Angelo, M. S., & Reit, R. 2004 Why do you regulate what you eat? Relationships between forms of regulation, eating behaviors, sustained dietary behavior change, and psychology adjustment. *Motivation and Emotion,* **28**, 245-277.

酒井郁子・宮崎美砂子・山本利江・石井伊都子・中村智徳・根矢三郎・田邊政裕・田川まさみ・朝比奈真由美　2008　千葉大学医療系学部基礎教育課程における専門職連携教育の取組み―看護学部，薬学部，医学部必修教育プログラムの開発と実施　千葉大学看護学部紀要，**30**，49-55.

Schön, D. A. 1983 *The reflective practitioner: How professionals think in action.* Basic Books.

Seligman, M. E. P. 2011 *A visionary new understanding of happiness and well-being.* New York: Ink Well Management. 宇野カオリ（監訳）2014　ポジティブ心理学の挑戦　ディスカヴァー

Shulman, L. 2004 *The wisdom of practice: Essays on teaching, learning, and learning to teach.* San Francisco CA: Jossey-Bass.

品川区立小中一貫校日野学園（著）・亀井浩明（監修）　2008　小中一貫の学校づくり　教育出版

Sternberg, R. J., & Wagner, R. K. 1992 Tacit knowledge: An unspoken key to managerial success. *Creativity and Innovation Management,* **1**(1), 5-13.

田中耕治　2009　よくわかる教育評価　ミネルヴァ書房　pp.60-61, 68-69.

谷山　牧・甲斐一郎・高橋　都　2005　医療面接時の医師の非言語行動が与える影響―模擬診療場面ビデオの作成と内容妥当性の評価　医学教育，**36**(3), 177-183.

徳永基与子・平野加代子　2014　eラーニングを活用した看護技術演習における動画の撮影・視聴による自己学習の工夫　教育システム情報学会誌，**31**(1), 87-92.

Veselska, Z., Geckova, A. M., Orosova, O., Gajdosova, B., van Dijk J. P., & Reijneveld, S. A. 2009 Self-esteem and resilience: The connection with risky behavior among adolescents. *Addictiv Behaviors,* **34**, 287-291.

Vygotsky, L. S. 1978 *Mind in society: Development of higher psychological processes.* Cambridge, Mass.: Harvard University Press.

Wang, Y., Zang, X., Bai, J., Liu, S., Zhao, Y., & Zhang, Q. 2013 Chinese patients with moderate to sever chronic obstructive pulmonary disease: A randomized controlled trial. *Journal of Clinical Nursing,* **23**, 1342-1353.

Wenger, E. 1999 *Communities of practice: Learning, meaning, and identity.* New York: Cambridge University Press.

Wertsch, J. V. 1991 *Voices of the mind: A sociocultural approach to mediated action.* Cambridge, MA.: Harverd University Press.

World Health Organization 2015 "Health promotion." http://www.who.int/topics/health_promotion/en/（2015年1月10日現在）

山路雄彦・渡邉　純・浅川康吉・松田祐一・臼田　滋・遠藤文雄・内山　靖・坂本雅昭・山口晴保・中澤次夫・茂原重雄　2004　理学療法教育における客観的臨床能力試験（OSCE）の開発と試行　理学療法学，**31**(6), 348-358.

吉田　亨　1994　健康教育と栄養教育　臨床栄養，**85**，317-323.

■ column 3

日本保育協会　2015　平成26年度　保育士のキャリアパスに関する調査研究報告書

人名索引

● あ

アーギリス（Aegyris, C.） 192
秋田喜代美 95
阿彦翔太 100
アントノフスキー（Antonovsky, A.） 223

● い

磯部錦司 59
一柳智紀 95
伊東昌子 192, 193

● う

ヴァンダイク（van Dijk, T. A.） 151
ヴィゴツキー（Vygotsky, L. S.） 197
ウェンガー（Wenger, E.） 26, 217

● え

エイゼン（Ajzen, I.） 222

● お

小川博久 61
オマリー（O'Malley, M.） 166

● か

カーペンター（Carpenter, P. A.） 149
鹿毛雅治 107
梶井芳明 96
門田修平 166, 168
金井壽宏 191, 193

● き

木下康仁 197

キンチュ（Kintsch, W.） 151

● く

楠見 孝 142
倉本哲男 217
グリフィン（Griffin, P.） 59, 220, 226

● こ

コリンズ（Collins, A.） 26
コルブ（Kolb, D.A.） 192

● さ

ザイドルホーファー（Seidlhofer, B.） 165

● し

ジェンキンス（Jenkins, J.） 165
シュベーンベルト（Schvaneveldt, R. W.） 170
ショーマン（Shulman, L.） 217
ショーン（Schön, D. A.） 192
白山市保育士会 73

● す

スタンバーグ（Sternberg, R. J.） 191
ストークス（Stokes, D.） 5
スナイダー（Snyder, C. R. R.） 170
ズワン（Zwaan, R. A.） 152

● せ

セガロウィッツ（Segalowitz, N.） 166
セリグマン（Seligman, M. E. P.） 225
全国社会福祉協議会 43
全米研究評議会（National Research

247

人名索引

Council) 49

● そ
ソイヤー（Sawyer, M.） 150
ソーヤー（Sawyer, R. K.） 2, 102

● た
田中耕治 204
玉井 健 168
旦 直子 55

● ち
チョイ（Tsui, A. B. M.） 166

● て
デーネマン（Daneman, M.） 149
デカルト（Descartes, R.） 19

● と
ドゥルーズ（Deleuze, G.） 19
トロフィーモヴィチ（Trofimovich, P.） 170

● な
ナイサー（Neisser, U.） 63
中原 淳 193
中山誠一（Nakayama, T.） 170, 171
奈良県保育協議会 46

● ね
ネイサンソン（Nathanson, A. I.） 52

● の
野中郁次郎 191

● は
バドリー（Baddeley, A. D.） 167
バラブ（Barab, S.） 59

原ひろみ 191
バンデューラ（Bandura, J. D.） 51, 162, 223

● ひ
平井明代（Hirai, A.） 166
平田智久 62

● ふ
ファブロー（Favreau, M.） 166
フィールド（Field, J.） 166
藤江康彦 217
藤川和也 99
フリラブ（Fullilove, J.） 166

● ほ
ポスナー（Posner, M. I.） 170

● ま
マクドナー（McDonough, K.） 170
益川弘如 28
松尾 睦 191

● み
道田泰司 144
三宅なほみ 28

● む
無藤 隆 63

● め
メイヤー（Meyer, D. E） 170
メジロー（Mezirow, J.） 192
メンデルスゾーン（Mendelssohn, D.） 166

● も
森 敏昭（Mori, T.） 170, 171

●ら
ラドヴァンスキー（Radvansky, G. A.）　152
ラメルハート（Rumelhart, D. E）　166

●り
リチャーズ（Richards, C. J.）　166
リンチ（Lynch, T.）　166

●れ
レイヴ（Lave, J.）　26

●ろ
ローウェンフェルド（Lowenfeld, V.）　58
ロジー（Logie, R. H.）　167, 168

●わ
ワーチ（Wertsch, J. W.）　217
ワグナー（Wagner, R. K.）　191

事項索引

● あ
ICT　127
足場かけ　27
足場づくり　4
足場はずし　27
アセスメント　127
アプローチカリキュラム　76, 79

● い
e ラーニング　4
異学年交流　211
生きる力　87
居場所感　188
医療面接　200
因子分析　203
インフォームドアセスメント　36

● う
well-being　219

● え
映像理解　53
演繹的検証　121

● お
OECD　140
OSCE　200
大阪府市立幼稚園連盟　46
オーセンティック　31
オーセンティック評価　35
Off-JT　191
オフライン処理　169
音韻符号化　167
音読　168

オンライン処理　169

● か
科学する心　68
科学的原理・法則　120
学際的協働　112, 113
学習科学　2, 59, 102
学習環境　107, 186
学習サイクル　112, 113
学習者中心　49, 107
学習心理学　2
学習の制約　187
学士力　141
可処分時間　55
κ 係数　202
活用機能　13
家庭環境　50
カリキュラム経験　212
環境移行　211
観察学習　217
完全習得学習　35
関連的な指導　89

● き
キー・コンピテンシー　133
危機的状況　212
技術強化型学習（TEL）　4
基礎力　133
帰納的導出　121
逆段差　76
キャリア発達　218
既有知識　104
教育実習の重要性　184
教育職員免許法　45

事項索引

教育の質保障　211
教育番組　53
教員養成カリキュラム　183
教科担任制　212
教室談話　104
教師文化　217
教授主義　2, 220
教職実践演習　183
教職志望度　184
協働　60
協同学習　33
共同体中心　49, 108
協同的問題解決　24, 32
協同描画活動　64

● く

空間的状況モデル　152, 153, 154
グラウンデッドセオリー　3
グランドセオリー　3
グループ・モデレーション　37
クローンバックの α 係数　204

● け

計画的行動理論　222
経験学習論　192
形成的評価　35, 108
ケースメソッド　193
健康信念モデル　222
健康生成モデル　223
言語的相互作用　104

● こ

合意形成　218
構音リハーサル　167
合科的な指導　89
校種間移行　215
合理的行動理論　222
コーチング　27

誤概念　103
心の教育　16, 17
個性化　16
言葉の力　30
コミュニケーション力　24
コントロール　119

● さ

最近接成長領域　197
サステイナブル　11
産学交流　112, 113

● し

CSCL　4
シェアブレイン　182
自覚的な学び　78
資源配分　149
思考力　133
自己教育力　20
自己形成　16
自己効力感　159
自己実現　13, 16, 17
自己調整的な学習の実現　118
自己評価　30
自己モニタリング　171
施設一体型小中一貫教育校　212
実験観尺度　125
実習生の学び　186
実習班　188
実践力　133
質的評価法　35
疾病生成モデル　220
児童福祉施設の設備及び運営に関する基準　43
社会化　16
社会的学習　51
社会的構成主義　218
シャドーイング　158, 168

251

事項索引

修正版グラウンデッドセオリー　197
習得機能　13
授業観察力の変容　185
授業・教師・子どもイメージ　185
授業デザイン　102
守・破・離　75
首尾一貫感覚（SOC）　223
準拠枠　192
小1プロブレム　76, 77
状況モデル　150, 151, 152, 155, 156
小中一貫教育　210
小中連携教育　211
情報化社会　18
情報環境　107
情報通信技術（ICT）　4, 18, 108
食育　110, 111
自律的学習　39
診断的評価　35
信頼性　201

● す

睡眠習慣　55
推論課題　151, 152
スタートカリキュラム　85
スピーチ活動　96

● せ

成員性の獲得　216
生活科　85
生活経験　102
生活リズム　55
製作コーナー　61
正統的周辺参加　26
絶対評価　34
潜在的学習　220

● そ

造形遊び　62

造形教育研究　58
総合的な学習の時間　32
相対評価　34
速読の指導方法　156
ソニー教育財団の挑戦　68
ソニー幼児教育支援プログラム　69
素朴概念　103
素朴理論　26

● た

ダイナミックアセスメント　128
対面型授業形式　206
対話型事例シナリオ　178
対話的省察　199
多重成員性　217
妥当性　201
単一事例研究　6, 37
段差　76

● ち

地域教材　112
地域コミュニティ　211
知覚循環理論　63
逐語的表層　150, 151
知識基盤経済社会　219
知識基盤社会　30
知識構築環境　59
知識創造モデル　182
知識中心　49, 107
知識の体系化　220
知識ベース　109
知的個別指導システム　4
知の教育　17
中央教育審議会　141, 211
聴解のプロセス　166
直後再認判定課題　151, 155

● つ
ツリー構造　19

● て
定型的熟達者　22
ディペンダブル　11
適応的熟達　226
適応的熟達者　22
適性処遇交互作用　35
デザインベース研究　6, 37, 59
デジタル・ツール　112, 113

● と
動機づけ　226, 227
到達度評価　34, 36
トップダウン　72
トップダウン処理　158, 166
トランスセオレティカル・モデル（TTM）　114, 115

● な
内発的動機づけ　14
内部的協働性　217
奈良市立六条幼稚園　70

● に
21世紀型スキル　133, 142
21世紀型能力　133
認知的徒弟モデル　27

● は
パーズィング　155
ハーディネス　225
話し方・聞き方のスタイル　95
話し方・聞き方のスタイル類別の変遷　100
話し上手・聞き上手に至る発達的変容　96

話すこと・聞くこと　95
「話すこと・聞くこと」の学習指導・評価に関わる研究課題　101
パフォーマンス評価　36
汎用的能力　133

● ひ
PISA　140
ビジュアル・オーディトリー・シャドーイング法　170
ビジュアル・シャドーイング　170
批判的思考　144
批判的読解　146
評価中心　49, 108
標準学力テスト　34

● ふ
深い理解　102
復唱　105
プライミング効果　170
不良定義問題　13, 32
プロジェクトマネジャー　191
プロジェクトリーダー　191
文章理解　150
文脈化された話しことば　104

● へ
ヘルス・ビリーフ・モデル（HBM）　114, 116
ヘルスプロモーション　218

● ほ
保育環境評価スケール　46
保育者養成　173
暴力映像　52
ポータブル　11
ポートフォリオ　36, 108
保護者　211

事項索引

ボトムアップ　72
ボトムアップ処理　158, 166
保幼小連携　76

● ま
マスコミ社会　18
学びの芽生え　78

● み
見立て　63

● め
命題的テキストベース　150, 151, 155, 156
メタ認知　13, 118, 144
メタ認知活性化　121
メタ認知測定尺度　119
メタ認知能力　13, 118
メディア環境　51
メディア教育　206

● も
モデリング　27

モニタリング　119
問題解決　38
問題解決型学習　177

● や
訳読の指導方法　156

● よ
幼小連携　217
幼稚園設置基準　43

● り
理科離れ　67
リゾーム構造　19
リーディングスパンテスト（RST）　148, 149
リテラシー　140
良定義問題　13, 32
量的評価法　35

● る
ルーブリック　36

執筆者一覧 （執筆順）

森　　敏昭	監修者	第Ⅰ部第1章～4章	
Dietrich Albert	グラーツ大学心理学部	Column1	
吉岡　敦子	東洋大学文学部	Column1（訳）	
清水　益治	編者	第Ⅱ部第5章1節-1，3節，Column3	
田口　雅徳	獨協大学国際教養学部	第Ⅱ部第5章1節-2	
若山　育代	富山大学人間発達科学部	第Ⅱ部第5章2節	
白川　佳子	編者	第Ⅱ部第5章4節，Column2	
梶井　芳明	東京学芸大学教育学部	第Ⅱ部第6章1節	
藤江　康彦	編者	第Ⅱ部第6章2節，第Ⅲ部第8章3節	
柴　　英里	高知大学教育学部	第Ⅱ部第6章3節	
草場　　実	高知大学教育学部	第Ⅱ部第6章4節	
寺本　貴啓	國學院大學人間開発学部	第Ⅱ部第6章5節	
沖林　洋平	山口大学教育学部	第Ⅲ部第7章1節	
鈴木　明夫	東洋大学経営学部	第Ⅲ部第7章2節-1	
濱田　　陽	秋田大学教育推進総合センター	第Ⅲ部第7章2節-2	
中山　誠一	実践女子大学言語文化教育研究センター	第Ⅲ部第7章2節-3	
森野　美央	長崎大学教育学部	第Ⅲ部第7章3節	
三島　知剛	岡山大学教師教育開発センター	第Ⅲ部第7章4節	
伊東　昌子	常磐大学人間科学部	第Ⅲ部第8章1節	
金田　太吾	大阪医療技術学園専門学校	第Ⅲ部第8章2節	
加藤　佳子	神戸大学大学院人間発達環境学研究科	第Ⅲ部第8章4節	

監修者紹介

森　敏昭（もり・としあき）

1949年　福岡県に生まれる
1976年　広島大学大学院教育学研究科博士課程後期中途退学，文学博士
　　　　広島大学教育学部助手，福岡教育大学助手・講師，広島大学教育学部福山分校講師・助教授，
　　　　広島大学教育学部助教授・教授，広島大学大学院教育学研究科教授を経て，
現　在　広島大学名誉教授

［主著］
　認知心理学者新しい学びを語る（編著）　北大路書房　2002年
　授業を変える―認知心理学のさらなる挑戦（監訳）　北大路書房　2002年
　教育心理学キーワード（編著）　有斐閣　2006年
　学習科学ハンドブック（監訳）　培風館　2009年
　よくわかる学校教育心理学（編著）　ミネルヴァ書房　2010年
　学習心理学（共著）　培風館　2011年
　0歳〜12歳児の発達と学び―保幼小の連携と接続に向けて（編著）　北大路書房　2013年

編者紹介

藤江康彦（ふじえ・やすひこ）
1970年　静岡県に生まれる
2000年　広島大学大学院教育学研究科博士課程後期学習開発専攻修了，博士(教育学)
現　在　東京大学大学院教育学研究科准教授
[主著]
　授業を変える―認知心理学のさらなる挑戦（分担翻訳）　北大路書房　2002年
　事例から学ぶはじめての質的研究法―教育・学習編（編著）　東京図書　2006年
　学習科学ハンドブック（分担翻訳）　培風館　2009年
　理科大好き！の子どもを育てる―心理学・脳科学者からの提言（分担執筆）　北大路書房　2008年
　授業研究と学習過程（共著）　放送大学教育振興会　2010年
　発達科学ハンドブック第6巻―発達と支援（分担執筆）　新曜社　2012年
　質的心理学ハンドブック（分担執筆）　新曜社　2013年

白川佳子（しらかわ・よしこ）
1966年　長崎県に生まれる
2000年　広島大学大学院教育学研究科博士課後期学習開発専攻修了，博士(教育学)
現　在　共立女子大学家政学部教授
[主著]
　保育カウンセリングへの招待（分担執筆）　北大路書房　2007年
　心理学概論（分担執筆）　学文社　2008年
　保育心理学Ⅱ（分担執筆）　北大路書房　2011年
　子ども心理学の現在（分担執筆）　北樹出版　2012年
　保育者のためのキャリア形成論（共著）　建帛社　2015年

清水益治（しみず・ますはる）
1962年　大阪府に生まれる
2001年　広島大学大学院教育学研究科博士課程後期学習開発専攻修了，博士(教育学)
現　在　帝塚山大学現代生活学部教授
[主著]
　図形の大きさの比較判断に関する発達的研究　風間書房　2002年
　保育心理学（編著）　北大路書房　2009年
　保育の心理学Ⅱ（編著）　北大路書房　2011年
　発達と教育の心理学―子どもから大人への発達支援のために（分担執筆）　あいり出版　2011年
　0歳～12歳児の発達と学び―保幼小の連携と接続に向けて（編著）　北大路書房　2013年

21世紀の学びを創る

― 学習開発学の展開 ―

2015年5月10日	初版第1刷印刷
2015年5月20日	初版第1刷発行

定価はカバーに表示してあります。

監修者	森　　敏　昭
編　者	藤　江　康　彦
	白　川　佳　子
	清　水　益　治
発行所	㈱北大路書房

〒603-8303 京都市北区紫野十二坊町12-8
電　話　(075) 431-0361㈹
ＦＡＸ　(075) 431-9393
振　替　01050-4-2083

Ⓒ 2015　　制作／T.M.H.　　印刷・製本／創栄図書印刷㈱
検印省略　　落丁・乱丁本はお取り替えいたします。
ISBN978-4-7628-2895-9　　　　　Printed in Japan

・JCOPY 〈㈳出版者著作権管理機構 委託出版物〉
本書の無断複写は著作権法上での例外を除き禁じられています。
複写される場合は，そのつど事前に，㈳出版者著作権管理機構
（電話 03-3513-6969,FAX 03-3513-6979,e-mail: info@jcopy.or.jp）
の許諾を得てください。